4, 5, 6,

chap 8, 9, 10, 11, 12, 13

exam 10, 8

Les agents économiques
et l'économie de marché

anne Baillargeon

Les agents économiques
et l'économie de marché

gaëtan morin
éditeur

Données de catalogage avant publication (Canada)

Baillargeon, Jeanne

Les agents économiques et l'économie de marché

Comprend des références bibliographiques et un index.

ISBN 2-89105-426-1

1. Économie politique. 2. Libre entreprise. 3. Politique économique. I. Titre.

HB173.B34 1992 330.12'2 C91-096917-5

gaëtan morin éditeur

C.P. 180, BOUCHERVILLE, QUÉBEC, CANADA

J4B 5E6   TÉL. : (514) 449-2369   TÉLÉC. : (514) 449-1096

Dépôt légal 2e trimestre 1992
Bibliothèque nationale du Québec
Bibliothèque nationale du Canada

1 2 3 4 5 6 7 8 9 0   G M E 9 2   1 0 9 8 7 6 5 4 3 2

Révision linguistique : Gaétane Trempe

À CAMILLE et NICOLAS.

Avertissement

Dans cet ouvrage, le masculin est utilisé comme représentant des deux sexes, sans discrimination à l'égard des hommes et des femmes et dans le seul but d'alléger le texte.

Remerciements

Ce livre a été écrit grâce à l'encouragement de mes étudiants et étudiantes du Collège André-Laurendeau et de l'Université du Québec à Montréal, qui ont été les premiers à me suggérer de rédiger mes notes de cours. J'ai tenu compte de leurs remarques, et bien souvent, j'ai dû reformuler plus clairement les chapitres que je leur soumettais.

Tout manuel, en un sens, est une œuvre collective, car il transmet avant tout une tradition. Celui-ci se situe dans la filiation de tous les maîtres qui m'ont formée, professeurs et auteurs, envers qui je serai toujours redevable. Je tiens à citer tout particulièrement FRANÇOISE NOËL, qui aura été mon premier modèle pédagogique; je la remercie d'avoir eu la patience de lire les toutes premières ébauches de cet ouvrage.

Je remercie les professeures d'économie du collège Bois-de-Boulogne qui m'ont initiée au métier. Je leur dois sans doute plusieurs thèmes de ce cours. Quelques exercices ont pour origine leurs travaux pratiques.

LOUISE LESSARD et PIERRE CHAPLEAU de l'Université du Québec à Montréal, et JEAN-PIERRE BIBEAU du Collège Montmorency ont corrigé le manuscrit avec grande minutie. Il va sans dire que je demeure responsable de toutes les erreurs qui auront pu échapper à leur attention.

Les bibliothécaires du Centre de documentation de l'Université du Québec à Montréal et du Collège André-Laurendeau m'ont souvent fait gagner un temps précieux en me fournissant les renseignements souhaités avec un maximum d'efficacité. Qu'elles sachent combien leur travail est utile et qu'il mérite d'être reconnu.

Pour la rédaction de cet ouvrage, j'ai été particulièrement aidée par GAÉTANE TREMPE, qui a révisé le texte avec grande compétence, et par CHRISTIANE DESJARDINS, qui a assumé la charge du projet.

Enfin, je remercie JOCELYN ROUTHIER qui a su m'épauler dans mon travail et qui, chaque jour, en fonction de ses propres recherches, m'apportait de multiples informations et documents concernant les sujets que je traitais.

Table des matières

PARTIE II
Les prix

Une science morale-sociale où les considérations morales ne seront ni réprimées ni mises à l'écart, mais systématiquement mêlées au raisonnement analytique sans que l'on se sente coupable d'un quelconque manque d'intégration. Voici en tout cas la science sociale dont je rêve pour nos petits-enfants.
A. HIRSCHMAN,
L'économie comme science morale et politique.

On a l'habitude de dire: la mathématique introduit la rigueur dans le raisonnement. Oui, sans doute, mais il y a aussi deux types de rigueur: la rigueur quantitative et la rigueur qualitative. En ce sens, l'apparente imprécision du langage naturel est supérieure à la rigidité du langage formel. Les symboles et les manipulations algébriques ne nous révèlent pas ce qu'il y a d'essentiel dans le comportement humain.
H. GUITTON,
Analyse de la Sédéis.

ADAM SMITH.

Né à Kirkaldy en 1723. mort à Edimbourg
Agé de 67. ans.

Avant-propos

Ce livre s'adresse à tous ceux et celles qui veulent comprendre ce qu'est une économie de marché. L'auteure y décrit et analyse les différents comportements des agents économiques que sont les entreprises, les ménages, l'État et les diverses institutions économiques et financières en situation de concurrence plus ou moins vive.

Le modèle du «marché libre», comme il a été élaboré par les économistes libéraux, est utilisé comme point de comparaison pour discuter du marché réel, où l'État intervient pour affaiblir ou renforcer le pouvoir de certains agents économiques.

Les fondateurs de l'économie politique estimaient que seul le marché libre pouvait assurer un maximum d'efficacité et de liberté individuelle, et que l'intérêt personnel devait régler les relations sociales. Pour cette raison, la science économique s'affranchissait de plus en plus du politique et de l'éthique. À la suite des excès de certains agents économiques, on ressent aujourd'hui le besoin de renouer avec une tradition humaniste fondée sur la notion de contrat social. C'est dans cet esprit qu'a été conçu cet ouvrage. En connaissant mieux la logique du marché, on peut non seulement apprendre les règles du jeu de la concurrence, mais aussi réfléchir sur l'urgence de trouver chaque fois un nouvel équilibre entre les droits et les responsabilités de chacun, compte tenu des conditions économiques.

Un soin particulier a été accordé au vocabulaire utilisé, et un glossaire donne la définition des termes les plus spécialisés. La bibliographie suggère des œuvres faciles d'accès, écrites ou traduites en français, d'économistes classiques ou d'historiens. À la fin de chaque chapitre, des exercices permettent au lecteur ou à la lectrice de vérifier leur connaissance des points essentiels pour la compréhension des informations économiques diffusées dans les médias. Enfin, un tableau chronologique de l'histoire du marché complète le volume.

PARTIE I
La science économique

L'économie politique, ou science économique, se propose d'étudier l'humanité dans la conduite de sa vie quotidienne.
ALFRED MARSHALL[1]

L'économie est la science qui identifie les besoins humains et propose différentes façons de les satisfaire, compte tenu d'une utilisation rationnelle et optimale des ressources disponibles. L'objectif ultime serait le mieux-être des populations, de l'individu ou d'un groupe social particulier. Les études économiques s'intéressent plus particulièrement au processus de production des biens et des services et à leur répartition dans la société.

---

1.   *Principes d'économie politique.*

Dans les deux premiers chapitres de cette première partie consacrée à la présentation de la science économique, nous passerons en revue les notions fondamentales, à savoir l'identification des besoins, la détermination des priorités, la production des différents types de biens et de services et les échanges entre les divers agents économiques.

Le troisième chapitre sera consacré à la description d'une économie de marché et à l'idéologie libérale qui en justifie le fondement. Nous présenterons le modèle de concurrence qui sert, dans notre société, à mesurer le comportement des agents économiques, c'est-à-dire des individus, des entreprises et de l'État.

CHAPITRE 1

Les besoins
et les ressources

OBJECTIFS

Ce chapitre devrait vous permettre :

- d'identifier les différents types de besoins ;
- de comprendre la notion de coût d'option ;
- de décrire les différents facteurs de production ;
- de vous sensibiliser aux problèmes de l'environnement ;
- de tracer et d'interpréter une courbe de transformation.

---

1. *Les Frères Karamazov.*

Si les êtres humains vivent en société, c'est qu'ils recherchent une manière de vivre plus épanouissante et plus sécurisante. Le fait de vivre en collectivité répond à ces deux aspirations fondamentales, mais en même temps, ce mode de vie génère des contraintes et des besoins multiples.

Pour connaître le monde, il existe deux façons de l'appréhender: par un savoir transmis de génération en génération, ou par l'observation des phénomènes qui s'y produisent. L'esprit scientifique privilégie l'observation des faits pour en tirer un enseignement qui devrait permettre une meilleure adaptation au milieu. La science économique, plus particulièrement, tente de répondre aux besoins exprimés dans une certaine période, compte tenu des ressources disponibles. Dans ce premier chapitre, nous identifierons les différents besoins et les moyens de les satisfaire.

1.1 LES BESOINS ET LA NÉCESSITÉ DE FAIRE DES CHOIX

Les besoins humains sont multiples et sans limite; la première démarche des économistes est donc d'en évaluer l'ampleur et l'urgence.

1.1.1 L'évaluation des besoins

Si on dressait une liste des besoins exprimés par tous les citoyens de notre pays, on serait sans doute étonné de leur diversité. Pour en tenir compte d'une façon exhaustive, il faudrait commencer par les classer par grands groupes et par ordre d'importance.

Les besoins individuels et les besoins collectifs

Les besoins sont exprimés par des individus, des groupes d'individus, ou par des collectivités régionales, nationales ou internationales. Ces besoins ne sont pas nécessairement cohérents ni homogènes, et la satisfaction des uns peut engendrer la frustration des autres. Une solution satisfaisante pour un individu peut s'avérer inopérante, voire nuisible, pour une collectivité.

L'exemple des automobiles illustre bien ce dilemme. La voiture est un moyen de transport qui facilite les déplacements, mais si un grand nombre de personnes l'utilise, cela risque de provoquer, surtout dans les villes à forte densité de population, des embouteillages monstres qui paralyseront tous les automobilistes. La voiture, qui devait faire gagner du temps, en fait perdre.

Les priorités

Les besoins ne sont pas tous aussi urgents les uns que les autres. Certains peuvent attendre, d'autres sont impératifs. Vouloir les classer par ordre prioritaire comporte de grandes difficultés, car ce que certains estiment important peut ne pas l'être pour tous.

Les besoins liés à la survie de l'individu et du groupe ne sont pas tous identiques; ils dépendent, dans une large mesure, des conditions climatiques, des ressources disponibles et des traditions locales. L'alimentation, le logement, l'habillement, besoins de première nécessité, ne sont pas forcément estimés prioritaires par tous. Actuellement, les deux tiers de l'humanité ne parviennent toujours pas à combler ces exigences élémentaires.

D'autres besoins, tout aussi impératifs sans doute, ne sont pas pris en considération, faute de ressources ou de volonté politique : besoins de transport, de communication, de soins médicaux, de sécurité, d'éducation, de culture, besoins affectifs, sexuels, esthétiques, spirituels, etc. En Amérique du Nord, on recense encore un grand nombre d'analphabètes. Près de 40 % de la population ne peut accéder au monde merveilleux des livres !

Chacun de ces besoins engendre une multitude de désirs particuliers. Les besoins et les désirs ne sont pas de même nature : les premiers procèdent de la nécessité, les seconds du plaisir. Faut-il en tenir compte tout autant et accepter la conception de Voltaire, philosophe du XVIIIe siècle, qui déclarait : «Le superflu, chose très nécessaire»[2]?

En fonction des rapports de force et des valeurs sociales, un besoin sera volontairement sous-estimé, nié ou, au contraire, jugé prioritaire. Dans certains pays, la santé, l'éducation, la culture ne sont que partiellement prises en charge par la collectivité, alors que d'autres en font leurs priorités (modèle de l'État-providence ou socialiste).

La croissance des besoins

On constate que, loin d'être comblés, les besoins humains se multiplient à l'échelle planétaire pour trois raisons principales : l'accroissement de la population, la société de consommation et la création de nouveaux problèmes liés à la détérioration de l'environnement.

---

2. VOLTAIRE, *Le Mondain* (1736), V, 22.

La croissance démographique

La population mondiale augmente sans cesse depuis le XVIIIe siècle. Au début du siècle, la population s'élevait approximativement à un milliard de personnes; elle dépassait les cinq milliards en 1990. La somme des êtres vivants serait supérieure à l'ensemble des morts depuis le début de l'humanité! La population mondiale s'accroît au rythme annuel de 80 millions de personnes. Selon une étude publiée en 1990 par l'ONU, trois personnes naîtraient toutes les secondes. Si la tendance se maintient, nous serons plus de 7 milliards en l'an 2000 et plus de 14 milliards à la fin du XXIe siècle, alors que la terre ne pourrait nourrir, compte tenu des ressources connues, que 10 milliards d'êtres humains.

Cette explosion démographique ne concerne pas tous les pays. Ainsi, en Chine, l'État décourage la natalité, alors qu'au Québec, comme dans certains pays européens, les gouvernements sont confrontés au problème de la dénatalité.

La société de consommation

La société industrielle et la société de consommation, son corollaire dans les pays capitalistes, ont pour effet de stimuler, d'exacerber les désirs et de créer de nouveaux besoins chez les individus. Le bonheur, dans notre société, est associé à la possession de biens ou à l'utilisation de services qui permettent aux entreprises d'écouler leur production. La publicité excite la convoitise et l'envie. Elle développe le goût du luxe et l'attrait pour la nouveauté. Le sentiment d'insatisfaction perpétuelle qui en résulte empêche la satiété et la sérénité. Nous sommes continuellement soumis au supplice de Tantale[3] et aux angoisses existentielles liées à notre dépendance croissante pour les biens matériels[4].

La détérioration de l'environnement

Depuis le XVIIIe siècle, les économistes se sont extasiés sur les bienfaits du progrès. Grâce aux inventions et aux techniques, l'homme, émerveillé par son pouvoir, croyait contrôler la nature; mais tel un apprenti sorcier, il constate son impuissance à maîtriser tous les effets de ses impérieuses interventions.

Le développement technologique disharmonieux produit des effets désastreux sur l'environnement. René Dumont, célèbre agronome, lançait

---

3. Tantale, roi de Lydie, fut condamné à subir dans les enfers une faim et une soif perpétuelles.
4. SCHUMACHER, E.F., *Small is Beautiful. Une société à la mesure de l'homme*, Points, Le Seuil, 1978.

un appel de détresse pour préserver l'humanité de l'effet de serre dû aux émanations excessives de monoxyde de carbone qui modifierait irréversiblement le climat. Depuis quelques années, on se rend compte que de nouveaux problèmes économiques surgissent qu'il faudra résoudre coûte que coûte (dépollution, décontamination des sols et des eaux, etc.).

1.1.2 Les choix nécessaires

On dit de l'économie qu'elle est la science des choix : choix des priorités, choix des moyens à utiliser pour répondre aux besoins. Chaque société détermine, d'une manière autoritaire ou démocratique, de quelle manière les différents besoins identifiés pourront être satisfaits.

Le rôle des institutions

Pour répondre aux besoins, des institutions particulières sont désignées. La famille, l'Église, l'État, le marché ou diverses autres organisations (syndicats, entreprises, associations) sont des lieux privilégiés où s'expriment et se gèrent les besoins. Le besoin de sécurité collective est confié à l'État, la famille assume les soins physiques et affectifs que réclament les enfants, le marché offre un certain nombre de biens et de services à ceux qui ont de l'argent.

Si l'une ou l'autre de ces institutions fait défaut, un autre type d'organisation jugé plus adéquat peut lui être substitué temporairement ou de façon permanente. L'État, par exemple, peut se substituer au marché, à la famille, à l'entreprise ou au syndicat.

La contrainte du temps

On ne peut répondre à tous les besoins ni à tous les désirs en même temps. L'être humain n'est doué ni de pérennité ni d'ubiquité, c'est-à-dire qu'il n'est pas éternel et qu'il ne peut être à deux endroits à la fois, « à la foire et au moulin ».

Le temps est une contrainte universelle, mais la durée de vie n'est pas la même pour un individu et une société. Ce qui est profitable à court terme ne l'est pas nécessairement à long terme ; ce qui est enrichissant pour une génération risque d'être onéreux pour les générations suivantes.

Comme Louis XV, roi de France, disait «Après nous, le déluge»[5], l'économiste anglais J.M. Keynes (1883-1946) prétendait que l'économie devait accorder plus d'importance au court terme parce que «dans le long terme nous serons tous morts».

Est-ce que cela vaut la peine d'œuvrer pour le long terme? Ayant hérité d'un patrimoine, ne sommes-nous pas responsables de le transmettre aux générations futures amélioré plutôt que détérioré? Le poète Gilles Vigneault se le demande quand il chante:

> J'ai planté un chêne au bout de mon champ,
> Perdrai-je ma peine, perdrai-je mon temps.

Pendant ce temps, des compagnies forestières plus prosaïques et avides de profits immédiats coupent à blanc les forêts pour produire le papier sur lequel est imprimé ce livre!

L'économie est aussi l'espace des contradictions et des dilemmes. C'est un lieu de réflexion, une discipline, où viennent se confronter les intérêts divergents. À l'aide de théories et de statistiques, les économistes tentent de justifier un système de production, de revendiquer un mode de répartition, un ordre économique qu'ils estiment plus efficace.

Les ressources disponibles

Pour répondre adéquatement à tous ces besoins conflictuels, des choix s'imposent qui seront nécessairement déchirants pour certains. Comme les ressources sont limitées, il faut les administrer efficacement, de telle sorte que les besoins exprimés et entendus puissent être satisfaits optimalement.

L'**optimum** n'est pas le **maximum**. Ainsi, il y a deux façons d'apaiser la faim: on peut se contenter d'une ration maximale de frites, ou bien choisir une assiette d'aliments variés et équilibrés d'un point de vue diététique, un plat à l'apparence, à l'odeur, à la saveur agréables de surcroît. Lequel de ces deux repas préféreriez-vous? On devine votre réponse! Cela prouve bien que le plus (maximum) n'est pas forcément le mieux (optimum)!

Le coût d'option ou coût de renonciation

Il faut choisir entre ses différents besoins et entre les moyens utilisés pour les satisfaire. Choisir, c'est aussi renoncer. Mais vivre, n'est-ce pas jus-

---

5. Selon le *Dictionnaire des expressions et locutions*, p. 304, cette phrase aurait été prononcée par madame de Pompadour, maîtresse de Louis XV.

773 51.11

ENCADRÉ 1.1

Le coût d'option des études

Vous avez décidé de suivre des cours pendant deux ans pour obtenir un diplôme collégial ou universitaire.

Votre décision entraîne un coût égal au montant de vos frais de scolarité et d'entretien pendant cette période. Il faut que vous teniez également compte de l'argent que vous auriez gagné sur le marché du travail si vous aviez renoncé à vos études.

En supposant que vous soyez payé au salaire minimum et que vous puissiez travailler 35 heures par semaine, le coût d'option de vos études s'élèverait à:

Taux horaire du salaire minimum × nombre d'heures travaillées par semaine × nombre de semaines d'études par session × nombre de sessions d'études.

Soit, si le salaire minimum est égal à 5 $ l'heure: 5 $ l'heure × 35 heures par semaine × 15 semaines par session × 4 sessions = 10 500 $ pour les 2 années.

Le coût d'option est égal à ce qu'on aurait pu obtenir si on avait fait un autre choix.

tement apprendre à renoncer? L'histoire de l'âne que racontait Buridan en est un témoignage absurde. Buridan (1300-1358), moine du Moyen Âge et recteur de l'Université de Paris, racontait qu'un âne, placé entre un seau d'eau et un plat d'avoine, mourut de faim et de soif parce qu'il n'avait pas su choisir laquelle de ses deux envies était la plus urgente à satisfaire.

Tout choix implique un sacrifice, c'est-à-dire un coût de renonciation. Si l'âne avait choisi de boire, il aurait dû renoncer momentanément à manger. Le coût de son option aurait été égal à sa faim non apaisée.

1.2 LA PRODUCTION

Il existe de moins en moins de **biens libres**, c'est-à-dire de biens abondants et gratuits dans la nature. Seuls le soleil, la pluie, le chant des oiseaux, les fleurs, les baies sauvages et peut-être quelques autres bienfaits de la nature ne sont pas le fruit de nos laborieuses activités. On produit de plus en plus tout ce dont on a besoin. L'eau du robinet, le parc public, le centre local de services communautaires (CLSC) sont des

biens économiques qu'il convient d'utiliser parcimonieusement puisqu'ils coûtent cher, même s'ils ont faussement l'air gratuits.

Puisqu'il faut transformer notre milieu naturel, le recréer, pour satisfaire la multitude de nos besoins et désirs, il convient de recenser les ressources disponibles pour les utiliser le plus rationnellement possible avec un minimum d'efforts.

Produire consiste à combiner des facteurs de production pour obtenir des biens et des services destinés à la consommation.

1.2.1   Les facteurs de production

Pour produire, il est nécessaire d'associer quatre facteurs de production : les ressources naturelles, le travail, le capital et l'esprit d'entreprise.

Les ressources naturelles

Tout provient de la terre : les vitres du sable, les tables du bois des forêts, les vêtements des moutons, des champs de coton ou du pétrole, la nourriture de la terre ou de la mer « nourricière ». Certaines de ces ressources naturelles sont plus menacées que d'autres en raison de leur surexploitation, en particulier les ressources énergétiques, les terres arables, les forêts et l'eau. Le Canada possède une grande part de ces ressources mondiales ; aussi est-il, plus que tout autre pays, responsable de leur bonne utilisation.

Les ressources énergétiques

Les ressources naturelles peuvent se renouveler ou s'épuiser. L'énergie, qu'elle soit éolienne (du vent), hydraulique (de l'eau), marémotrice (des marées) ou solaire (du soleil), est éternelle, mais il n'en est pas de même des gisements de pétrole, des mines de fer, d'amiante ou d'uranium. Bien des ressources naturelles que l'on exploitait comme si elles étaient inépuisables deviendront bientôt une source de nouveaux problèmes.

Dès 1973, on parlait de pénurie de l'or noir (pétrole) et on estimait très limitées les réserves mondiales ; mais dans les années 80, on constatait, paradoxalement, une surproduction qui a entraîné une baisse catastrophique des prix qui n'incitait plus aux économies d'énergie.

Les terres arables

Le problème des terres arables est sans doute encore plus préoccupant. Les terres cultivables diminuent d'année en année alors que la population augmente. Les meilleures terres disparaissent sous le béton, dévorées par l'expansion des villes et la construction des routes. La désertification menace d'immenses territoires agricoles surexploités. Le vent et les pluies lessivent les minces couches de terre arable et d'humus emportées par les cours d'eau vers les océans. Le désert avance inexorablement et les sols latéritiques (semblables à de la brique) n'offrent plus d'emprise à la végétation.

Les forêts

Il y a 30 ans, la forêt couvrait le quart de la surface terrestre. Aujourd'hui, elle ne représente plus que le cinquième de cette surface. Le quart de la forêt qui reste est utilisé comme bois de feu, bois d'œuvre et pour la fabrication du papier. À elle seule, l'édition dominicale du *New York Times* nécessite 1 600 hectares de bois! L'utilisation, entre autres, des couches jetables libère les parents, mais elle aggrave le problème. Des associations de consommateurs suggèrent plutôt d'employer les couches de coton, lequel pousse beaucoup plus vite et se cultive plus facilement. Mais en 1988, en Alaska, une épinette de 750 ans, haute de 80 mètres, ne valait que 2 $[6]... La logique du marché l'emportait sur tout autre raisonnement.

Certains gouvernements commencent cependant à réagir. Aux États-Unis, par exemple, la Californie, le Connecticut et la Floride obligent les journaux à utiliser un certain pourcentage de papier recyclé. Au Canada, pays qui possède la troisième plus grande forêt du monde après celle du Brésil et de la Russie, le gouvernement annonçait, en 1990, une grande campagne de reboisement.

D'autre part, une vaste partie de la forêt de l'hémisphère Nord est rongée par les pluies acides. La présence de plus en plus forte d'azote dans l'air nuit au processus de la photosynthèse, ce qui provoque un dépérissement accéléré des forêts. La Forêt-Noire en Europe et les érablières du Québec, entre autres, seraient particulièrement touchées par ce phénomène.

Au Brésil, la grande forêt amazonienne, un des poumons de la terre, est également menacée par les cultures sur brûlis qui permettent de nourrir pendant quelques années des familles affamées.

---

6.   *L'actualité*, février 1988.

L'eau potable

Le problème qui préoccupera sans doute le plus l'humanité durant les prochaines décennies est celui de l'approvisionnement en eau potable. En 1990, deux milliards d'êtres humains n'avaient plus accès à de l'eau saine. L'eau potable est une ressource de plus en plus rare. Elle ne représente que 1 % de toutes les eaux de la terre, et 10 % de ces réserves d'eau douce sont au Canada. L'eau, qui autrefois était utilisée avec parcimonie quand il fallait aller la puiser, coule maintenant à flots dans les aqueducs pour répondre aux standards élevés d'hygiène et aux besoins de l'industrie. Ces eaux souillées sont ensuite rejetées dans les rivières et les fleuves qu'elles polluent. L'industrie consommerait chaque année l'équivalent de 9 % du volume d'eau disponible[7].

Les industries et les ménages ne sont cependant pas les seuls fautifs. Depuis des décennies, les exploitations agricoles déversent sur les terres des tonnes de pesticides, de fongicides, d'insecticides, d'engrais chimiques divers qui, au fil des ans et des eaux de ruissellement, s'infiltrent jusqu'aux nappes phréatiques (nappes d'eau souterraines alimentant les sources). Au Québec, le secteur agricole serait responsable de 80 % de la pollution des cours d'eau.

À des milliers de kilomètres des zones industrielles et urbaines, les lacs, les rivières et même les glaciers du pôle Nord sont empoisonnés par les pluies acides, parfois même radioactives. Les fleuves charrient des eaux usées, lourdes de produits toxiques, qui interdisent la consommation régulière de poisson sous peine d'être atteint du mal de Minamata ou de saturnisme (intoxication par le mercure et le plomb).

La protection des ressources naturelles

La production industrielle, qui avait pour but de faciliter la vie de chacun et de délivrer l'humanité des contraintes matérielles, génère les problèmes que devront résoudre les prochaines générations.

Pour protéger les ressources naturelles, des gouvernements ont créé des ministères de l'Environnement sous la pression de l'opinion publique alertée par des scientifiques et des groupes d'environnementalistes comme Greenpeace ou, au Québec, la Société pour vaincre la pollution (SVP). Au niveau international, des accords ont été signés, tel, en 1989, le *Protocole de Montréal* qui concerne l'utilisation des CFC (chlorofluorocarbones) responsables de la détérioration de la couche d'ozone qui nous protège des rayons ultraviolets. En juin 1990, une charte internationale

---

7. «La conférence de Montréal devrait accoucher d'une charte internationale», *Le Devoir*, 18 juin 1990.

nale a été signée à Montréal pour mettre en œuvre des politiques communes d'approvisionnement en eau potable pour tous.

À l'avenir, les industries devront utiliser, comme matières premières, des produits à recycler qui se sont dangereusement accumulés durant les dernières décennies, tels les amas de pneus, les cimetières de voitures et les montagnes de résidus de copeaux de bois qu'on rencontre au détour des chemins.

Le travail

L'utilisation de la ressource humaine est de nature complexe, car elle est soumise à une double contrainte. On produit pour satisfaire les besoins humains, et, pour ce faire, on utilise des êtres humains. La fin et les moyens sont indifférenciés; ils ne font qu'un. L'être humain est une ressource naturelle sensible et consciente, une ressource abondante dont le potentiel créatif est encore très imparfaitement utilisé. De toutes les ressources, c'est sans doute la plus maltraitée. S'il en est ainsi, c'est que certaines personnes veulent en soumettre d'autres à leurs besoins et à leurs désirs. Les rapports de force et de domination engendrent d'irrationnels gaspillages.

La population active d'un pays, ou force de travail (*labor force*), est l'ensemble des personnes susceptibles de participer à l'œuvre commune. Quand il y a sous-emploi ou chômage recensé, cela signifie que le système économique ne parvient pas à utiliser tout son potentiel de production. C'est en quelque sorte une preuve de son inefficacité. Certaines personnes sont surchargées pendant que d'autres sont sous-utilisées.

Les ressources humaines fournissent deux types de travail: le travail manuel et le travail intellectuel, «main-d'œuvre» et «chef-d'œuvre». Selon les sociétés, on valorise l'un ou l'autre de ces types de travail, mais tous deux sont forcément complémentaires.

Le capital

Le capital est ce qui a été accumulé au cours du temps pour assurer une plus grande production. Il peut s'agir d'instruments, de biens matériels ou de produits intangibles comme le savoir-faire.

Les biens de production

Dans le langage courant, on ne fait pas la distinction entre l'argent et le capital. Cependant, «l'argent n'est point la charrue avec laquelle nous cultivons et faisons naître des produits; il ne fait qu'aider la circulation des denrées, à la manière de l'huile qui rend plus aisés les mouvements d'une machine» comme le faisait remarquer un négociant français en 1870[8].

Le capital, c'est la charrue, c'est-à-dire le bien de production. Le capitaliste est celui qui possède des biens de production. Dans les pays qui adoptent le modèle communiste, les biens de production appartiennent le plus souvent à l'État ou à des collectivités locales (il y a toujours eu beaucoup d'exceptions; en Pologne, par exemple, les cultivateurs possédaient leurs terres). Cette ressource, contrairement aux précédentes, n'est pas «naturelle»: elle est le fruit du travail humain, tout comme le savoir-faire et la technologie.

Les techniques de production

Pour produire aux meilleures conditions, il convient d'utiliser les procédés de fabrication les moins coûteux. La mécanisation, la taylorisation[9], l'automatisation, l'informatisation, la robotisation ont pour but de réduire les coûts de production, de produire plus et d'utiliser moins de ressources coûteuses en matières premières ou en travail. En Amérique du Nord, pour des raisons historiques, la main-d'œuvre était rare par rapport à l'espace conquis sur les autochtones; aussi, la mécanisation se développa plus rapidement que partout ailleurs.

Les procédés de fabrication, une fois mis au point, sont brevetés comme toute découverte. Celui qui utilise un brevet ou une licence doit payer des redevances (*royalties*). Au Canada, 90 % des brevets utilisés sont étrangers; cela explique entre autres choses la fuite intarissable d'argent vers l'extérieur, ce qui accentue le déséquilibre de la balance des paiements et affaiblit la valeur de notre monnaie vis-à-vis des devises (monnaies étrangères). En octobre 1981, Pierre Côté, conseiller principal à l'exploration chez Pétro-Canada, déclarait qu'«après 110 ans d'activité pétrolière, le Canada ne disposait pas encore du savoir-faire pour bâtir une raffinerie».

Le **savoir-faire** se transmet par la tradition (la formation sur le lieu de travail, «sur le tas») ou par l'enseignement. Chaque génération reçoit ce patrimoine intellectuel qu'elle utilise et perfectionne à son tour. Pour posséder plus de savoir-faire sans dépendre des autres, il faut nécessairement investir dans l'éducation, la recherche et le développement. Le

---

8. BRAUDEL, F., *Les Structures du quotidien*.

9. Taylorisation: système d'organisation du travail, de contrôle des temps d'exécution de rémunération, établi par F.W. Taylor (1856-1915), ingénieur et économiste américain

sommes mises en jeu sont parfois si considérables que seuls la grande entreprise ou l'État s'y aventurent.

L'esprit d'entreprise

Mettre en œuvre les facteurs de production énumérés exige un esprit d'entrepreneuriat, c'est-à-dire une capacité à organiser les ressources en fonction d'objectifs clairement identifiés.

L'initiative privée permet la création d'entreprises capitalistes. Dans les pays à économie libre, les personnes disposant de certaines ressources financières et intellectuelles peuvent se lancer en affaires et tenter de réaliser leurs projets. Seul le marché sanctionnera l'efficacité de l'entreprise par sa réussite ou sa liquidation.

L'appât du gain n'est pas nécessairement la principale motivation d'entreprendre. Bien des entreprises ont pour but le bien-être collectif. Les entreprises à but non lucratif, les institutions religieuses, les entreprises publiques, les coopératives sont des organismes qui doivent leur existence à des personnes douées du sens de l'organisation et de l'esprit de décision.

Les écoles d'administration favorisent le développement de ces aptitudes à créer ou à gérer des entreprises.

Les femmes d'affaires d'aujourd'hui ont eu pour modèles toutes ces grandes dames religieuses ou laïques qui ont mis sur pied, aux siècles précédents, de multiples institutions comme des écoles, des hôpitaux, des orphelinats et des couvents. Au Québec, on retient surtout les noms de Marguerite Bourgeoys et de Jeanne Mance, mais de nombreuses autres femmes ont bâti dans l'anonymat de grandes institutions à caractère social.

.2.2 Les possibilités de production

Pour produire des biens et des services, chaque société dispose d'un certain nombre de ressources qu'elle doit utiliser le plus efficacement possible.

Les choix de production

Quand on décide de fabriquer tel type de biens, il faut renoncer à produire autre chose. Toute décision, tout choix, comme nous l'avons déjà vu, implique un coût d'option.

TABLEAU 1.1
Les différentes
possibilités
de production
durant un an

Combinaisons	Beurre en tonnes	Canons en milliers
A	0	15
B	1	14
C	2	12
D	3	9
E	4	5
F	5	0

Supposons qu'un pays décide de produire deux sortes de biens, soi
des biens de consommation (beurre) et des biens d'armement (canons)
L'exemple des canons et du beurre, souvent utilisé dans les manuel
d'économie, reprend la célèbre formule attribuée à Goebbels, ministre
de la Propagande sous Hitler, et reprise par le président américain John
son pendant la guerre du Viêt-nam : l'effort de guerre ne devait pas nuir
au niveau de vie de la population.

Si un pays utilisait tous ses moyens de production pour la fabricatio
des biens d'armement, cela ne permettrait plus de produire du beurre
Si ce même pays décidait au contraire d'affecter toutes ses ressource
pour produire du beurre, aucun canon ne pourrait être fabriqué. Entr
ces deux extrêmes, des choix intermédiaires sont possibles, mais il
impliquent un coût d'option particulier qui est égal à ce à quoi on a d
renoncer. Chaque unité supplémentaire de beurre produite a pour effe
de réduire le nombre de canons, et vice versa.

Le coût d'option d'un millier de canons est égal à la quantité d
beurre dont il faudra se priver.

Dans le tableau 1.1, la combinaison A représente 0 tonne de beurr
pour 15 000 canons, ou X,Y. Pour produire la combinaison B, soit 1 tonn
de beurre, il faudra renoncer à 1 000 canons (15 à 14). Pour passer d
la combinaison B à C, c'est-à-dire pour produire 1 tonne de beurre d
plus, il faudra renoncer à 2 000 canons (14 à 12), et ainsi de suite. L
coût d'option est donc croissant.

Mais cet exemple théorique ne permet pas de mesurer la réalité d
coût d'option des dépenses d'armement pour une société.

La frontière des possibilités de production (courbe de transformation)

Pour légitimer cette démonstration, plusieurs conditions doivent être a
préalable réunies :

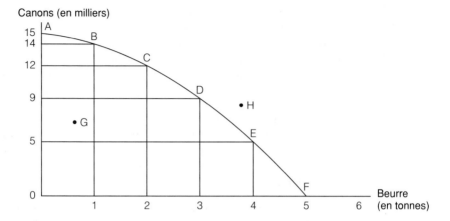

FIGURE 1.1
La frontière
des possibilités
de production

- les facteurs de production sont utilisés d'une manière optimale;
- il existe une parfaite mobilité des facteurs de production, c'est-à-dire que les ressources peuvent être affectées pour produire n'importe quel type de produit, ce qui est théorique, car on ne voit pas très bien comment des vaches laitières pourraient être « recyclées » dans la production militaire;
- les techniques restent inchangées;
- on décide de produire uniquement deux types de biens dans un temps déterminé.

Cela étant accepté, la courbe des possibilités de production permet les interprétations suivantes (figure 1.1).

La courbe tracée à partir des coordonnées du tableau 1.1 détermine la multitude des choix possibles de production. À partir d'un point de cette courbe, on sait combien de canons et de beurre peuvent être optimalement produits si on utilise toutes les ressources disponibles.

Un point G situé à gauche de la courbe AF est une combinaison possible, mais il indique que les facteurs de production ne sont pas tous utilisés à leur pleine capacité.

Il y a sous-utilisation des ressources : soit qu'elles sont mal utilisées, compte tenu des techniques connues, soit qu'elles sont non utilisées. Deux indices statistiques permettent de mesurer cette sous-utilisation des facteurs de production pour ce qui concerne le facteur travail et le facteur machinerie (capital) : ce sont le taux de chômage et le taux d'utilisation de la capacité de production.

Dans les années 80, au Canada, le taux de chômage tournait autour de 10 %; cela signifie que 10 % de la main-d'œuvre n'était pas utilisée.

Quant à l'appareil de production, il est rarement utilisé à 100 %. En 1982, lors de la dernière récession, ce taux variait, selon les types d'industries, autour de 70 %. Dans les années 30, pendant la « dépression », il y avait près de six millions de chômeurs en Allemagne, ce qui permettait, théoriquement, de produire de l'armement sans coût d'option, c'est-à-dire sans avoir à renoncer à la production existante de biens de consommation.

Dans les pays socialistes, durant la guerre froide qui a suivi la Seconde Guerre mondiale, la course aux armements était particulièrement coûteuse, car l'utilisation des ressources à des fins militaires ne permettait pas d'augmenter le niveau de vie des populations comme on le souhaitait.

Au contraire, dans les pays capitalistes, la montée du chômage pouvait justifier la production d'armement. En favorisant la course aux armements, les pays capitalistes atteignaient deux objectifs : la résorption du chômage et la mise en échec des politiques socialistes visant à augmenter le niveau de vie des populations.

Un point H situé à droite de la courbe AF est une combinaison impossible à réaliser. Cela dépasse les capacités de production du pays. Pour atteindre ce point, il faudrait que les ressources augmentent. Un boom démographique, une découverte ou une amélioration technologique, un mouvement migratoire de population pourraient déplacer la courbe vers la droite jusqu'au point H.

Au Canada, au moment où les chemins de fer transcontinentaux furent construits, il n'y avait pas suffisamment de main-d'œuvre. Les autochtones ne pouvaient être « utilisés » parce qu'ils s'opposaient à ce que les Blancs traversent leur territoire de chasse (Louis Riel, en 1885, fut pendu pour avoir pris leur défense). Pour réaliser la politique nationale « d'un océan à l'autre », de la main-d'œuvre chinoise fut importée, ce qui augmenta les possibilités de production du pays (la courbe se déplaçait à droite).

La courbe des possibilités de production n'est pas linéaire parce que les coûts d'option ne sont pas identiques ; ils augmentent de plus en plus rapidement, ce qui explique aussi que la courbe ne soit pas parfaitement concave. Pour produire plus de biens de consommation (beurre), il faudrait renoncer à de plus en plus de canons. Cela est lié au phénomène des rendements décroissants qui sera étudié au chapitre 8.

1.3 CONCLUSION

Raymond Barre, un professeur d'économie qui a été Premier ministre en France à la fin des années 70, enseignait que l'économie était « la science de l'administration des ressources rares »[10]. Longtemps, cependant, on a pensé et agi comme si bien des ressources étaient illimitées et on ne se souciait pas de voir se détériorer l'environnement; mais on prend maintenant conscience qu'il est urgent de changer cet état d'esprit.

Toute morale est « l'effet d'une tension entre les intérêts des individus et les intérêts de la collectivité, de l'intérêt du moment avec celui de la génération future »[11] (traditionnellement, dans les communautés amérindiennes, les décisions doivent tenir compte des effets sur les sept générations suivantes). Ces tensions exercent des pressions de plus en plus fortes qui exigent la réintroduction de la dimension morale (éthique) dans l'analyse économique, dimension que les économistes libéraux avaient mise de côté.

MOTS CLÉS

- Bien de production, bien de capital
- Coût d'option
- Facteur de production
- Frontière des possibilités de production
- Optimum, maximum

EXERCICES

1. Supposez que vous ayez à répartir vos activités entre étudier et gagner de l'argent sur le marché du travail; voici les différentes combinaisons de choix optimaux que vous pourriez faire (cela signifie que dans tous ces choix, vos forces seront utilisées au mieux).

Combinaisons	Cours (par semaine)	Heures sur le marché du travail (par semaine)
A	0	40
B	2	30
C	4	18
D	6	6
E	7	0

---

10. BARRE, R., *Économie politique*, Thémis, PUF, 1963, p. 12.

11. Propos de Jean Bernard, médecin français et directeur du Comité national d'éthique. Émission *Rencontre*, Société Radio-Canada, 28 janvier 1990.

a) Tracez la courbe de vos possibilités de travail.

b) Combien d'heures pourriez-vous travailler si vous ne suiviez pas de cours?

c) Si vous décidiez de vous inscrire à sept cours, combien d'heures pourriez-vous travailler?

d) Pour passer de la combinaison B à C, à combien d'heures devriez-vous renoncer sur le marché du travail?

e) Supposez que le salaire minimum soit fixé à 5 $ l'heure; que serait le **coût d'option** de la combinaison C?

2. Parmi les facteurs suivants, lequel n'est pas un facteur de production?

a) Une machine industrielle.

b) Un stock de matières premières.

c) Un travailleur.

d) Un tableau de maître.

3. Parmi les biens suivants, lequel ne correspond pas à un besoin collectif?

a) Un espace vert dans un quartier de la ville.

b) Une résidence secondaire.

c) Une école.

d) Une autoroute.

e) De l'équipement militaire.

4. Classez par ordre d'importance tous les besoins économiques non satisfaits de votre quartier.

5. D'où vient l'eau du robinet? Comment la produit-on dans votre localité et à quel prix?

6. Identifiez les problèmes économiques liés aux pluies acides et proposez des solutions.

7. Résumez la biographie d'une personne qui s'est rendue célèbre en créant une grande entreprise au Québec (entreprise capitaliste, coopérative, institution charitable, etc.).

CHAPITRE 2

Les produits et les échanges

Parmi les hommes, les talents les plus disparates sont utiles les uns aux autres; les différents produits de leur industrie respective, au moyen de ce penchant universel à troquer et à commercer, se trouvent mis, pour ainsi dire, en masse commune où chaque homme peut aller acheter, suivant ses besoins, une portion quelconque du produit de l'industrie des autres.

ADAM SMITH[1]

OBJECTIFS

Ce chapitre devrait vous permettre:

- de distinguer les différents types de biens et de services;
- de connaître les différents systèmes d'échange;
- de savoir construire un circuit simplifié des flux monétaires et des flux réels de notre société;
- de distinguer la microéconomie de la macroéconomie;
- de définir la science économique.

---

1. *Recherches sur la nature et les causes de la richesse des nations* (1776), livre 1, chap. 2.

Pour répondre aux besoins de la collectivité ou des individus, des bien
et des services de consommation doivent être produits. La productio
génère, outre des produits, des revenus qui permettent aux agents éco
nomiques d'acheter les biens et les services offerts sur le marché dan
le cadre d'une économie monétaire. Les études économiques render
compte des problèmes liés à la production et aux échanges entre le
agents économiques.

2.1 LES DIFFÉRENTS TYPES DE BIENS ET DE SERVICES

Les biens sont des produits tangibles; on peut les toucher, les accumule
tandis que les services sont intangibles et sont utilisés au moment mêm
de leur production. On stocke des biens, mais les services ne sont pro
duits que si la demande est présente. La production de services s'ajust
automatiquement à la demande. Un professeur ne donnera son cour
que si le nombre d'étudiants le justifie. Par contre, des manuels d'éco
nomie pourront s'empiler sur des étagères.

2.1.1 Les biens de consommation

Toute production a pour but final d'offrir des biens ou des services d
consommation. On classe dans les biens de consommation tous les bien:
achetés par les ménages, qu'ils soient utilisables tels quels, ou qu'il:
subissent une transformation à l'intérieur de l'activité domestique. Un
machine à coudre, de la farine sont au même titre des biens de consom
mation, dans la mesure où ils sont achetés par un ménage. Les biens d
consommation doivent être, à plus ou moins brève échéance
« consommés » (consumés !), de telle sorte qu'ils puissent être remplacés

Les biens de consommation durables

Un bien de consommation durable ne disparaît pas dès sa première
utilisation. Plus les biens sont durables, plus la demande à l'industrie es
instable. Un bien durable dure généralement plus de six ans. En ca:
d'imprévu, l'achat d'une automobile ou d'appareils ménagers peut être
différé. Si, pour une raison ou une autre, on ne peut remplacer sa voiture
il est possible de la faire réparer ou d'en acheter une d'occasion, ou bier
d'utiliser les transports en commun. Dans tous ces cas, l'industrie auto
mobile, qui aura planifié un renouvellement de ses stocks, verra ceux-c
augmenter soudainement.

Les biens de consommation semi-durables

Pour les biens de consommation semi-durables, le rythme de remplacement est plus court, soit de deux à cinq ans; la demande est donc plus stable. Par exemple, dans l'industrie du vêtement, il est plus facile de prévoir les réactions de la demande, qui doit suivre la mode.

Les biens de consommation d'un seul usage

Quant aux biens de consommation d'un seul usage, le renouvellement est régulier. Les produits du tabac, alimentaires et pharmaceutiques ont une demande identifiable et prévisible, d'autant plus qu'il s'agit de produits de première nécessité ou sans substitut.

2.1.2 Les services de consommation

Plus le niveau de revenu augmente, plus les ménages paient pour des services qui étaient traditionnellement produits par la famille. Les restaurants, les nettoyeurs, les traiteurs, les hôpitaux, les salons de coiffure, de massage ou funéraires se multiplient dans les sociétés où les femmes n'offrent plus gratuitement, à l'intérieur de leur foyer, ces services. Plus il y a de femmes sur le marché du travail, plus l'emploi dans ces secteurs se développe.

2.1.3 Les biens de production

Pour produire des biens et des services de consommation, l'entreprise utilise des biens ou des services indirects appelés biens de production. Une machine à coudre ou de la farine, dans ce cas, pourraient être considérées comme des biens de production dans la mesure où elles sont achetées par une entreprise.

On distingue deux types de biens de production: le capital circulant et le capital fixe.

Le capital circulant

Les biens de production d'un seul usage, ou **capital circulant**, concernent les matières premières et tous les produits intermédiaires. L'entreprise, en les transformant, leur ajoute une valeur (la valeur ajoutée). La farine pourra être transformée en pain ou en gâteaux et disparaîtra dans un cycle de production. Lorsqu'une entreprise achète des matières premières en prévision d'une augmentation des prix, elle investit et elle accroît donc son capital.

Le capital fixe

Les biens de production durables, ou **capital fixe**, se rapportent aux machines, à l'outillage, aux immeubles qui peuvent être utilisés sur plusieurs cycles de production. Dans une fabrique de chaussures, la machine à coudre correspond au capital fixe, tandis que le cuir, matière première, est le capital circulant.

2.1.4 Les services de production

Les services de production sont destinés à organiser la production. Ils concernent autant la comptabilité, le management, l'ingénierie que le transport, l'assurance, etc. Le professeur produit des cours, même si on dit qu'il les donne! Il transmet un savoir, une technique d'apprentissage, qui permettront d'améliorer les performances. L'enseignement est un service de production.

2.2 LES ÉCHANGES

ENCADRÉ 2.1

La division du travail selon Adam Smith

La division du travail une fois généralement établie, chaque homme ne produit plus par son travail que de quoi satisfaire une très petite partie de ses besoins. La plus grande partie ne peut être satisfaite que par l'échange du surplus de ce produit qui excède la consommation, contre un pareil surplus du travail des autres.

Source: ADAM SMITH, *Recherches sur la nature et les causes de la richesse des nations*, livre 1, chap. 4.

Un des avantages de vivre en société est de pouvoir se diviser les tâches afin d'obtenir une plus grande production pour un moindre effort. Une fois la production réalisée, différents systèmes d'échange peuvent être adoptés selon le degré de complexité de l'économie.

2.2.1 La division du travail

Il semble que la division du travail en métiers soit apparue très tôt dans l'Antiquité; il existait des boulangers, des cordonniers, des potiers qui fabriquaient des objets particuliers (pain, chaussures, poteries) et les vendaient sur un marché. Au XVIIIe siècle, Adam Smith, qui visitait une fabrique d'épingles, fut émerveillé de l'efficacité du travail produit par des ouvriers spécialisés.

La division du travail permet une augmentation de la production des biens en même temps qu'une plus grande dépendance des uns vis-à-vis des autres.

2.2.2 Les différents systèmes d'échange

Une fois que tous les biens et services sont produits, ils sont l'objet d'échanges pour atteindre leurs destinataires. Une communauté qui ne pratique pas l'échange vit en **autarcie**, c'est-à-dire qu'elle produit pour ses stricts besoins. L'avantage de vivre en autarcie est qu'on ne dépend pas des autres : c'est l'indépendance absolue. L'inconvénient, c'est qu'on est limité par les ressources de son milieu et qu'en cas de besoin, les autres ne peuvent pas nous aider.

Comme les ressources ne sont pas réparties uniformément sur la terre, certaines régions, certains groupes sont plus favorisés que d'autres. Des échanges ont lieu entre les individus, les groupes, les nations.

Le troc

Alors que le **don** est en principe gratuit, sans idée de retour, l'échange implique une réciprocité. L'échange est égal ou inégal. Il reflète les rapports de force entre les parties.

L'échange le plus simple et le plus ancien est sans doute le **troc**. Un bien ou un service est échangé contre un autre bien ou service. Les Français de la Nouvelle-France échangeaient avec les Amérindiens des colliers de verre, des miroirs, des fusils et des balles contre des fourrures. Le troc existe encore dans des sociétés qui entretiennent des relations amicales ou familiales, et il se pratique aussi sur le plan commercial. Des entreprises se spécialisent dans les échanges de troc pour des raisons fiscales ou légales.

Pour réaliser un échange de troc, il faut que les deux parties aient besoin des objets ou des services proposés, ce qui en limite la portée, car l'échange ne peut s'effectuer si une des parties n'est pas intéressée par la transaction.

L'échange monétaire

L'échange par l'intermédiaire de la monnaie a résolu le problème de la double coïncidence des besoins qu'implique le troc. Autrefois, un objet désiré par tout le monde jouait le rôle d'un intermédiaire pour faciliter les échanges de produits différents. Il pouvait s'agir de bétail, de plaques de sel, de peaux de castor ou de tabac[2]; mais pour des raisons de commodité, l'utilisation de pièces de métal fut préférée. Avec de l'argent (le mot a conservé son origine métallique), tout peut être échangé. La monnaie est devenue l'instrument qui permet de réaliser l'échange.

Grâce à ce moyen de paiement, les tâches ont pu se spécialiser davantage. Dès lors, les individus, les groupes, les nations ont créé entre eux des liens d'interdépendance économique. Ce qui a été perdu en indépendance aurait pu être gagné en solidarité, mais en réalité, l'argent a nui à la transparence des transactions (le voile monétaire), et des rapports de domination se sont sournoisement instaurés.

2.2.3 Les échanges entre les agents économiques

Entre les agents économiques se sont établies des relations. Le premier traité d'économie, *Tableau économique*, écrit en 1758 par François Quesnay, décrivait justement les relations économiques qui existaient entre les différentes classes sociales de cette époque. Aujourd'hui, la comptabilité nationale détermine **quatre agents économiques** entre lesquels circulent les biens, les services et l'argent:

— les ménages (unités de consommation);

— les entreprises (unités de production);

— l'État, les administrations (secteur public);

— l'extérieur (relations avec les nations étrangères).

On distingue parfois un cinquième secteur: les entreprises financières.

Supposons un pays autarcique sans intervention de l'État dans son économie. Entre les entreprises et les ménages existent les relations d'interdépendance illustrées à la figure 2.1.

---

2. Au début de la colonie, en Caroline du Sud, le tabac a servi de monnaie pendant plus d'un siècle et demi.
   GALBRAITH, J.K., *L'Économie en perspective*, Seuil, 1989, p. 26.

FIGURE 2.1
Un schéma
simplifié
les échanges

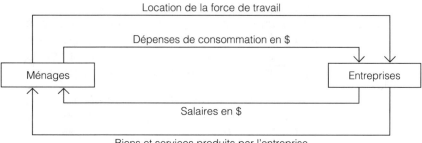

Location de la force de travail

Dépenses de consommation en $

Ménages

Entreprises

Salaires en $

Biens et services produits par l'entreprise

Les ménages, en échange de leur travail (flux réel), reçoivent un salaire (flux monétaire). Ce salaire (flux monétaire) sert à acheter les biens et les services de consommation (flux réel) produits par l'entreprise. Ces dépenses de consommation équivalent aux revenus de l'entreprise.

Dès lors, il est facile de comprendre que lorsque l'entreprise veut réduire les salaires pour augmenter son profit, elle risque de voir ses ventes diminuer. D'une façon plus globale, on constate que la consommation diminue quand les entreprises distribuent moins de revenus aux ménages.

2.4 Les échanges entre les secteurs

On peut également étudier les liens d'interdépendance qui existent entre les secteurs économiques.

- Secteur primaire : extraction des matières premières (mines, forêts, pêcheries, agriculture).

- Secteur secondaire : transformation des matières premières (secteur manufacturier, construction).

- Secteur tertiaire : services (commerce, transport, finance, éducation, soins médicaux, information, etc.).

Dans les pays industrialisés, on constate une «tertiairisation» de l'économie. Au Canada, à la fin des années 80, sept emplois sur dix concernaient les services. Ce phénomène est amplifié en Amérique du Nord par une désindustrialisation au profit des pays du Sud.

2.5 Les échanges entre les pays

Les échanges entre le pays et les autres nations sont enregistrés dans les comptes de la balance courante (somme de la balance commerciale pour ce qui concerne les échanges de biens, et de la balance des invisibles pour les services) et de la balance des paiements (solde de la balance courante et de la balance des entrées et des sorties des capitaux). Ces échanges sont plus ou moins importants dans la mesure où les pays adoptent une politique libre-échangiste ou protectionniste.

Les systèmes économiques sont devenus des ensembles complexes et multiples d'échanges entre les individus, les groupes et les nations. La répartition des revenus et des biens produits dépend du système des échanges; c'est dire son importance.

2.3 LES ÉTUDES ÉCONOMIQUES

Toute science se définit par son objet et par sa méthode. Dans la mesure où l'économie étudie la production et les échanges de biens et de services entre les agents économiques, son vaste champ d'observation correspond bien à « l'étude de l'humanité dans la conduite de sa vie quotidienne », comme le faisait remarquer le grand économiste anglais Alfred Marshall. La méthode utilisée en économie est empirique et inductive dans la mesure où les études se fondent sur l'observation de faits qui permettent des généralisations, des énoncés de lois et de théories. Henri Poincaré (1854-1912), un mathématicien français, précisait que la méthode était surtout « le choix des faits ».

La méthode déductive est aussi utilisée. Dans ce cas, l'économiste avance une hypothèse et il tente ensuite d'en vérifier la pertinence en la soumettant à l'expérimentation. **La méthode inductive va des faits observés à la théorie, tandis que la méthode déductive va du général au particulier.**

L'utilisation des statistiques permet de calculer des moyennes, de vérifier des relations entre deux ou plusieurs phénomènes, de repérer des tendances et des cycles, et de créer des modèles mathématiques en réduisant la multitude des informations à quelques variables déterminantes. Les économistes qui privilégient le langage mathématique sont des économètres.

2.3.1 Les niveaux d'analyse

On distingue deux grands types d'analyse économique: l'analyse macroéconomique et l'analyse microéconomique.

L'analyse macroéconomique

Cette approche étudie les besoins de la collectivité et propose des moyens pour les satisfaire optimalement. C'est le point de vue de l'État qui tient compte de toutes les activités économiques visibles d'une nation.

À partir de données statistiques organisées dans le cadre de la comptabilité nationale, la macroéconomie analyse la situation économique d'un pays. L'économiste, par exemple, étudie les variations des dépenses de consommation de tous les ménages quand les taux d'intérêt augmentent.

Les **études de conjoncture**, réalisées par les conjoncturistes, permettent d'évaluer la performance économique du pays, de la comparer à celle des autres pays et de prévoir l'avenir économique. Les conjoncturistes aident les responsables des grandes entreprises à prendre des décisions, et le ministre des Finances à établir une politique économique adéquate.

L'analyse microéconomique

La microéconomie étudie les problèmes économiques du point de vue individuel des agents économiques. C'est l'approche que nous retiendrons.

L'analyse microéconomique focalise son champ d'étude sur le comportement des consommateurs, des entreprises, des institutions financières, des travailleurs, pris en tant que groupes ou en tant qu'individus agissant tous dans le cadre d'une économie de marché. L'analyse de la formation des prix, qui déterminent les décisions des agents économiques, constitue la trame de fond des études microéconomiques. Si la concurrence sanctionne, en principe, l'inefficacité dans les économies «libres», les contraintes excessives qu'elle impose incitent les agents économiques à s'organiser pour s'y soustraire, d'où l'interférence des oligopoles, des syndicats et de l'État dans le processus de fixation des prix.

La distinction entre macroéconomie et microéconomie est d'ordre méthodologique, car, en fait, un lien les unit qui traduit, du reste, l'interdépendance qui existe entre les besoins individuels et les exigences collectives.

.4 CONCLUSION

Lorsqu'on étudie l'histoire de la pensée économique, on constate que les théories ont évolué. Parce qu'il s'agit d'une science humaine, les lois énoncées à partir d'observations faites dans un milieu particulier, à une certaine époque, ne sont ni éternelles, ni même universelles. Selon l'économiste Alfred Hirschman, chaque théorie « pourrait bien avoir son heure de vérité ou son pays de vérité »[3]. L'économiste doit faire preuve d'humilité, de vigilance et de souplesse dans ses certitudes : il ne peut que proposer des points de repère, un cadre explicatif, des instruments d'application ponctuelle, une « boîte à outils », selon l'expression de Joan Robinson (1903-1983), qui permettent à l'individu consommateur ou producteur de comprendre son milieu de vie, ses intérêts individuels et collectifs.

Si la science économique ne peut être aussi « objective » que les sciences physiques, il n'en demeure pas moins que sa contribution es essentielle pour connaître les règles du jeu du système économique Dans une démocratie, le pouvoir d'achat et le droit de vote confèrent aux citoyens bien informés une certaine responsabilité quant à leurs choix de vie individuels et collectifs.

MOTS CLÉS

- Autarcie
- Bien de consommation durable, semi-durable et d'un seul usage
- Bien de production, bien de capital
- Capital circulant, capital fixe
- Méthode inductive, méthode déductive

EXERCICES

1. Classez les entreprises suivantes par secteur économique.
   (Primaire = P, secondaire = S, tertiaire = T.)
    a) Bell Canada.
    b) Provigo.
    c) Bombardier.
    d) Les caisses populaires Desjardins.
   e) Hôpital Sainte-Justine.
   f) Université du Québec.

---

3. BASLÉ, M. *et al.*, *Histoire des pensées économiques*, Les Contemporains, Sirey, 198
   p. 535.

g) Banque Royale du Canada.

h) Via Rail.

i) Autobus Voyageur.

j) La Presse.

k) Canada Ciment Lafarge.

l) Alcan.

m) SNC-Lavalin.

n) Cascades.

o) Eaton.

p) Molson.

q) Antoine X, agriculteur.

r) General Electric.

2. Trouvez deux exemples pour chaque type de bien et de service.

   a) Un bien économique.

   b) Un bien libre.

   c) Un bien de consommation non durable. (aliments

   d) Un bien de consommation semi-durable.

   e) Un bien de consommation durable.

   f) Un service de consommation.

   g) Un bien de capital. [logement]

   h) Un service de production.

   i) Un bien de première nécessité. (nourriture)

   j) Un bien de luxe. (manteau de fourrure) Ferrari)

   k) Un bien fini.

   l) Un bien intermédiaire d'un seul usage.

   m) Un bien semi-fini.

   n) Un bien privé.

   o) Un bien public (un bien public appartient à la collectivité, à l'État ou à une collectivité locale). bibliothèque municipale.

3. Relevez, dans les journaux, des titres d'articles portant sur l'économie. Classez-les entre microéconomie et macroéconomie et, pour chaque article, justifiez votre classement.

4. Observez et décrivez le fonctionnement d'une entreprise spécialisée dans le troc.

5. Expliquez le phénomène de la «tertiairisation» de l'économie québécoise.

PARTIE II

Les prix

Pour les économistes du XVIIIe siècle, l'économie libre « naturelle » libère l'homme de la contrainte de l'État et de la domination personnelle exercée par les seigneurs féodaux. Dans cette économie de marché libre, les prix régissent le comportement des agents économiques. Il faut donc expliquer comment se déterminent les prix, comprendre comment se forme la valeur des biens et des services offerts sur le marché. Les prix sont considérés comme libres quand aucun agent particulier ne peut à lui seul en fixer le niveau.

Pour expliquer le mécanisme de fixation des prix sur un marché libre, nous utiliserons, dans le chapitre 4, la célèbre démonstration qu'Alfred Marshall, économiste anglais, publiait en 1890 dans son manuel *Principes d'économie politique*. Le chapitre 5 précisera la notion d'élasticité de la demande par rapport au prix, qui permet de mesurer la force de réaction des consommateurs face aux variations de prix.

Ce modèle théorique ne reflète pas la réalité à laquelle nous sommes confrontés, et force nous est de constater que la plupart des prix sont déterminés soit par l'État, soit par les oligopoles, soit par des groupes de pression comme les syndicats. Dans les chapitres 6 et 7, nous étudierons les différentes formes d'intervention de l'État et des oligopoles dans la fixation des prix, la raison de ces interventions et leurs effets sur la production et la répartition des revenus.

CHAPITRE 6

L'intervention de l'État dans la fixation des prix

*Le gouvernement est institué pour
l'avantage de tous les hommes qui lui
sont soumis; il doit donc avoir sans cesse
en contemplation l'avantage de tous.*
SISMONDI[1]

OBJECTIFS

Ce chapitre devrait vous permettre:

- de savoir comment se financent les services publics;
- d'énoncer la loi de King;
- de différencier un prix plancher d'un prix plafond;
- d'évaluer la pertinence des politiques agricoles;
- de mesurer les effets qu'entraîne une libéralisation des prix.

---

1. *Nouveaux principes d'économie politique*, Paris, Calmann-Lévy, 1971, p. 65.

Les prix des biens et des services, dans une économie de concurrence pure et parfaite, sont déterminés par les seules forces du marché.

Les prix sont instables; ils varient à la hausse ou à la baisse au gré des circonstances, ce qui crée une constante incertitude dans l'économie. Si les fluctuations de prix sont de faible amplitude et de courte durée, les agents économiques s'adapteront sans trop de difficulté; au contraire, si les variations de prix sont plus accentuées et plus durables, cela risque de provoquer de graves perturbations sociales et politiques.

Les crises économiques qui jalonnent l'histoire moderne sont des périodes de baisses de prix brutales et prolongées qui ont engendré misère, guerres et révolutions. Pour éviter ces situations incontrôlables, les gouvernements tentent plus ou moins directement de fixer des prix stratégiques dans le but de stabiliser certains revenus.

Les domaines traditionnels d'intervention de l'État sur les prix concernent, en temps normal, les services publics, l'agriculture et le salaire minimum. Parfois, en situation d'urgence ou pour venir en aide à une catégorie de ménages particulièrement menacée, le gouvernement détermine le prix des biens et des services de première nécessité (le loyer et les produits alimentaires).

À la limite, l'État peut suspendre les lois du marché et décider de fixer lui-même les prix (économie de guerre ou socialiste) ou de les bloquer pour une période limitée.

6.1   LE PRIX DES SERVICES PUBLICS

Lorsqu'on prend le métro, qu'on se fait soigner dans un hôpital ou qu'on suit des cours dans un établissement public, on ne paie pas le prix «véritable» du marché pour le service utilisé.

L'État, à qui on a confié la responsabilité d'offrir ces services, détermine politiquement si le montant de la contribution réclamée aux usagers sera minime (pour permettre à toutes les classes de revenu d'y avoir accès), ou au prix coûtant (*public choice*), ou à un coût supérieur (taxe déguisée). Le coût réel des services publics, s'il n'est pas financé par la totalité des utilisateurs, l'est par l'ensemble des contribuables.

6.1.1   La conception libérale

Adam Smith écrivait: «Il n'est pas juste que toute la société contribue pour une dépense dont une partie seulement de la société recueille le fruit». Une école de pensée néo-libérale américaine, le *public choice* enseigne dans cet esprit qu'il est plus juste que seuls les utilisateurs des services publics contribuent à leur financement. Pour eux, le financement d'une autoroute, par exemple, ne devrait pas être assumé par les citoyens sans voiture. Une taxe sur l'essence finance indirectement les travaux routiers. En France, une taxe à l'essieu avait déjà été fixée sur les véhicules pour couvrir les dépenses d'entretien des routes.

De même, les personnes en santé qui surveillent leur alimentation ne devraient pas payer pour celles qui se rendent malades par négligence ou par vice. Ceux qui ont la chance de s'instruire ne devraient pas être à la charge de ceux qui n'étudieront jamais, etc. Les étudiants, selon cette optique, devraient donc payer intégralement le coût de leurs études, ce qui, dit-on, les motiverait davantage à étudier et les inciterait à ne pas perdre leur temps. Au Japon, les familles paient les études de leurs enfants. Les frais peuvent s'élever à plus de 4 000 $ par année. Il faut cependant préciser que les impôts sont moins élevés qu'au Québec.

5.1.2 L'intervention de l'État

Quand les services publics sont financés par l'ensemble des contribuables, c'est que le gouvernement rend l'État responsable du financement de ces services qui, d'une manière indirecte, profitent à tous. C'est une façon d'être solidaires les uns des autres, une manière de partager.

Lorsqu'une personne reçoit gratuitement un vaccin, elle se trouve immunisée contre la maladie, mais elle protège aussi les autres individus. Une vaccination individuelle concerne la collectivité, et il n'y a pas de raison pour que la personne qui accepte d'être vaccinée soit seule à en payer le coût. Il en va de même pour l'instruction: toute personne qui s'instruit enrichit la collectivité par le rayonnement de ses connaissances. En ce sens, l'éducation n'est pas une dépense, mais un investissement collectif.

Les prix des services publics ne sont pas déterminés par le marché. Ces prix administrés sont moins «erratiques», c'est-à-dire qu'ils sont plus stables puisqu'ils procèdent d'une décision politique.

5.2 LE SECTEUR AGRICOLE

L'agriculture est un secteur particulièrement vulnérable à la logique du marché. L'offre de produits agricoles est rigide, car les récoltes ne s'ajustent pas automatiquement aux variations de prix. De plus, et contrairement au secteur industriel qui se développe en se diversifiant, l'agriculture a tendance à se spécialiser.

De l'économie de subsistance, l'agriculture s'est orientée vers la production destinée au marché national et international. Dans un tel système, les gains monétaires peuvent être considérables quand les prix sont élevés, mais la dépendance de chaque agriculteur varie selon les conditions du marché.

L'instauration d'un marché agricole libre a toujours posé un problème et les agriculteurs ont réclamé l'intervention des pouvoirs publics pour se prémunir des variations de revenus brutales et inattendues qu'engendrent des prix fixés par les seules forces du marché. Depuis quelques années, des organismes internationaux réclament le retour au marché libre. Pour comprendre les revendications des agriculteurs et les politiques agricoles mises en œuvre par les gouvernements, on doit connaître les contraintes qu'exerce le marché libre dans ce domaine.

6.2.1 Le marché libre

Sur le marché libre, les prix des produits agricoles sont déterminés par l'offre et la demande, et aucun agriculteur ne peut exercer une quelconque influence sur ces prix. Dans le domaine industriel, les entrepreneurs réussissent à se regrouper ou à contrôler une grande part de marché, mais les petits agriculteurs restent isolés et soumis à la concurrence sans possibilité de se protéger. En plus des incertitudes du climat, ils doivent assumer les fluctuations imprévues des prix.

Le paradoxe des bonnes récoltes

ENCADRÉ 6.1

> ### La loi de King
>
> Au XVIIe siècle, en France, on remarquait déjà «qu'abondance plus cherté des prix égalent opulence, mais qu'abondance plus bas prix égalent misère». Ce vieux dicton populaire a inspiré une des premières lois économiques, formulée par Gregory King (1642-1712), selon laquelle «l'accroissement de la production alimentaire suscite une baisse plus que proportionnelle des prix de cette production» (demande inélastique).

Plus les récoltes sont abondantes, plus l'offre se déplace vers la droit et plus les prix des produits récoltés tendent à diminuer (figure 6.1), c qui finalement réduit le revenu de l'ensemble des agriculteurs, puisqu la demande est inélastique. Cela prouve encore une fois que ce qui est bon pour un individu peut être désastreux pour l'ensemble des individus.

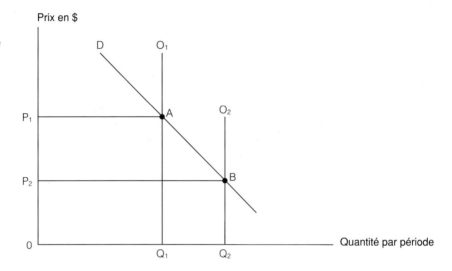

FIGURE 6.1
L'effet d'une
bonne récolte
sur le prix

À P_1, les recettes des agriculteurs sont égales au rectangle $0P_1AQ_1$; à P_2, les recettes sont égales au rectangle $0P_2BQ_2$. Les recettes seront moindres si la demande est elle-même peu élastique par rapport au prix.

La logique du marché agricole

Par ailleurs, les consommateurs de produits agricoles dépendent aussi des conditions du marché; certains individus, plus malins que d'autres, savent profiter de la situation. Le cours des produits agricoles est erratique; il dépend du moment où la récolte arrive sur le marché. Autrefois, par exemple, le prix du blé en Europe était au plus bas à la fin de l'été. C'était le moment pour les «accapareurs de grains» d'acheter et de stocker le blé pour le revendre plus tard à bon prix, au fur et à mesure que la population épuisait ses réserves alimentaires.

Pour éviter ce genre de spéculation, bien des siècles auparavant, les empereurs romains faisaient stocker les récoltes de grains pour assurer un approvisionnement régulier tout au long de l'année.

Dans une économie traditionnelle d'autosubsistance, non soumise aux lois du marché quand les récoltes sont pléthoriques (surabondantes), les fêtes des moissons n'en sont que plus exubérantes parce que la survie du groupe est assurée pour l'année. Dans une économie de marché, la surproduction est dramatique.

ENCADRÉ 6.2

> ### La crise agricole des années 30 au Canada
>
> Pendant la crise des années 30, les prix des produits agricoles diminuèrent de près de 60 % en moyenne. Les agriculteurs de l'Ouest canadien furent particulièrement éprouvés, parce qu'ils étaient plus «intégrés» à l'économie de marché que les agriculteurs québécois. Ceux qui s'étaient endettés pour financer l'achat de leur terre ou de leur matériel aratoire (machines agricoles) ne purent assumer le remboursement de leurs dettes. Les faillites d'entreprises agricoles mirent à leur tour en difficulté les organismes prêteurs et l'industrie du matériel agricole. La crise se répercuta de secteur en secteur. Les bonnes récoltes, au lieu d'apporter la prospérité, n'engendrèrent que misère et désolation.

Les politiques malthusiennes

Pour alerter l'opinion et les pouvoirs publics et pour faire monter les prix, les agriculteurs, pendant la «dépression», ont pratiqué des politiques malthusiennes de destruction des surplus agricoles. Comme on le voit dans le film *La turlute des années dures* réalisé par R. Boutet et P. Gélinas en 1983, des produits alimentaires étaient saccagés à la vue de tous: le lait était déversé dans les rues de Montréal au nez des chômeurs affamés et des enfants sous-alimentés; du pétrole était versé sur les denrées pour les dénaturer et les rendre impropres à la consommation.

Depuis lors, et pour éviter que ne se répètent tous ces drames, les pouvoirs publics interviennent pour protéger les agriculteurs des méfaits du dysfonctionnement possible du marché.

6.2.2 Le marché réglementé

Actuellement, plus de la moitié des revenus agricoles canadiens proviennent des offices de commercialisation contrôlés par l'État. Au Canada en 1982, ces organismes «de mise en marché» (bien mal nommé puisque, justement, ils soustraient l'agriculteur aux lois du marché) contrôlaient:

– 100 % de la production de lait;
– 83 % de la production de céréales;

- 60 % de la production de porcs;
- 97 % de la production de volailles[2].

Les justifications de l'intervention de l'État

Le gouvernement vient en aide aux agriculteurs parce que ces derniers ont établi un rapport de force. Ils réclament une certaine sécurité de revenu. Ils appuient leurs revendications sur le fait qu'un pays doit veiller, pour des raisons de stratégie nationale, à conserver un certain pourcentage d'autosuffisance alimentaire (ce taux d'autosuffisance est égal au rapport des produits agricoles domestiques sur la totalité des produits agricoles consommés au pays).

Si le gouvernement ne venait pas en aide aux agriculteurs, les consommateurs canadiens préféreraient sans doute acheter des produits alimentaires moins chers en provenance de pays où le coût de production est plus bas. Par exemple, on pourrait importer le lait de l'Argentine où il coûte moins cher à produire, car le climat permet aux troupeaux de rester toute l'année dans les pâturages, alors qu'au Québec, il faut prévoir une longue et coûteuse période de stabulation hivernale (séjour dans les étables). Cette concurrence étrangère ferait disparaître un grand nombre de fermes laitières québécoises, et nous risquerions de connaître une pénurie de ce produit essentiel si un jour l'Argentine décidait de conserver son lait pour nourrir sa population.

C'est ainsi qu'une politique laitière nationale protège les producteurs et les consommateurs des aléas du marché. Elle garantit également une indépendance nationale par rapport aux pressions que pourrait exercer un pays tiers fournisseur (l'arme alimentaire).

Les méthodes de fixation des prix agricoles

Le gouvernement peut intervenir de deux façons, soit par une politique de soutien des prix ou par une politique de subsides.

Le soutien des prix

Le prix plancher, ou prix minimal, **est nécessairement fixé au-dessus du prix d'équilibre du marché libre.** Le gouvernement interdit qu'un produit soit vendu au-dessous du prix fixé.

---

2. «54 % des revenus agricoles canadiens viennent des offices de commercialisation», *La Presse*, 13 novembre 1982.

FIGURE 6.2
La fixation
d'un prix
plancher

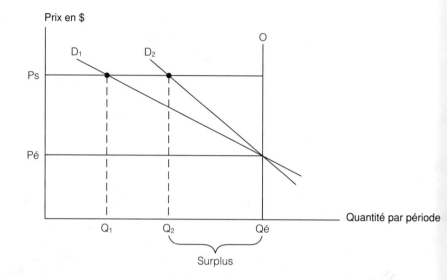

Cette politique est d'autant plus efficace que la demande est peu élastique par rapport au prix (droite D_2), car la variation du prix à la hausse n'entraînera pas une réduction trop prononcée de la quantité demandée (figure 6.2). Néanmoins, comme le prix augmente, la quantité demandée sera inférieure à celle que les ménages étaient prêts à acheter à un moindre prix. Il y a donc un surplus ($Q\acute{e} - Q_2$) qu'il sera nécessaire de stocker. S'il s'agit de lait, par exemple, on peut le réduire en poudre ou le transformer en beurre et le congeler. Ces stocks, en périodes économiques difficiles, régulariseraient le marché comme le faisaient déjà les empereurs romains. Mais cela implique, bien sûr, des coûts de stockage dont il faut aussi tenir compte.

Ces politiques de soutien des prix sont en fait financées par les consommateurs qui achètent plus cher le produit dont le prix est artificiellement soutenu. Pour le lait, ce sont les familles ayant de jeunes enfants qui financeront plus que tout autre cette politique laitière. Par contre, les célibataires qui ne boivent pas de lait ne seront pas concernés.

Comme le marché ne parvient plus à restreindre la production, le gouvernement est obligé de fixer des **quotas de production**. Chaque agriculteur doit respecter une limite de production qui lui est imposée par les pouvoirs publics. Cette limitation à la liberté d'entreprise est acceptée dans la mesure où tous les agriculteurs comprennent bien l'intérêt d'une telle discipline collective.

Les subventions gouvernementales

Cette politique consiste, pour le gouvernement, à laisser le produit se vendre au prix du marché et à donner une subvention à l'agriculteur

Les consommateurs de lait n'ont pas à assumer seuls cette aide agricole; il n'y a pas de surplus et c'est l'ensemble des contribuables (même ceux qui ne boivent jamais de lait) qui supporte financièrement ces dépenses gouvernementales. La subvention par unité est égale au prix de soutien moins le prix d'équilibre (Ps − Pé) (figure 6.3). Quant à la subvention totale, elle est égale à la subvention par unité multiplié par la quantité produite.

FIGURE 6.3
Les prix
subventionnés

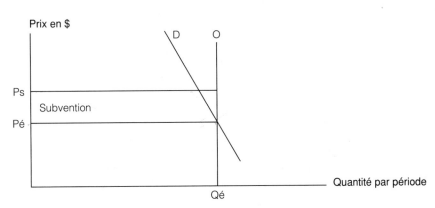

6.3 LE PRIX DES BIENS DE PREMIÈRE NÉCESSITÉ

Le gouvernement peut intervenir dans la fixation des prix pour aider non plus un secteur économique, mais les ménages qui seraient trop défavorisés par le marché. Il s'agit, pour les pouvoirs publics, de permettre aux ménages à faible revenu d'avoir accès à un certain nombre de produits et de services en fixant les prix à un niveau adéquat.

6.3.1 Le prix plafond

Dans ce cas, un **prix plafond** (Pp), ou prix maximal est imposé sur les produits jugés essentiels. Ce prix d'intervention **est fixé au-dessous du prix d'équilibre du marché libre** (figure 6.4).

Le marché ne rationne plus les consommateurs en fonction de leurs moyens. Les produits sont répartis selon les besoins des ménages. Comme les prix sont plus bas, les producteurs ne reçoivent pas le signal de produire davantage, et un plus grand nombre de consommateurs restent sur le marché. Pour résoudre la situation de pénurie (Qo à Qd) qui en résulte, les pouvoirs publics distribueront des tickets de rationnement et, éventuellement, créeront un système pour stimuler autrement la production.

FIGURE 6.4
La fixation
d'un prix
plafond

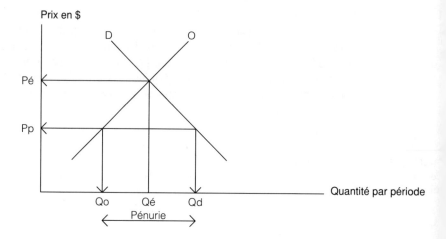

6.3.2 Le rationnement

D'un point de vue libéral, on constate que ce système d'intervention de
l'État est peu efficace, puisqu'il engendre une pénurie et décourage les
entrepreneurs à répondre aux besoins. Effectivement, il y aura sans doute
«moins de gâteau», mais les plus démunis auront accès à une part de
ce qui reste. Ils ne seront plus automatiquement exclus du partage. Cette
répartition plus équitable a le mérite de réduire les risques d'émeutes
populaires provoquées par la cherté des biens de première nécessité.

Pendant les périodes de guerre, les gouvernements des pays capitalistes ont eu recours à des mesures semblables. Au Canada, des car-
nets de tickets de rationnement (figure 6.5) donnaient droit à l'achat d'une
certaine quantité de nourriture évaluée en fonction du nombre de personnes par famille.

Le système de rationnement mis en place dans des situations d'urgence nécessite un large consensus social (accord d'une forte majorité
du peuple). Les citoyens doivent être bien instruits des objectifs de l'État
sinon les lois du marché risquent de réapparaître sous une forme plus
sordide qui est le «marché noir», ou marché parallèle, où les profits sont
à la mesure des risques, c'est-à-dire exorbitants.

6.3.3 Le gel du prix des loyers

La politique de prix plafond a été adoptée dans certaines villes après la
guerre de 39-45 dans le secteur du logement. Les prix des loyers ont
été «gelés» pendant de nombreuses années.

Ce type de réglementation permet aux locataires d'obtenir des loyers
moins chers. Par contre, les propriétaires ne sont plus intéressés à
rénover les logements. Les capitaux privés ne sont plus investis dans ce

FIGURE 6.5
Un carnet
de rationnement

RATION BOOK 3

RB-150

CANADA

CARNET DE RATIONNEMENT 3

Name
Nom.............. Prescotte, Mary

Street Address or R.R. No.
No et rue ou R.R. No............... R R 3

City or Town
Ville ou Village............... North Hatley, Que

Province
Province...............

Prefix and Serial Number

LETTERS | | | | NUMBERS | | |

LETTRES | | | | NUMÉROS | | |

No de Série (avec lettres)

Write Age if under 16...............Indiquez l'âge si moins de 16 ans

---

IMPORTANT

In wartime, goods are rationed because they are in short supply, or to prevent "short supply" caused by the selfish or unnecessary over-buying by some at the expense of others' essential needs.

The utmost conservation of all supplies is necessary. You should regard this ration book as a permit to buy rationed goods if you NEED them—not otherwise. It does not entitle you to purchase rationed commodities for the use of someone else unless he resides in your household.

IMPORTANT

En temps de guerre, les marchandises sont rationnées parce qu'il y a insuffisance et pour empêcher qu'il y ait pénurie par suite de l'égoïsme de certains, de leurs achats exagérés au détriment des besoins essentiels d'autrui.

Il est absolument nécessaire de ménager les vivres.

Vous devez considérer ce carnet de rationnement comme étant un permis d'achat de denrées rationnées, si vous en avez besoin — pas plus.

Ce carnet ne vous permet pas d'acheter des denrées rationnées qui doivent servir à un autre, sauf si c'est quelqu'un de votre maison.

La loi exige que tout consommateur, demeurant dans l'établissement d'un détenteur de quotité pendant une semaine ou plus, remette à celui-ci son carnet de rationnement pour que ce dernier en détache certains coupons valables. Dès qu'une personne cesse de demeurer dans l'établissement d'un détenteur de quotité, celui-ci doit lui remettre son carnet de rationnement après en avoir détaché les coupons valables nécessaires.

Le terme "détenteur de quotité" comprend tous les hôtels, camps, navires des eaux intérieures, écoles (pensionnats), hôpitaux et autres institutions servant des repas aux personnes qui y demeurent.

PREFIX & SERIAL NO.
No de série (avec lettres)

secteur; la pénurie de logements risque de s'accentuer au lieu de se résorber, et la crise du logement peut se perpétuer.

Pour y remédier, le gouvernement stimule la construction par d'autres mesures incitatives d'ordre fiscal. L'État peut également construire des HLM (habitations à loyer modique). En créant de nouveaux logements destinés aux personnes à faible revenu, le gouvernement réduit la pénurie de logements. Cependant, sur les autres segments du marché immobilier, l'augmentation du nombre de logements fait baisser le prix de tous les loyers, puisque la courbe d'offre se déplace vers la droite.

6.4 LES AUTRES DOMAINES D'INTERVENTION

D'autres prix sont parfois fixés ou contrôlés par l'État. Le gouvernement peut déterminer, par décret ou par voie de négociation avec les syndicats, le niveau des salaires des fonctionnaires (employés du secteur public au sens large), soit 40 % de la population active. Le prix de l'argent, ou loyer de l'argent, est également contrôlé par la Banque centrale qui fixe le taux d'escompte.

En fait, un grand nombre de prix échappe donc aux lois du marché pur. L'intervention de l'État provient elle-même des rapports de force qui s'expriment dans la société en réaction aux forces du marché et au pouvoir des oligopoles, dont il sera question dans le chapitre 7.

Les réglementations gouvernementales qui résultent d'une telle intervention créent une rigidité de l'économie plus ou moins onéreuse pour certaines catégories sociales, mais elles protègent d'autres catégories particulièrement vulnérables aux fluctuations des prix du marché.

Toutes ces politiques reflètent les rapports de force entre des groupes organisés de la société. Comme ces rapports sont en perpétuelle redéfinition, les formes et les domaines d'intervention de l'État se modifient également.

6.5 LA REMISE EN QUESTION DE L'INTERVENTION DE L'ÉTAT

Pour les néo-libéraux, c'est-à-dire pour les économistes qui s'opposent aux théories de J.M. Keynes, l'intervention de l'État dans la fixation des prix ne se justifie qu'en période de crise. Pour augmenter l'efficacité du système économique, il faut revenir le plus possible aux lois du marché, à la « vérité des prix ».

Les gouvernements doivent donc renoncer à leur politique de soutien des prix et accepter le défi de la concurrence internationale.

6.5.1 La remise en question des politiques agricoles

Dans le domaine agricole plus particulièrement, les effets des politiques gouvernementales aboutissent à des situations déraisonnables. Si chaque pays subventionne la production agricole, la surproduction se perpétue au prix d'une accentuation des déficits budgétaires. Les prix agricoles sur le marché mondial ont toujours tendance à fléchir, et l'aide aux agriculteurs devient donc de plus en plus nécessaire. Seul le marché libre pourrait arrêter cette spirale déflationniste.

En abandonnant les agriculteurs aux lois du marché libre, la production diminuerait, entraînant la faillite des fermes les moins efficaces. Seuls les cultivateurs les plus performants pourraient subsister sur le marché. La production, en diminuant, ferait disparaître la surproduction, les prix augmenteraient, permettant ensuite aux agriculteurs d'obtenir des revenus adéquats sans l'aide des pouvoirs publics, au grand soulagement des contribuables.

Des organismes internationaux comme le GATT[3] invitent les pays à abandonner les politiques agricoles de subvention. Les agriculteurs se sont mobilisés contre ces politiques libérales qui menaçaient leur mode de vie et qui donnaient le coup de grâce à la petite exploitation traditionnelle[4].

L'accentuation de la concurrence sur le marché mondial des produits agricoles incite les agriculteurs à utiliser des techniques qui augmentent les rendements à court terme. De 1950 à 1985, «la consommation de pétrole dans l'agriculture mondiale a quintuplé, mais la production n'a pas doublé»[5]. L'utilisation de plus en plus intensive de produits chimiques et la surexploitation des sols accélèrent la détérioration de l'environnement, ce qui, à plus ou moins long terme, obligera les pouvoirs publics à intervenir.

---

3. PERTHUIS (DE), C., «Les enjeux agricoles de la négociation du GATT: l'agriculture sous le vent du grand large», chronique d'actualité de la SEDEIS, 15 février 1990, *Problèmes économiques*, n° 2.176, 23 mai 1990.

4. JEANTET, A., «Recensement général de l'agriculture (en France) 1988», information agricole, janvier 1990, *Problèmes économiques*, n° 2.170, avril 1990.

5. DUMONT, R., *Un monde intolérable, le libéralisme en question*, L'histoire immédiate, Seuil, 1988, p. 28.

6.5.2   La remise en question des prix réglementés

Dans certains pays et pour un certain nombre de produits, l'État fixe des prix maximaux ou subventionne les producteurs. Cela représente une lourde charge financière pour les gouvernements qui doivent parfois s'endetter auprès des banques étrangères.

Le Fonds monétaire international (FMI), grand prêteur de ces pays, exige depuis quelques années que la loi du marché soit rétablie[6] Lorsque les gouvernements de ces pays cèdent aux exigences du FMI les prix des produits de première nécessité augmentent et, à nouveau les plus pauvres sont exclus du marché. Il s'ensuit toujours des révoltes populaires que l'armée vient mater au prix de vies humaines.

Les troubles sociaux en Égypte, en Jamaïque, au Venezuela (300 morts), en Jordanie, en Argentine, dont on parle dans les journaux depuis la fin des années 70, ont tous éclaté à la suite d'une politique de désengagement de l'État dans le domaine des prix des biens et des services.

De même, les politiques de compressions budgétaires dans les services publics des pays du Nord répondent à une volonté politique de retour aux lois du marché, jugées plus efficaces pour résoudre les problèmes économiques.

6.5.3   La réintroduction de l'économie de marché dans les pays socialistes

À la fin des années 80, certains pays socialistes, où les prix étaient depuis de nombreuses années déterminés par l'État à des niveaux qui ne refletaient pas la réalité des coûts de production, ont décidé de revenir à une politique des prix plus réaliste afin de réintroduire l'économie de marché jugée plus efficace et plus stimulante[7].

En Pologne, par exemple, les prix, qui étaient restés à des niveaux très faibles depuis de nombreuses années, ont fortement augmenté en 1989, obligeant la population à changer de comportement. En Union soviétique, le prix du pain n'avait pas bougé depuis 40 ans; le 1er avril 1991, il augmentait de 60 %. Libéraliser les prix implique un bouleve

6.   BUTTNER, V., «Le FMI et les difficultés des pays du tiers monde, une critique du concept d'ajustement», *Problèmes économiques*, n° 1.953, 18 décembre 1985.

7.   BRAND, D., «Vers l'économie de marché», *Problèmes économiques*, n° 2.18 8 septembre 1990.

sement dans la vie quotidienne des ménages que les dirigeants ont tendance à sous-estimer.

6.6 CONCLUSION

L'accentuation de la concurrence, si elle stimule les plus performants et remet en cause des privilèges injustifiés, risque d'écraser les plus faibles et de creuser l'écart qui existe entre les riches et les pauvres.

MOTS CLÉS

- Gel du prix des loyers
- Libéralisation des prix
- Marché noir
- Office de commercialisation
- Politique malthusienne
- Prix erratique
- Prix plafond (prix maximal)
- Prix plancher (prix minimal)
- Quota de production
- Rationnement
- Subvention

EXERCICES

Après avoir lu l'article du *Devoir* du 5 janvier 1985, répondez aux questions qui suivront.

« *Même si elle semble nécessaire, la réforme du système de prix subventionnés risque de mettre en colère les civils égyptiens.* »

Les récentes émeutes dans le delta du Nil viennent de mettre en lumière les problèmes gigantesques auxquels doit faire face le président Moubarak pour réformer le système des prix subventionnés, handicap majeur du développement économique.

Selon les responsables gouvernementaux, l'Égypte ne peut plus se permettre une politique héritée de Nasser, où l'État consacre *plus de 2,8 milliards de $ US par an au soutien des prix des matières de première nécessité telles que l'énergie et l'alimentation.*

D'un autre côté, toucher au système de subventions risque de provoquer une agitation redoutable chez les 47 millions de civils, où le revenu moyen par tête et par an se situe aux alentours de 650 $. Moubarak s'est prononcé pour la tenue d'une conférence nationale, incluant les groupes d'opposition, pour examiner les moyens de réformer le système de subventions sans alourdir le fardeau de millions de pauvres Égyptiens.

La peur d'une agitation de la population civile s'est accrue après les manifestations du 30 septembre 1984 dans le centre industriel de Kafr-el-Daouar de 250 000 habitants au sud d'Alexandrie.

Ces incidents sont sans commune mesure avec les émeutes de janvier 1977 qui avaient déferlé sur l'Égypte après l'annonce, par le président Anouar-el-Sadate, d'une augmentation générale des prix. Mais ces récents troubles ont mis au jour les risques politiques encourus par Moubarak dans le cas d'une montée des prix ou d'une modification du système de subventions.

L'augmentation des retenues sur les salaires, qui ont doublé les cotisations sociales de 1,5 % à 3 %, est intervenue simultanément avec l'augmentation des prix des cigarettes, des fruits, du pain de haute qualité et d'autres denrées. Les rumeurs d'une augmentation imminente des prix de l'essence étaient si répandues que certaines stations-service commencèrent à limiter leurs ventes en spéculant sur un meilleur bénéfice. [...]

Certains accusent le système des subventions d'encourager le gaspillage. Avec un prix de l'essence de 0,25 $ le litre, la consommation intérieure a augmenté de 15 %.

Le pain est maintenu de longue date au prix dérisoire de 0,008 $ et les éleveurs le donnent à leur bétail plutôt que de le nourrir avec du blé qui leur reviendrait plus cher. [...]

Malgré les risques encourus, les diplomates occidentaux sont convaincus que Moubarak va mettre en route son plan de réforme du système des prix subventionnés en raison de la menace qu'il fait peser sur l'économie nationale. [...]

1. *a)* Illustrez une situation d'équilibre théorique pour le prix de ces biens.

   b) Sur le même graphique, illustrez la fixation d'un prix plafond.

   c) Quel type de déséquilibre cela provoque-t-il: un surplus ou une pénurie?

   d) Les producteurs sont-ils intéressés à produire plus?

e) En comparant la quantité offerte au prix plafond et la quantité offerte au prix d'équilibre, qui est avantagé par ce système?

f) Qui est désavantagé par ce système?

2. Répondez brièvement aux questions suivantes relatives à l'article du *Devoir.*

a) Combien d'argent le gouvernement égyptien doit-il consacrer au soutien des prix?

b) Quel danger guetterait le gouvernement égyptien si les lois du marché étaient purement et simplement rétablies? Que s'était-il passé en 1977?

c) Pour nourrir 47 millions d'Égyptiens (dont 13 millions au Caire) au revenu moyen de 650 $ par année, que pourriez-vous suggérer comme mesures qui favoriseraient la production, empêcheraient le gaspillage et permettraient aux plus démunis d'avoir accès aux biens de première nécessité?

3. Pour quelles raisons l'UPA (Union des producteurs agricoles), au Québec, se méfie-t-elle du libre-échange avec les États-Unis?

4. Quel est le rôle de la Régie du logement?

5. Quelles sont les formes d'aide que reçoivent les agriculteurs de la part de l'État? Quels en sont les avantages et les inconvénients?

6. Décrivez le rôle des offices de commercialisation des produits agricoles au Canada.

7. Quelles sont les propositions du GATT en ce qui concerne les politiques agricoles?

CHAPITRE 7

La fixation des prix par un oligopole

> *Les gens d'un même métier se réunissent rarement, même pour s'amuser ou se distraire, sans que leur conversation ne se termine par une conspiration contre le public ou par la mise au point d'un quelconque artifice pour faire monter les prix.*
> ADAM SMITH[1]

OBJECTIFS

Ce chapitre devrait vous permettre:

- d'énumérer les différentes stratégies qu'utilisent les oligopoles pour se fixer des prix communs;

- de comparer la fixation des prix sur un marché de concurrence pure et parfaite et un marché contrôlé par les grandes entreprises;

- de constater les effets des pratiques anticoncurrentielles sur les prix, les consommateurs et l'ensemble de l'économie.

---

1. *Recherches sur la nature et les causes de la richesse des nations*, 1776, livre 1, chap. 10.

Le prix des biens et des services sur un marché de concurrence pure et parfaite est déterminé par l'offre et la demande, alors que sur un marché contrôlé par un petit nombre d'entreprises (oligopole), le prix dépendra surtout de l'offre. Les ententes sur les prix étant interdites, l'oligopole contrôlera le prix d'une manière insidieuse. Une étude publiée en mars 1978 par la Commission royale d'enquête sur les groupements de sociétés révélait qu'au Canada, les grandes entreprises utilisaient trois types de stratégies pour se fixer des prix communs : ou bien les prix sont déterminés par une firme qui donne l'exemple aux autres (leadership), ou bien il existe sur le marché une entreprise dominante qui a l'habitude de mener le bal, ou bien les entreprises, sans se donner le mot, agissent de concert (parallélisme conscient).

7.1 LE LEADERSHIP EN MATIÈRE DE PRIX

Une firme peut prendre la décision de fixer un prix au meilleur de ses intérêts, sachant que ses concurrents vont la suivre.

7.1.1 Le processus de fixation des prix

Les entreprises d'une même industrie se rendent compte qu'elles réaliseront plus de bénéfices si elles réussissent à s'entendre sur le prix des produits qu'elles vendent, plutôt que de se faire concurrence. Pour ce faire, une entreprise prend l'initiative d'augmenter ou d'abaisser ses prix tout en sachant que ses concurrents, sur le marché, emboîteront le pas. Ce chef de file n'est pas nécessairement toujours le même (leadership rotatif). Si les coûts de production augmentent (hausse du prix du pétrole par exemple), une compagnie pétrolière augmentera ses prix sans craindre de perdre des clients, parce que les concurrents en feront tout autant. Dans ce cas, chaque entreprise conservera sa part de marché.

Les limites

L'oligopole n'est cependant pas maître de fixer n'importe quel niveau de prix. Son pouvoir est limité par le prix des biens importés et par l'arrivée possible d'un concurrent sur le marché.

Aux États-Unis, l'industrie de l'automobile a dû s'ajuster au prix des voitures importées du Japon. Pour les économistes néo-libéraux, et selon

W.J. Baumol, la possibilité de l'arrivée d'un concurrent potentiel oblige les entreprises à fixer des prix très proches du prix du marché[2].

7.1.2 Le dumping

Le chef de file peut agir différemment dans l'espoir d'augmenter sa part de marché au détriment des concurrents. Une entreprise qui réussit à atteindre des coûts de production plus bas que les autres ou qui, financièrement, a les «reins» plus solides pourra diminuer ses prix de vente au-dessous des coûts de production de l'industrie. Cette pratique, appelée «dumping», est dangereuse, car les entreprises lésées risquent d'engager une poursuite judiciaire contre le mouton noir pour «concurrence déloyale». La firme suisse de produits pharmaceutiques Hoffman-Laroche est soupçonnée d'avoir introduit le Valium de cette façon sur le marché nord-américain dans les années 60. Une fois la part de marché conquise, l'entreprise entre dans le rang et s'ajuste au prix de l'oligopole qui assure à tous un niveau de profits plus élevé et plus stable. Pour cette raison, des entreprises américaines, durant les années 80, ont demandé au gouvernement de poursuivre les firmes japonaises qui auraient vendu sur le marché américain des semi-conducteurs au-dessous du coût de production réel.

Le chef de file pourrait également décider de ne pas hausser ses prix, bien que les coûts de production augmentent. Dans ce cas, les entreprises plus fragiles, aux marges bénéficiaires plus étroites, qui auraient besoin d'une augmentation des prix pour couvrir les coûts supplémentaires, se trouveraient en difficulté et, à la limite, devraient quitter le marché.

7.1.3 La guerre des prix

Quand une entreprise décide d'augmenter sa part de marché, cela risque de provoquer une réaction chez les concurrents, et une «guerre des prix» peut éclater. En 1985, la compagnie Imperial Tobacco, qui détenait 52 % du marché des cigarettes, avait décidé de déclencher une guerre des prix pour augmenter sa part de marché. Cela s'est traduit, au début de 1986, par une baisse substantielle du prix des paquets de cigarettes. Les périodes de guerre des prix sont, dans un premier temps, très favorables aux consommateurs. C'est le temps ou jamais d'acheter et de faire des provisions.

---

2.   GLAIS, M., *Liberté des prix et concurrence*, Institut de commerce et de consommation, France, juin 1989.

Malheureusement, une fois la guerre des prix terminée, le marché est plus concentré, certains concurrents ont disparu et le consommateur a moins de choix. Dans le secteur de la distribution alimentaire au Québec, quelques grands noms se partagent le marché (Provigo, Steinberg, Métro-Richelieu) et les périodes de guerre des prix ont été de courte durée.

7.2 L'ENTREPRISE DOMINANTE

Dans un oligopole, l'entreprise dominante n'a pas à craindre de réactions défavorables de la part des concurrents. Elle fait la pluie et le beau temps sur le marché. Elle est suffisamment puissante pour obtenir la part de marché et le taux de profit qui lui conviennent. Des compagnies comme Esso dans le secteur pétrolier, IBM dans le secteur des ordinateurs et Kodak dans le secteur de la photographie ont une place sur le marché qui leur permet de contrôler les prix de l'industrie.

7.2.1 La méthode

Les entreprises qui ne font pas le poids auprès de l'entreprise dominante savent que cette dernière peut à tout moment décider de les supprimer individuellement en abaissant de temps à autre ses prix, «histoire d'imposer son autorité» et de rétablir la discipline à son profit en cas de nécessité. Cependant, l'entreprise dominante a besoin de la présence de concurrents pour laisser croire qu'il existe un marché de concurrence.

7.2.2 Les conditions

L'entreprise dominante doit son pouvoir au fait qu'elle possède des atouts que n'ont pas les autres entreprises. Elle a pu créer des barrières à l'entrée de l'industrie en contrôlant ses matières premières ou son réseau de distribution. En d'autres termes, elle est plus intégrée verticalement.

Pour qu'il y ait une juste concurrence, les entreprises doivent être de taille égale et présenter un même niveau de développement. L'entreprise dominante est en fait un monopole qui, pour la forme, laisse subsister quelques entreprises sur le marché.

7.3 LE PARALLÉLISME CONSCIENT

Les entreprises se concertent plus ou moins officiellement pour éviter les effets d'une concurrence trop corrosive. Ces ententes sont tacites ou écrites.

7.3.1 Les ententes tacites

Dans le cas des ententes tacites, les entreprises de l'oligopole ne souhaitent pas se concurrencer exagérément, car elles pourraient y perdre. Elles respectent donc la répartition des parts de marché existantes et, sans tambour ni trompette, elles agissent de concert.

Lorsqu'une entreprise de ciment augmente ses prix, les autres compagnies suivent. Il n'y a pas de leader, les politiques adoptées sont semblables.

La concurrence peut s'exercer sur d'autres aspects que le prix, tels le service après-vente, les conditions d'achat, la publicité, etc. Ces ententes tacites, ces «collusions» sont payantes pour les entreprises concernées, car le prix d'oligopole engendre d'appréciables surprofits.

7.3.2 Les accords de cartel

Théoriquement, les accords entre entreprises sont interdits au nom de la libre concurrence, mais en réalité il en existe toujours plus ou moins sous des formes déguisées.

La définition

Un cartel est une association d'entreprises d'une même industrie (cartel vient du mot italien *carta* qui signifie «papier»). Des producteurs s'entendent par écrit pour monopoliser le marché. Le contrat qui les lie fixe les conditions de production et de vente. Un prix commun est établi, qui assure à tous un niveau de revenu acceptable. Les parts de marché sont réparties entre tous. Des limites de production individuelle (quotas de production) sont imposées pour contrôler l'offre sur le marché et veiller à ce qu'une relative rareté subsiste pour justifier des prix élevés. L'innovation ainsi que le montant des investissements sont également surveillés.

Les conditions

Le succès de cette stratégie dépend de l'autodiscipline de chacun. Il suffit qu'un membre du cartel triche, qu'il déroge aux règles établies pour

ENCADRÉ 7.1

L'histoire des cartels

Historiquement, en période de crise, on constate une tendance au regroupement des entreprises qui souhaitent se prémunir des effets de la concurrence. En Allemagne[3], après la grande crise des années 1873 à 1886, des cartels se sont constitués dans les secteurs clés de l'économie (mines, métallurgie, industrie chimique). Le cartel houiller Rheno-Westphalien contrôlait 98,7 % de la production de charbon allemand[4]. Après la Seconde Guerre mondiale, les alliés, au moment de la signature du traité de Postdam en 1945, souhaitèrent «décartelliser» l'Allemagne pour réintroduire l'économie de concurrence. Face à une Allemagne de l'Est communiste qui avait nationalisé les cartels, l'industrie d'Allemagne de l'Ouest ne fut pas démantelée pour éviter l'affaiblissement économique du pays.

rendre l'entente inopérante. Le cartel doit réunir 90 % des producteurs si ce n'est tous, et le produit offert ne doit pas avoir de substitut.

7.4 LES MÉFAITS DES ENTENTES

Si les ententes entre les entreprises réussissent à rendre la concurrence plus viable, les effets sur les prix, les consommateurs et l'économie en général sont parfois discutables pour ce qui est d'une répartition optimale des ressources.

7.4.1 L'effet sur les prix

Le prix fixé par les oligopoles n'est plus celui du marché. Dans la mesure où l'on postule que seul le prix du marché permet une répartition optimale des ressources, on peut dire que ces pratiques viennent perturber le libre jeu du marché et génèrent une répartition moins efficace.

Les ententes entre entreprises ont le mérite cependant de stabiliser les prix, alors que le marché libre engendre des fluctuations de grande amplitude qui déstabilisent les économies et créent des bouleversements sociaux. Pendant la crise des années 30, alors que les prix des produits

---

3. Selon le *Petit Robert*, le mot *Kartell* est apparu en Allemagne en 1905.
4. BEAUD, M., *Histoire du capitalisme*, Seuil, 1981, p. 186.

ENCADRÉ 7.2

L'OPEP

Dans le secteur des matières premières, des cartels ont toujours tendance à réapparaître, tels le cartel européen de l'acier et du charbon et celui de l'uranium. La célèbre OPEP (Organisation des pays exportateurs de pétrole), créée en septembre 1960 à l'initiative du Venezuela, de l'Iran, du Koweït, de l'Iraq et de l'Arabie Saoudite, contrôlait alors près de 50 % de la production mondiale de pétrole et 90 % des exportations. D'autres pays se sont joints par la suite au cartel pour former un groupe de 13 pays membres.

L'OPEP a été créée en 1960 pour assurer une meilleure rémunération aux pays producteurs de pétrole sur le marché mondial. En 1973, le prix du baril de pétrole brut passait de 3 $ US à 11 $ US (premier choc pétrolier). En 1980, le prix triplait et passait à 35 $ US le baril (second choc pétrolier). Ces brutales augmentations de prix ont eu pour effet d'attirer des sommes considérables au profit des producteurs de pétrole (rente pétrolière) au détriment des utilisateurs d'essence. Cela réorientait les flux d'argent, et les agents économiques durent s'adapter à cette nouvelle répartition des ressources. Des politiques d'austérité en matière d'énergie ont été mises en place, et la consommation de pétrole a diminué.

Le marché du pétrole se modifia : d'une situation de pénurie orchestrée, il est passé à une situation incontrôlée de surproduction. Le cartel qui contrôlait une part de marché de plus en plus étroite s'est affaibli, et le prix du pétrole s'effrita dès 1981 pour s'effondrer en 1986 (contre-choc pétrolier). La diminution du prix du pétrole est tout aussi désastreuse, car elle entraîne un réajustement des économies.

agricoles avaient diminué en moyenne de 60 %, le prix du ciment n'avait pas bougé.

7.4.2 L'effet sur les consommateurs

Face au cartel, le consommateur est totalement captif et la liberté d'entreprise est compromise. Pour ces raisons, l'existence d'un cartel est en général interdite.

Un oligopole qui contrôle bien son marché a la possibilité, en augmentant ses prix, de «taxer» les consommateurs sans leur accord, alors que toutes les dépenses publiques sont soumises d'une façon ou d'une autre à une série de contrôles démocratiques. Dans les véritables démocraties, au moment des élections, les responsables politiques sollicitent des mandats clairs pour légitimer leurs décisions; l'oligopole, lui, n'a pas de comptes à rendre à la collectivité.

7.4.3 L'effet sur l'ensemble de l'économie

Lorsqu'un oligopole fixe des prix au-dessus du prix du marché (ce qui est toujours délicat à prouver), il espère obtenir plus de ressources à son profit aux dépens des autres secteurs. Ces sommes, prélevées au détriment des autres, sont utilisées selon les projets des dirigeants de ces entreprises. Les grandes orientations de la production d'un pays échappent dans ce cas à tout contrôle démocratique. Ce qui n'est pas sans danger, surtout quand il peut s'agir de complexes militaro-industriels comme il en existe aux États-Unis[5].

7.5 CONCLUSION

Un grand nombre de prix sont déterminés par les oligopoles. Il suffit de citer le prix des produits de grande consommation, tels les primes d'assurances, les produits alimentaires et pharmaceutiques, les automobiles, les ordinateurs, les cosmétiques, etc. La liste serait trop longue s'il fallait énumérer tous les produits dont les prix sont contrôlés par les oligopoles. Cela prouve bien que l'économie de marché libre ne nous concerne que de très loin.

Depuis quelques années, dans le cadre de la mondialisation des échanges, ces oligopoles se restructurent à l'échelle planétaire; aussi le contrôle des prix des biens disponibles sur le marché échappe-t-il de plus en plus aux consommateurs.

MOTS CLÉS

- Cartel
- Dumping
- Entente tacite
- Guerre des prix

---

5. GUÉRIN, D. et MANDEL, E., *La concentration économique aux États-Unis*, Anthropos, 1971.

- Oligopole
- OPEP

EXERCICES

1. En quoi consiste le dumping?

    a) Une tentative, pour une entreprise, de se retirer du marché.

    b) La fixation d'un prix au-dessous du coût de production pour monopoliser une plus grande part de marché.

    c) La réduction de prix pour écouler les surplus de production.

    d) Une pratique couramment utilisée par les entreprises de petite taille.

2. Parmi les conditions suivantes, laquelle ne serait pas nécessaire pour une entente de cartel?

    a) Un marché contrôlé à plus de 90 %.

    b) Une grande discipline entre les entreprises.

    c) Une aide des pouvoirs publics.

    d) Un produit sans substitut.

3. Parmi les marchés suivants, lequel ne serait pas un marché oligopolistique au Québec?

    a) Le marché de la bière domestique.

    b) Le marché des assurances.

    c) Le marché de l'automobile.

    d) Le marché de l'électricité.

4. Le prix de quel produit ou service, parmi les suivants, ne serait pas déterminé par les oligopoles?

    a) Le prix d'un réfrigérateur.

    b) Le prix d'un voyage en avion vers la Floride.

    d) Le prix de l'essence.

    d) Le prix d'une coupe de cheveux.

5. Expliquez comment se détermine le prix de l'essence au Québec.

6. Décrivez une guerre de prix relatée dans les journaux.

7. Expliquez comment se fixe le prix du pétrole dans le monde.

8. Étudiez un cartel et décrivez-en le fonctionnement.

PARTIE III
La production

*L'entrepreneur est l'artisan, l'élément
créateur des progrès économiques,
des combinaisons neuves entre
capital – terre – travail.*
SCHUMPETER[1]

La société industrielle, qui est née en Occident au XVIIIᵉ siècle avec l'utilisation des premières machines et qui s'est développée au XIXᵉ siècle lors de la révolution industrielle, a pour objectif de produire des biens et des services destinés à être consommés. Les économistes classiques pensaient que la pénurie expliquait la violence et qu'il suffisait donc

---

1.   Cité dans BRAUDEL, F., *Écrits sur l'histoire*, Paris, Flammarion, coll. Champs, 1984, p. 42.

d'augmenter les biens disponibles pour la supprimer et faire régner, dans une société industrieuse, l'ordre, la paix et le bonheur. L'entreprise devint dès lors l'agent de développement par excellence et sa vocation de produire plus de bien-être collectif lui conféra un prestige sans égal. L'entrepreneur fut même comparé aux chevaliers du Moyen Âge, fer de lance du progrès et des conquêtes civilisatrices.

L'entreprise, unité de propriété, de gestion et de production, est un lieu où s'associent des facteurs de production pour créer des biens et des services. Elle est une source de revenus pour ceux qui ont contribué, par leur travail ou leur capital, à l'œuvre commune. C'est aussi un lieu de vie pour la population active. Comme la famille et l'école, l'entreprise est un espace de socialisation; c'est dire son importance dans les sociétés industrielles. L'épanouissement de l'individu dépend, dans une large mesure, de son intégration au monde du travail. Au Japon, les relations à l'intérieur de l'entreprise sont même explicitement calquées sur le modèle familial père-enfant (*oyabun-kobun*). Le chômage, dans ce contexte, est un redoutable fléau qui isole l'individu.

Dans cette troisième partie du livre, nous tenterons d'étudier l'entreprise sous ces différents aspects. Nous verrons successivement le comportement de l'entreprise dans un environnement de concurrence tel que décrit par les économistes libéraux, le concept de productivité, le phénomène de la concentration des entreprises, l'intervention de l'État dans la sphère de la production et, enfin, les contraintes et les droits des travailleurs employés par les entreprises.

CHAPITRE **9**

La productivité

*Les plus grandes améliorations dans la
puissance productive du travail, et la
plus grande partie de l'habileté, de
l'adresse, de l'intelligence avec laquelle il
est dirigé ou appliqué, sont dues, à ce
qu'il semble, à la division du travail.*
ADAM SMITH[1]

OBJECTIFS

Ce chapitre devrait vous permettre :

- de distinguer les termes production, productivité, compétitivité, rentabilité ;

- de mesurer la productivité du travail et du capital ;

- de connaître les effets d'un ralentissement de productivité ;

- de décrire les différents types d'organisation du travail ;

- de déterminer les différents facteurs qui influent sur la productivité.

---

1. *Recherches sur la nature et les causes de la richesse des nations*, 1776, livre 1, chap. 1.

Le concept de productivité est apparu avec le système de la concurrence. Au Moyen Âge et dans les pays non capitalistes de culture traditionnelle, l'idée de produire plus vite pour gagner plus était inconnue. La dignité résidait dans la sérénité du geste appris et de la tâche accomplie avec calme et lenteur. Le corps humain vivait au rythme biologique. Dans les pays capitalistes avancés, l'être humain a dû s'adapter à la cadence des machines et des ordinateurs toujours plus performants[2].

La notion de temps, si importante pour la science économique, est loin d'être une donnée objective, même si on le mesure avec de plus en plus de précision. Dans notre société, on associe le temps à l'argent (*time is money*), mais pour d'autres cultures, le temps demeure expression de vie, fondamentalement subjectif, furtif et insaisissable.

9.1 LES MESURES DE LA PRODUCTIVITÉ

Les économistes ont de la difficulté à s'entendre sur une mesure commune de la productivité; pourtant, ce rendement, s'il pouvait être déterminé sans problème, permettrait de comparer des entreprises, des pays, sous l'angle de l'efficacité de leur système économique.

9.1.1 La notion de rendement

En règle générale, on mesure le rendement, ou productivité, d'une entreprise par le rapport de la quantité produite sur les coûts de production par unité de temps, ou le rapport de la valeur de la production (extrants) sur la valeur de tout ce qu'elle a acheté pour produire (intrants)[3]. C'est le rapport inverse du coût unitaire.

$$\text{Rendement} = \frac{Q}{C} \quad \text{ou} \quad \frac{\text{Extrants (}output\text{)}}{\text{Intrants (}input\text{)}}$$

Le résultat mathématique obtenu est un chiffre pur; il n'a de sens que si on le compare à une autre mesure.

La productivité d'une entreprise sera plus grande que celle d'un autre entreprise si, pour une même production, dans un même laps de temps, les coûts de production sont plus faibles, ou si, pour des coûts de production égaux, la production est plus élevée.

---

2. TOFFLER, A., *La troisième vague*, Denoël, 1980.
3. GRONIER, A.M., *La productivité, progrès social ou source de chômage?*, série Initiation Hatier, 1987.

Pour mesurer réellement la productivité, il faudrait tenir compte de tous les coûts de l'entreprise, explicites et implicites, ce qui est non mesurable. Pour des raisons pratiques, on utilise le concept de productivité dans un sens plus limité, en ne retenant qu'un ou deux facteurs de production.

ENCADRÉ 9.1

Production et productivité

La **production** est égale à la valeur de ce qu'on produit.

La **productivité** mesure le rapport de ce qu'on produit sur ce qu'on a utilisé.

Il est très important de ne pas confondre ces deux notions.

La productivité du travail

La productivité du travail se mesure par l'efficacité du travail effectué dans une entreprise par rapport à une autre entreprise similaire. Il y a plusieurs façons de la calculer.

En termes physiques, on mesure le rapport de la quantité produite sur le nombre de travailleurs par unité de temps.

$$\text{Productivité du travail} = \frac{\text{Quantité produite}}{\text{Nombre de travailleurs}} = \text{Produit moyen}$$

Par exemple, dans l'industrie automobile, on comparera une entreprise qui, pour produire 1 000 voitures, aura engagé 300 ouvriers, à une autre entreprise qui en aura engagé 400 pour produire le même nombre de véhicules. Pour que la comparaison soit juste, il faut que les voitures soient identiques et que les employés travaillent un même nombre d'heures.

En termes monétaires, on évalue le montant des ventes de voitures divisé par la masse salariale (montant des salaires et des charges sociales).

$$\text{Productivité du travail} = \frac{\text{Ventes}}{\text{Salaires}}$$

À production constante, la productivité diminue quand les salaires augmentent, toutes choses étant égales par ailleurs. Cependant, une augmentation de salaire peut avoir un effet bénéfique sur la productivité, car cela crée un meilleur climat de travail et une plus grande motivation qui se traduiront par une augmentation plus que proportionnelle de la production.

Une étude du sociologue George Elton Mayo (1880-1949), effectuée auprès des ouvrières de la Western Electric de 1927 à 1929, démontrait que l'ardeur au travail des ouvrières dépendait d'un grand nombre de facteurs, mais que le plus important résidait dans la reconnaissance et la valorisation qu'on accordait au travail réalisé. Une diminution de salaire peut avoir un effet négatif sur la productivité du travailleur touché, dans la mesure où elle est ressentie comme une non-reconnaissance du travail accompli.

La productivité du capital

Pour produire, on associe plusieurs facteurs de production. Le travail n'est pas le seul facteur qui détermine la productivité; il y a aussi le capital c'est-à-dire l'équipement. Il faut également tenir compte de la qualité des matières premières et de la performance des gestionnaires.

Pour déterminer la productivité du capital, on mesure le rapport de la valeur ajoutée sur la valeur du capital fixe (ensemble des biens d'équipement, machines et bâtiments).

$$\text{Productivité du capital} = \frac{\text{Valeur ajoutée}}{\text{Valeur du capital fixe}}$$

La valeur ajoutée est la valeur que l'entreprise ajoute aux produits intermédiaires en les transformant. C'est le chiffre d'affaires moins le coûts des produits intermédiaires achetés par l'entreprise aux autres firmes. Plus l'équipement est performant, plus abondante sera la production. Une usine neuve équipée de machines modernes aura un rendement supérieur à celui d'une usine équipée de machines désuètes. Quand une entreprise investit dans de nouveaux équipements, les concurrents sont obligés de suivre s'ils ne veulent pas être dépassés.

9.2 LES RENDEMENTS DÉCROISSANTS

Le phénomène des rendements décroissants qui affecte tout système de production est un sujet de grandes préoccupations pour les économistes qui, à l'instar de ceux qui rêvent de découvrir la fontaine de Jouvence pour déjouer les lois du vieillissement, sont à la recherche de formules qui redonneraient vigueur aux systèmes économiques qui tendent naturellement à s'affaiblir.

ENCADRÉ 9.2

Le progrès

Depuis le XVIIIe siècle, les gains de productivité ont été considérables, c'est-à-dire qu'on produit beaucoup plus, beaucoup plus vite et avec moins de facteurs de production. Jean Fourastié, un économiste français, pour donner une idée de ces progrès, citait l'exemple de la fabrication d'un miroir de 4 m² qui exigeait de 30 000 à 40 000 heures de travail en 1700, et qui en demande moins de 160 aujourd'hui[4]. De 1946 à 1986, la production industrielle a augmenté de dix fois, en France, sans que le nombre de travailleurs ait augmenté dans les mêmes proportions et bien que la durée hebdomadaire du travail ait diminué.

En agriculture, les progrès ont été également stupéfiants. En Amérique du Nord et en Europe, on compte de moins en moins d'agriculteurs pour une production croissante. Aux États-Unis, la population vivant sur les fermes par rapport à la population totale est passée de 16 % en 1950 à moins de 4 % en 1985[5]. L'emploi de machines, la sélection des semences et des animaux, l'utilisation d'antibiotiques, de pesticides, de fongicides, d'herbicides et d'engrais divers ont permis d'augmenter les rendements et de démentir jusqu'à présent la prévision pessimiste de Malthus selon laquelle la population augmenterait plus rapidement que la production agricole[6].

Dans le secteur des services, les gains de productivité sont parfois moins évidents et moins faciles à mesurer. Au XVIIIe siècle, on ne coiffait pas nécessairement moins vite qu'aujourd'hui. Comment évaluer la productivité d'un coiffeur sans tenir compte de la qualité du service rendu?

2.1 La loi des rendements décroissants

Tout système de production est affecté par le phénomène des rendements décroissants que les économistes « classiques », Malthus (1766-1834) et Ricardo (1772-1823), avaient étudié. On constate en effet, dans le court terme, que lorsque la production augmente, les coûts variables augmentent d'abord faiblement par rapport à l'augmentation de la production, puis

---

4. FOURASTIÉ, J., *Le grand espoir du XXe siècle*, coll. Idées, Gallimard, 1907.

5. FOLBRE, N., *A Field Guide to the US Economy*, Pantheon Books, New York, 1987.

6. MALTHUS, T.R., *Essai sur le principe de population*, 1798.

augmentent plus vite que l'accroissement de la production. Les rendements décroissants sont liés aux problèmes de l'usure de l'appareil de production.

Pour les producteurs de céréales, par exemple, la diminution des rendements résulte de l'appauvrissement des terres arables. Pour obtenir des récoltes abondantes chaque année, il faut ajouter des engrais en plus grande quantité (*input*). Il en coûte de plus en plus cher pour obtenir une même récolte. Mais le progrès et de nouvelles méthodes de production peuvent contrer cette loi des rendements décroissants.

9.2.2 Le ralentissement de la productivité

En Amérique du Nord, étant donné la concurrence des nouveaux pays industriels (NPI)[7], on constate avec inquiétude une dégradation de la productivité des entreprises. Pour la période de 1973 à 1981, la productivité du travail et du capital régressait. Pour la même période, la rentabilité des entreprises japonaises était supérieure. Au Japon, la moyenne d'âge des entreprises est beaucoup plus faible que celle des entreprises d'Amérique du Nord, ce qui pourrait expliquer, en partie, l'écart des taux de productivité.

ENCADRÉ 9.3

Le ralentissement de la productivité aux États-Unis

Dans les années 80, le ralentissement de la productivité aux États-Unis était « au cœur de la détérioration des performances de l'économie américaine »[8]. Ce n'est pas le niveau des salaires qui, comme on le croit souvent, en était responsable. Trois autres causes ont été identifiées par des économistes américains.

Premièrement, l'investissement de capitaux dans la machinerie par unité produite est moindre aux États-Unis. Le Japon, pays concurrent, a introduit plus rapidement la robotisation de ses chaînes de montage.

Deuxièmement, la résistance à l'innovation de la part des administrateurs d'entreprises américaines a un effet néfaste sur la productivité de l'entreprise. Ces administrateurs, jaloux de leur pouvoir, confient difficilement la gestion et la production aux jeunes ingénieurs qui disposent d'un savoir-faire de pointe.

Enfin, la réticence populaire face à la domination des grandes entreprises interdit de rationaliser autant qu'il le faudrait le système de production (fermetures d'usines désuètes, mises à pied massives, robotisation accélérée, etc.).

7. Silk, L., «US productivity trend», *International Herald Tribune*, 7 août 1984.

8. Bowles, S., Gordon, D.M. et Weisskopf, T.E., *L'Économie du gaspillage*, Éd. Découverte, 1988.

9.3 LES FACTEURS QUI DÉTERMINENT LA PRODUCTIVITÉ

Pour améliorer la productivité, il faut identifier les variables sur lesquelles il serait possible d'intervenir. De nombreux facteurs déterminent le niveau de la productivité: les machines, l'organisation du travail, la compétence et l'habileté des travailleurs, la motivation au travail, etc.

9.3.1 Les investissements

Pour contrer la loi des rendements décroissants et dépasser les concurrents, l'innovation est une perpétuelle exigence. L'invention ou la mise au point de machines plus performantes, c'est-à-dire plus rapides, plus habiles, plus écologiques, moins encombrantes, moins énergivores, moins polluantes, moins bruyantes, exige une remise en question des procédés de fabrication.

Les investissements intellectuels

On comprend dès lors l'importance de consacrer une part des ressources à la recherche et au développement. Les pays qui ont actuellement un niveau de productivité supérieur sont ceux qui, depuis de nombreuses années, ont investi dans l'éducation. Il est nécessaire de développer et de canaliser l'esprit créatif qui va de pair avec l'épanouissement du sens critique. La remise en question des méthodes de travail et l'amélioration des techniques peuvent avoir un effet positif sur la productivité dans la mesure où elles sont judicieusement effectuées.

ENCADRÉ 9.4

L'importance accordée à la recherche et au développement dans quelques pays de l'OCDE

Si l'on compare le nombre de scientifiques et d'ingénieurs affectés à la recherche et au développement par rapport à la population active, en 1983, pour 10 000 actifs, on constate de très grandes disparités entre les pays.

Japon	73,9
États-Unis	63,8
Allemagne	48,2
France	39
Pays-Bas	36,9
Canada	31,7 (donnée de 1985)

Source: STATISTIQUE CANADA.

Les investissements productifs

L'utilisation de machines de plus en plus performantes permet d'obtenir une production accrue avec moins de ressources et de produire moins de déchets. L'introduction des robots, des machines-outils, des ordinateurs, des nouvelles techniques de production comme la biotechnologie, qui nécessitent d'importants investissements, engendrent des niveaux et une qualité de production toujours supérieurs. Les pays et les entreprises qui ne suivent pas le progrès sont voués à la désuétude, au sous-développement relatif.

9.3.2 L'organisation du travail

Il ne suffit pas d'utiliser des machines très performantes pour produire efficacement. Parfois, un suréquipement peut même nuire, dans la mesure où il est mal adapté au niveau de développement des populations concernées.

Dans les pays en voie de développement, certaines techniques sont parfois la source de grands gaspillages, alors qu'une technologie «douce», plus adaptée aux travailleurs, donnerait de meilleurs résultats. Ainsi, pour certaines tâches, l'utilisation de simples brouettes peut être préférable au tracteur perfectionné qui exige un entretien autrement plus complexe.

Produire efficacement, c'est aussi organiser le travail pour tirer de chacun une contribution à l'œuvre commune qui soit le moins contraignante possible tout en étant féconde.

La division du travail

Traditionnellement, les travailleurs étaient des artisans qui «connaissaient tout du métier». Au XVIIIe siècle, avec l'apparition des fabriques, les ouvriers réunis dans un même lieu se partageaient les tâches pour produire plus vite. Adam Smith, qui visitait une manufacture d'épingles, fut émerveillé des performances de l'entreprise. Alors qu'une journée n'aurait pas suffi à un ouvrier pour fabriquer dix épingles, une dizaine d'ouvriers, en se divisant le travail, réussissaient à produire «plus de quarante-huit milliers d'épingles par jour». Le rendement journalier passait donc de 10 à 4 800 unités par ouvrier. Le principe de la division du travail devenait la clé du succès.

FIGURE 9.1   Une filerie d'aiguille au temps d'Adam Smith

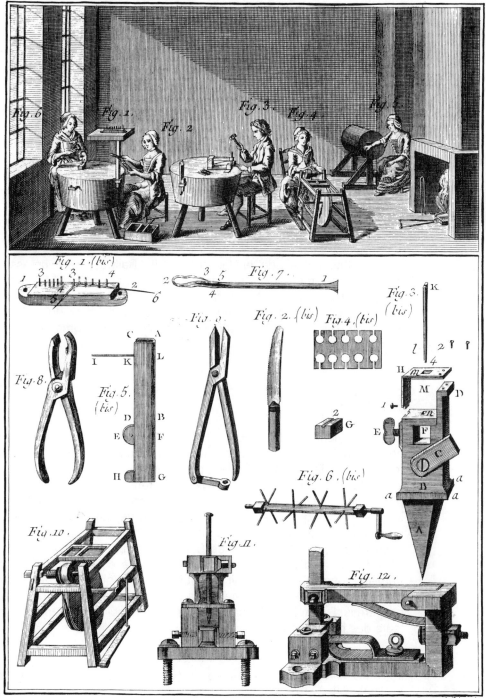

Le taylorisme

Au xixᵉ siècle, les hommes de métier dirigeaient toujours les ateliers, et la maîtrise de leur art leur conférait un pouvoir qui permettait de réclamer des augmentations de salaire et de créer de redoutables syndicats. Pour réagir contre ces hausses de coûts, les entrepreneurs songèrent à réorganiser le travail.

Vers 1880, un ancien ouvrier machiniste américain, F.W. Taylor (1856-1915), devenu ingénieur, étudia les différentes opérations nécessaires à la production de l'acier dans une usine de Pittsburgh aux États-Unis. Il décomposa les tâches de telle sorte que chaque opération pouvait être confiée à des ouvriers sans qualification, à des manœuvres qu'on appela par la suite des « ouvriers spécialisés ». Malgré les résistances ouvrières, le résultat sur la productivité de cette nouvelle organisation du travail fut si remarquable, que l'expérience de Taylor fut reprise dans tous les pays industrialisés[9].

En 1909, au Canada, le Canadian Pacific Railways invita un associé de Taylor pour réorganiser les ateliers de réparation Angus à Montréal. L'organisation scientifique du travail (OST) inventée par Taylor allait même être adoptée dans les pays communistes sous la forme du stakhanovisme, où l'ouvrier devait prendre des initiatives pour augmenter les rendements.

Le fordisme

Un autre américain, Henry Ford (1863-1947), fondateur de l'entreprise de construction automobile et créateur du modèle T, perfectionna les méthodes de Taylor pour réduire le temps que perdaient les ouvriers dans leurs déplacements. Ainsi, les ouvriers n'eurent plus à aller chercher les pièces nécessaires à leur travail, ce qui « donne prétexte à flânerie » : ce sont les pièces qui vinrent aux ouvriers en se déplaçant sur une chaîne de montage. L'ouvrier, rivé à sa chaîne, n'eut plus qu'à poser le même geste, précis, répétitif. Le film de Charlie Chaplin *Les Temps modernes* raconte la vie d'un de ces ouvriers. Ce type d'organisation, qui a « émietté, parcellisé » le travail au détriment de la qualité de vie et de la dignité des travailleurs, a généré des gains de productivité fabuleux qui ont permis d'augmenter les salaires des ouvriers qui devenaient les acheteurs des biens produits.

9.   DAVID, H. et BERNIER, C., *À l'ouvrage! L'organisation du travail au Québec*, Montréal, IRAT, 1981.

Au milieu des années 70, cependant, les robots et les ordinateurs ont commencé à remplacer les travailleurs spécialisés, rendant nécessaire une nouvelle organisation du travail.

Le concept de qualité totale et la gestion participative

Avec l'introduction des robots sur les chaînes de montage et des ordinateurs dans les bureaux, de nouvelles formes d'organisation du travail sont apparues. Il ne s'agit plus, pour les travailleurs, de produire plus et plus vite, mais de surveiller la qualité de la production (concept de qualité totale). L'erreur humaine n'est désormais plus tolérée, le mieux n'est plus l'ennemi du bien et la perfection doit être de ce monde.

Les entreprises japonaises comme Toyota reprennent seulement 4 % des voitures qui sortent des chaînes de montage robotisées, contre 50 % dans les usines françaises, ce qui représente, pour ces dernières, des coûts supplémentaires considérables[10]. Les gestionnaires tentent d'instaurer des relations participatives entre les travailleurs et les responsables de l'entreprise. Les rapports hiérarchiques tendent à s'estomper, et la polyvalence de la main-d'œuvre pour les diverses tâches est de plus en plus recherchée. Les travailleurs, au niveau d'instruction élevé, sont consultés et récompensés monétairement quand ils suggèrent des correctifs qui peuvent réduire les coûts de production.

Une expérience de ce nouveau genre de relations a été tentée sous le nom de «Projet Saturne» aux usines de General Motors de Spring Hill au Tennessee. Dans cette usine, en 1989, les chaînes de montage ont été largement robotisées et les travailleurs, à qui on garantissait l'emploi, devaient accepter en contrepartie une plus grande mobilité et une hiérarchie simplifiée[11].

.4 LES GAINS DE PRODUCTIVITÉ ET LE NIVEAU DE VIE

L'augmentation de la productivité peut élever le niveau de vie de tous ou creuser l'écart entre les riches et les pauvres, selon que les gains sont accaparés par une minorité ou redistribués dans la collectivité.

---

10. ARCHIER, G. et SERIEYX, H., *Pilotes du troisième type*, Seuil, 1986.
11. HERZLICH, G., «Aide-toi, General Motors t'aidera», *Le Monde*, dossiers et documents, décembre 1987.

9.4.1   L'effet sur les prix

Quand la production augmente avec des coûts réduits, les prix diminuent, ce qui facilite l'accès aux produits pour les consommateurs. L'exemple des prix des biens de consommation de masse démontre combien l'augmentation de la productivité a permis cette démocratisation de la consommation. Déjà, Adam Smith constatait que l'ouvrier anglais possédait plus de vêtements que le roi d'une tribu ancienne. Aujourd'hui, grâce aux économies d'échelle, la baisse de prix des ordinateurs, par exemple, permet une plus grande accessibilité à ce produit.

9.4.2   L'augmentation des salaires

Quand une entreprise enregistre des gains de productivité, ses recettes augmentent, ce qui permet de récompenser les travailleurs par des primes au rendement, des augmentations de salaire ou une participation aux bénéfices.

9.4.3   La productivité et la compétitivité

La productivité aide à réduire les coûts de production, donc, en théorie, à réduire les prix; de ce fait, elle est un facteur de compétitivité. Le niveau de compétitivité d'une entreprise, c'est-à-dire sa capacité à vendre ses produits sur un marché, dépend de plusieurs facteurs.

L'entreprise doit offrir un produit qui sera préféré aux autres soi parce qu'il est moins cher, de meilleure qualité ou mieux présenté. Su les marchés extérieurs, un produit peut bénéficier d'un taux de change favorable qui le rend plus attrayant. Quand le dollar canadien faiblit pa rapport au dollar américain, la compétitivité des entreprises québécoises augmente sans que leur niveau de productivité ait changé. Les expor tations, en augmentant, assurent des recettes supplémentaires qui auron un effet d'entraînement sur l'ensemble de l'économie du pays.

9.4.4   La productivité et l'emploi

Si le gain de productivité se traduit par des augmentations de profits e par la réduction de l'emploi, un certain déséquilibre risque de se crée l'écart entre les riches et les pauvres se creusera davantage, certain travailleurs seront surmenés pendant que d'autres seront désœuvrés. A Japon, alors que les usines se vident de leurs travailleurs, les emplo dans le secteur des services se multiplient. La réduction du temps c travail, sans réduction de revenu, serait une autre façon de répartir équitablement les gains de productivité.

9.5 CONCLUSION

Lorsqu'on parle de gain de productivité, il faut parfois en connaître le coût humain. Selon le Japan Productivity Center, un employé sur dix est atteint de déséquilibre émotif et psychologique, déséquilibre qui affecte surtout les «travailleurs zélés»... Le taux de suicide chez les hommes âgés de 50 à 59 ans a beaucoup augmenté dans les années 1982-1983. Ces problèmes sont particulièrement ressentis dans les secteurs de pointe comme l'informatique et dans le secteur des services[12].

Sur le plan de l'environnement, la concurrence dans le domaine de l'agriculture pousse les agriculteurs à utiliser de plus en plus de produits chimiques pour accroître la productivité, ce qui ne peut que mener au désastre écologique.

En situation de concurrence, l'entreprise est contrainte à l'excellence sous peine de disparaître. Ce système très exigeant a permis un développement accéléré des pays industrialisés. Cependant, la contrainte excessive que la concurrence exerce sur les êtres humains, et sur la planète en particulier, obligera les différents compétiteurs à en contrôler les effets négatifs.

MOTS CLÉS

- Compétitivité
- Division du travail
- Fordisme
- Gestion participative
- Productivité du travail, productivité du capital
- Rendement, rentabilité
- Taylorisme
- Valeur ajoutée

12. *L'Écho de la Bourse*, Bruxelles, 10 décembre 1986.

EXERCICES

Après avoir lu ce célèbre passage de *Recherches sur la nature et les causes de la richesse des nations* (1776), où Adam Smith décrit sa visite dans la fabrique d'épingles, répondez aux questions qui suivent le texte.

Prenons l'exemple dans une manufacture de la plus petite importance, mais où la division du travail s'est fait souvent remarquer: une manufacture d'épingles.

Un homme qui ne serait pas façonné à ce genre d'ouvrage – dont la division du travail a fait un métier particulier – ni accoutumé à se servir des instruments qui y sont en usage – dont l'invention est probablement due encore à la division du travail – cet ouvrier, quelque adroit qu'il fût, pourrait peut-être à peine faire une épingle dans sa journée, et certainement il n'en ferait pas une vingtaine. Mais de la manière dont cette industrie est maintenant conduite, non seulement l'ouvrage entier forme un métier particulier, mais même cet ouvrage est divisé en un grand nombre de branches, dont la plupart constituent autant de métiers particuliers. Un ouvrier tire le fil à la bobille, un autre le dresse, un troisième coupe la dressée, un quatrième empointe, un cinquième est employé à émoudre le bout qui doit recevoir la tête. Cette tête est elle-même l'objet de deux ou trois opérations séparées: la frapper est une besogne particulière; blanchir les épingles en est une autre; c'est même un métier distinct et séparé que de piquer les papiers et d'y bouter les épingles; enfin l'important travail de faire une épingle est divisé en dix-huit opérations distinctes ou à peu près, qui, dans certaines fabriques, sont remplies par autant de mains différentes, quoique dans d'autres le même ouvrier en remplisse deux ou trois. J'ai vu une petite manufacture de ce genre qui n'employait que dix ouvriers, et où, par conséquent, quelques-uns d'entre eux étaient chargés de deux ou trois opérations. Mais, quoique la fabrique fut fort pauvre et, par cette raison, mal outillée, cependant, quand ils se mettaient en train, ils venaient à bout de faire entre eux environ douze livres d'épingles par jour; or, chaque livre contient au-delà de 4 000 épingles de taille moyenne. Ainsi, ces dix ouvriers pouvaient faire entre eux plus de quarante-huit milliers d'épingles dans une journée; donc chaque ouvrier, faisant une dixième partie de ce produit, peut être considéré comme donnant dans sa journée quatre mille huit cents épingles. Mais s'ils avaient tous travaillé à part et indépendamment les uns des autres, et s'ils n'avaient pas été façonnés à cette besogne particulière, chacun d'eux assurément n'eut pas fait vingt épingles, peut-être pas une seule, dans sa journée, c'est-à-dire pas, à coup sûr, la deux cent quarantième partie de ce qu'ils sont maintenant en état de faire, en conséquence d'une division et d'une combinaison convenables de leurs différentes opérations.

1. *a)* Quelle est l'unité de temps qu'utilise Adam Smith pour mesurer le rendement des travailleurs?

   b) Calculez le rendement d'un travailleur en situation de division du travail et d'un travailleur autonome.

   c) Quel effet peut avoir sur le prix d'une épingle l'accroissement de la productivité?

   d) Quel effet peut avoir cet accroissement de productivité sur le niveau de vie des Anglais?

   e) Si l'Angleterre commerçait avec des pays où les épingles étaient fabriquées sans cette division du travail, que se passerait-il pour l'Angleterre et pour le pays étranger?

2. Distinguez les concepts de rendement, de productivité, de production et de compétitivité et complétez les phrases suivantes.

   a) La _____ de cette entreprise devrait passer cette année de 5 000 unités à 7 000 unités sans augmentation de postes de travail.

   b) Pour avoir investi autant de capital et avoir obtenu aussi peu de bénéfices, on peut dire que _____ du capital était faible.

   c) Les entreprises québécoises ont profité d'un taux de change favorable, ce qui a eu pour effet d'augmenter leur _____ .

   d) Les entreprises japonaises, pour une même production, utilisent moins de travailleurs que les entreprises américaines. On peut dire que _____ est supérieure, au Japon, dans le secteur de l'industrie automobile.

   e) Le rapport de la quantité produite sur les coûts s'appelle _____ .

3. Décrivez l'organisation du travail dans une entreprise que vous connaissez.

4. Quelles ont été les grandes innovations adoptées par les cultivateurs québécois depuis 20 ans?

5. Comparez les coûts de production de la bière d'une grande brasserie à ceux d'une microbrasserie.

6. Comment explique-t-on la « réussite » du Japon?

CHAPITRE **10**

La concentration du capital

*La concurrence est un alcaloïde; à dose
modérée, c'est un excitant, à dose
massive un poison.*
O.L. BARENTON[1]

OBJECTIFS

Ce chapitre devrait vous permettre :

- d'expliquer le phénomène de la concentration du capital;
- de décrire les stratégies de concentration des entreprises;
- de mesurer les degrés de concentration par secteur;
- de construire une courbe de concentration;
- de construire un organigramme;
- d'évaluer les avantages et les risques d'une offre publique d'achat (OPA);
- de savoir comment éviter une offre publique d'achat.

---

1. *Propos d'un confiseur*, 1937.

On parle de «concentration du capital» quand, sur un marché, il existe de moins en moins d'entreprises. Les libéraux considèrent que le phénomène de la concentration des entreprises ne présente pas de danger particulier: la concentration serait un moyen, pour les entreprises nationales, d'affronter la concurrence internationale. Toujours selon les économistes libéraux, il y a des secteurs où la concentration augmente, alors que d'autres secteurs connaissent une plus vive concurrence[2]. Pour d'autres économistes, au contraire, la concentration prouve que la libre concurrence n'existe pas et qu'elle menace la liberté individuelle. Dans ce chapitre, nous étudierons les différentes formes que prend la concentration des entreprises et les risques qu'elle engendre.

10.1 LA CRITIQUE DU MODÈLE DE CONCURRENCE

Albert Jacquard[3] faisait remarquer qu'«un gagnant, c'est quelqu'un qu fait des perdants».

La concurrence est le contraire de l'entente, de l'association, de la coalition, de la confrérie. Une société fondée sur le principe de la concurrence pure est donc fondamentalement paradoxale, puisqu'une société est une forme d'association alors que la concurrence est la loi du plus fort, la loi de la jungle.

La concurrence a pour effet paradoxal de supprimer la concurrence Il y a des perdants et un gagnant. L'entreprise qui l'emporte sur les autres tentera de contrôler une part de marché de plus en plus grande, jusqu' ce qu'il n'y ait plus d'adversaires.

10.1.1 L'analyse marxiste

Les marxistes estiment que le système capitaliste pur n'existe que dan les esprits. En réalité, les marchés sont contrôlés par des monopoleurs Les périodes de concurrence se traduisent par des vagues de concentration d'entreprises. Pour maintenir un taux de profit élevé, les entreprise sont obligées de réduire leurs coûts de production par des économie d'échelle. Les moyens de production étant possédés par une minorit les revenus sont également retenus entre les mains de quelques action naires, et le pouvoir d'achat de la majorité des ménages s'effrite. Dé

---

2. BUECKERT, D., «La concentration des entreprises au Canada», *Le Devc* 15 septembre 1986.

3. JACQUARD, A., propos recueillis lors d'un entretien accordé à Radio-Canada le 19 m: 1991.

lors, les dépenses de consommation de biens nécessaires diminuent au profit des biens de luxe, et les marchés se contractent.

Pour résoudre le problème de la surproduction ou de la sous-consommation, les entreprises, souvent avec l'aide de l'État, doivent conquérir (commercialement ou, à défaut, militairement) de nouveaux espaces de marché.

Selon cette logique, l'impérialisme (c'est-à-dire la création de vastes espaces «libres») est une question de survie pour le système capitaliste[4].

0.1.2 Les vagues de concentration

On remarque qu'à chaque période de crise économique, la concurrence s'intensifie et les entreprises les plus fortes absorbent les plus faibles. Dans les années 1898 à 1902, les Américains se sont inquiétés de la formation de monopoles à la suite de rachats massifs d'entreprises.

NCADRÉ 10.1

La concentration des entreprises aux États-Unis

Dans les années 20, aux États-Unis, la concentration des entreprises était telle, que la production exclusive de certains biens ou services était associée au nom d'une famille[5]. La production d'acier était l'affaire des Carnegie, le pétrole des Rockefeller, etc. En 1945, dans le secteur de l'aluminium, trois entreprises se partageaient le marché, soit Alcoa (qui avait déjà détenu 100 % du marché) dont la part s'élevait à 50 %, Reynolds à 30 % et Kaiser à 20 %.

Depuis 1973, une nouvelle vague de concentration déferle sur les pays industrialisés; le Canada, plus particulièrement, est le pays où la concentration économique est la plus forte au monde. En 1981, André Ouellette, ancien ministre à la consommation sous le gouvernement Trudeau, déclarait que «l'économie canadienne serait bientôt contrôlée par cinq groupes financiers». En effet, au Canada, un petit nombre de groupes contrôlent l'ensemble de l'économie privée, soit «cinq conglo-

---

4. LÉNINE, *L'Impérialisme, stade suprême du capitalisme*, Éditions sociales, 1979.
5. GUÉRIN, D. et MANDEL, E., *La concentration économique aux États-Unis*, Anthropos, 1971.

mérats et 32 familles aux revenus supérieurs à 40 milliards de dollars»[6]. Quatre importantes sociétés monopolisent les deux tiers du marché, soit:

- Power Corporation, empire de Paul Desmarais;

- Seagram, empire des frères Bronfman qui, en 1986, contrôlait 250 entreprises;

- Olympia and York Enterprises de la famille Reichman qui acheta la compagnie Gulf;

- Imasco, filiale d'Imperial Tobacco de Grande-Bretagne, qui contrôle maintenant Genstar et Canada Trust, sa filiale financière, qui, elle-même, contrôle le Permanent.

Selon le rapport du ministère fédéral de la Consommation et des Corporations, les fusions d'entreprises sont passées de 203 en 1966, à 313 en 1976, et à plus de 1 000 en 1987.

En 1986, même l'Association des banquiers canadiens (ABC) s'en inquiétait. Leur président, M. MacPherson, prétendait que «nous ressem-blerons bientôt à l'Écosse où il y avait, après 1745, une vingtaine de propriétaires terriens et plusieurs millions de paysans»[7].

10.2 LE PROCESSUS DE CONCENTRATION DES ENTREPRISES

Depuis le début des années 80, le phénomène des mainmises a créé une véritable industrie de fusions et d'acquisitions.

Pour croître et augmenter sa compétitivité, une entreprise a le choix entre plusieurs stratégies qui ont chacune leurs avantages et leurs limites.

10.2.1 La concentration horizontale

Une entreprise dispose de plusieurs moyens pour accroître sa part de marché: elle peut attirer de nouveaux clients soit en fixant des prix plus bas que ceux de ses concurrents (guerre des prix), soit en achetant un concurrent (*takeover*).

6. FRANCIS, D., *Who Owns Canada? Controlling Interest*, McMillan, 1985.
7. BUECKERT, D., «La concentration des entreprises a atteint un niveau intolérable», *La Presse*, 29 mars 1986.

ENCADRÉ 10.2

Les liens de parenté entre les corporations

Selon la Loi sur les déclarations des personnes morales (corporations) et des syndicats ouvriers, les entreprises canadiennes dont le revenu brut annuel est supérieur à 15 millions de dollars, ou dont l'actif excède 10 millions de dollars, doivent fournir un certain nombre de renseignements à l'administration publique. Ainsi, Statistique Canada publie des données tous les deux ans dans le cadre de CALURA (Corporation and Labor Unions Return Act, publication n° 61-210); ces données permettent de retracer les liens de parenté entre les corporations ainsi que le nom des actionnaires majoritaires.

À partir de ces documents, on peut construire des organigrammes qui permettent de visualiser tous ces liens. Voici un exemple d'organigramme (figure 10.1).

Soit 5 compagnies, A, B, C, D, E.

Au niveau 1, la compagnie A contrôle la compagnie B avec 100 % des actions, et la compagnie C avec 80 % des actions.

Au niveau 2, la compagnie B contrôle la compagnie D avec 100 % des actions.

Au niveau 3, la compagnie D possède 40 % des actions de la compagnie E (elle n'en a donc pas le contrôle).

Par cet organigramme, on constate que la compagnie A contrôle les compagnies B, C et D.

FIGURE 10.1
Un exemple
d'organigramme

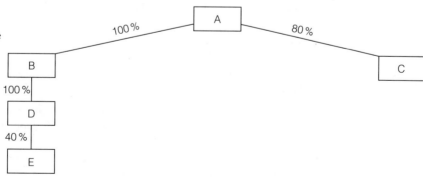

Le processus

Il existe certaines stratégies pour acheter un concurrent, dont la prise de contrôle classique et l'achat par levier.

La prise de contrôle

Pour acheter un concurrent, il suffit de détenir une participation majoritaire dans le capital-actions de la compagnie, soit plus de 50 % des actions. Si la compagnie qui fait l'objet d'une prise de contrôle (*takeover*) appartient à un grand nombre d'actionnaires, il faudra soumettre une offre publique d'achat (OPA) selon les règles établies par la Commission des valeurs mobilières (CVM) afin de protéger les petits actionnaires. Dans ce cas, la société acheteuse propose aux actionnaires de racheter leurs actions à un prix supérieur au prix du marché boursier (primes parfois importantes). C'est la majorité des actionnaires qui décidera du sort de la compagnie.

L'achat par levier

Une prise de contrôle par la technique de l'achat par levier (*leverage buy out*) consiste à acheter une entreprise en utilisant le potentiel d'emprunt de celle-ci. Une compagnie peu endettée risque d'être convoitée par une autre entreprise qui, avec de l'argent emprunté auprès d'une institution financière, déclenchera une opération de rachat. En février 1989, une étude[8] démontrait que 35 des 355 entreprises canadiennes cotées à la Bourse de Toronto pouvaient faire l'objet d'un achat par levier étant donné leur excellente situation financière. Idéalement, il faut que l'entreprise ait un pouvoir d'emprunt égal ou supérieur à la valeur de ses actions sur le marché; mais avec une capacité d'emprunt égale à seulement 20 % de la valeur de ses actions en Bourse, elle pourrait intéresser les spéculateurs à l'affût des fusions ou des acquisitions lucratives.

Les avantages de la concentration horizontale

La concentration horizontale permet à une entreprise d'augmenter rapidement sa part de marché. Graphiquement, on représente un marché par un gâteau ou une tarte, dont on se partage les parts. Prenons l'exemple du marché de la bière au Québec (figure 10.2).

En 1985, trois brasseries se partageaient à peu près également le marché de la bière, soit Molson avec 34 %, Labatt avec 31 % et O'Keefe avec 35 %. Ce marché est très concentré et il laisse peu de chances à l'entrée d'une entreprise artisanale comme il en existait tant au siècle précédent. Pour un marché de consommateurs «raffinés», des microbrasseries réussissent à conquérir une petite part de marché.

---

8.   Étude réalisée en janvier 1989 par M. Cohen du service de recherche de McMantha, et rapportée par M. Girard dans *La Presse* du 15 février 1989.

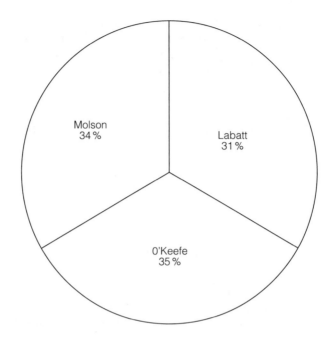

FIGURE 10.2
Le marché
de la bière
au Québec
en 1985

Le libre-échange avec les États-Unis pourrait cependant laisser entrer de redoutables concurrents étrangers... Pour parer cette menace, après la signature du traité de libre-échange canado-américain, la concentration s'est accentuée sur le marché de la bière: O'Keefe, au début de 1989, fusionnait avec Molson.

L'attrait de la concentration horizontale est de pouvoir produire sur une plus grande échelle. En faisant des économies d'échelle, en rationalisant la production, l'entreprise justifie le bien-fondé de la prise de contrôle d'un concurrent en offrant de meilleurs prix aux clients. Par ailleurs, face à la menace que représente la concurrence étrangère, les entreprises nationales se regroupent. Par exemple, pour affronter la concurrence japonaise, des entreprises américaines d'ordinateurs ont fusionné. En mai 1986, on apprenait que Burroughs achetait son concurrent Sperry. Ce fut l'amorce d'une vague de concentration dans ce secteur où, face au géant IBM, il existe de nombreuses entreprises de moindre importance.

Les limites à la concentration horizontale

Comme toute chose, les prises de contrôle ont une limite. Le niveau de tolérance dépend de l'importance des marchés. Sur de petits marchés, un plus fort degré de concentration sera accepté, car les économies d'échelle sont plus difficiles à réaliser. Quand une entreprise a saturé son marché, c'est-à-dire quand sa part de marché dépasse les limites acceptables et que le gouvernement risque d'intervenir, elle doit adopter une autre stratégie pour assurer sa croissance.

10.2.2 La concentration verticale, ou intégration

L'entreprise peut acheter son fournisseur (concentration en amont) ou son client (concentration en aval).

La concentration en amont

La concentration en amont permet à l'entreprise de contrôler ses intrants. Une entreprise sidérurgique qui achèterait une compagnie minière pourrait se prémunir des aléas du marché concernant le prix de sa matière première.

La concentration en aval

La concentration en aval permet à une entreprise de contrôler ses débouchés. Une entreprise intégrée qui contrôlerait la production d'un bien depuis le secteur primaire jusqu'au secteur tertiaire (de la transformation des matières premières à la commercialisation du produit fini) pourrait planifier sa production sans tenir compte des lois du marché, ce qui la favoriserait face à des concurrents non intégrés.

Depuis quelques années, les grandes entreprises, qui autrefois souhaitaient une intégration de plus en plus poussée, se tournent plutôt vers la sous-traitance où il est plus facile d'exiger des prix plus faibles. La sous-traitance permet d'obtenir des biens et des services produits par des entreprises spécialisées soumises à une féroce concurrence. Si le contrat de sous-traitance ne donne pas entière satisfaction, un concurrent pourra être choisi.

L'entreprise tente de supprimer les contraintes de la concurrence pour elle-même, mais elle utilise ce principe pour obtenir, de la part des sous-traitants, des conditions plus avantageuses. Les conditions de travail entre ces deux types d'entreprises sont bien différentes.

10.2.3   La diversification

Pour croître sans augmenter sa part de marché nationale, une entreprise souhaitera détenir une participation majoritaire ou minoritaire dans une compagnie située sur un autre marché. En investissant dans d'autres secteurs d'activité, les risques sont mieux répartis. Le marasme dans une branche peut être compensé par l'expansion dans une autre; les œufs ne sont pas tous mis dans le même panier.

Il en coûte moins cher et les risques sont moins grands de prendre le contrôle d'une entreprise existante plutôt que d'en créer une de toutes pièces, mais ce type de transaction n'est pas toujours couronné de succès. Sur dix acquisitions réalisées par les 200 plus grandes entreprises américaines en 1986, sept n'ont pas abouti[9].

Bell Canada a acheté DAON, une compagnie immobilière de l'Ouest, pour diversifier ses opérations. Aux États-Unis, le phénomène de la concentration des entreprises vise surtout la diversification, ce qui alarme moins l'opinion publique que la concentration horizontale.

10.2.4   L'internationalisation

L'entreprise, une fois son espace de marché saturé, peut exporter ses produits. La pénétration commerciale en terre étrangère peut s'avérer longue et coûteuse, et l'entreprise qui en a les moyens préférera acheter une entreprise sur place pour utiliser son réseau commercial.

Pour vendre sur un marché étranger soutenu par des mesures protectionnistes, la création de filiales de production est nécessaire. Les entreprises asiatiques, pénalisées par les contingentements nord-américains (limites d'importation imposées par le gouvernement pour protéger le marché national), installent des unités de production au Canada. À Bromont, au Québec, l'implantation d'une usine de montage de la firme coréenne Hyundai procédait de cette stratégie. Grâce au libre-échange avec les États-Unis, un vaste marché lui est maintenant accessible.

L'entreprise, dans tous ces cas, s'internationalise: elle devient une firme multinationale (FMN), une transnationale. Dès lors, l'entreprise organise la production du groupe sur une échelle mondiale. L'objectif est de vendre sur les marchés les plus achalandés, là où les ménages ont des revenus disponibles élevés, et de produire là où les coûts de production sont les plus bas. Les entreprises qui exigent beaucoup de main-d'œuvre

---

9.   Selon la firme de gestion McKinsey.

seront relocalisées dans des pays où le travail est moins cher, où les charges sociales sont moins onéreuses. « Le coût salarial horaire (salaire + charges sociales) est dix fois moins élevé dans un pays du tiers monde que dans un pays industrialisé »[10].

10.2.5 Le conglomérat

Un conglomérat est un ensemble d'entreprises qui œuvrent dans plusieurs secteurs d'activité et qui sont contrôlées par une entreprise mère. Pour gérer l'ensemble des participations d'un conglomérat, une société de portefeuille (*holding*) est créée, dont le siège social est souvent situé dans un paradis fiscal, c'est-à-dire un pays où il n'y a pas ou peu d'impôt sur le revenu des sociétés à payer (Bahamas, Monaco, Suisse, Liechtenstein, Andorre, etc.). La société de portefeuille administre les titres des filiales de l'entreprise mère.

Des transactions sont sans cesse effectuées; les organigrammes, qui permettent de visualiser la structure des groupes, sont en perpétuelle transformation. La filiale d'un groupe peut passer aux mains d'un autre groupe. Les firmes cherchent à liquider leurs « canards boiteux » pour s'orienter vers des créneaux correspondant à des lignes de produits à fort potentiel de croissance effective qu'on surnomme les « stars ». L'exploitation des « vaches à lait » permet de financer cette réorientation[11].

Les décisions de fermeture ou de création d'usines viennent « d'en haut » et les syndicats locaux sont particulièrement désarmés. S'il y a grève dans une entreprise, la production d'une autre entreprise appartenant au même groupe sera accélérée. À la limite, une fermeture d'usine n'est pas un grand problème à l'échelle du conglomérat.

Pour sa comptabilité, le conglomérat regroupe l'ensemble de l'actif et du passif de ses entreprises en un seul bilan: le **bilan consolidé**. Les profits sont déclarés dans les pays où les impôts sont le moins élevé, les usines polluantes sont installées dans les régions où les normes antipollution sont plus souples, voire inexistantes (pour cette raison, nous avons hérité, au Canada comme dans les pays sous-développés, des entreprises américaines qui ne pouvaient produire aux États-Unis).

---

10.   BRÉMOND, J. et GÉLÉDAN, A., *Dictionnaire des théories et mécanismes économiques*, Hatier, 1984.

11.   MICHALET, C.A., DELAPIERRE, M., MADEUF, B. et OMINI, C., *Nationalisation et internationalisation*, La Découverte, Maspéro, Économie critique, 1983, p. 222.

10.3 LES ENTENTES ENTRE ENTREPRISES

Plutôt que de se faire concurrence, des entreprises d'un même pays ou de pays différents mettent de plus en plus en commun certaines de leurs ressources. À la fin des années 70, trois types d'accord de coopération sont apparus:

- les accords de coopération technologique;
- les accords de coopération industrielle et commerciale;
- les accords de sous-traitance.

Des sociétés en participation (*joint venture*) ont été créées pour réaliser un projet d'investissement commun. L'exemple de l'aluminerie de Bécancour au Québec est remarquable à cet égard. Cette aluminerie, qui concurrence Alcan, a été construite par le groupe français Pechiney Ugine Kulhman (PUK) (qui s'est retiré plus tard) associé à la Société générale de financement (SGF) du Québec et au groupe américano-nippon Alumax.

Dans l'industrie automobile, à cause des coûts astronomiques de recherche, une entreprise se spécialise dans un domaine et communique son expertise aux autres fabricants. Ainsi, Nissan collabore avec Volkswagen. On imagine un avenir où « les Italiens dessineront une voiture dont la suspension sera confiée à des Français, la sécurité à des Allemands, la finition à des Anglais, équipée d'un moteur japonais fabriqué dans un pays en voie de développement comme la Corée, pour obtenir un prix de revient très bas, et commercialisée par les Américains qui sont les champions du marketing »[12].

Les consortiums (qui signifie « association » en latin) sont un autre exemple de collaboration entre entreprises. À des fins d'exportation, de plus en plus de PME mettent en commun leurs ressources pour pénétrer un marché étranger.

10.4 LES MESURES DE LA CONCENTRATION

À tout moment, des entreprises se créent ou disparaissent; il n'est donc pas très facile d'en observer la situation. Pour étudier le degré de concen-

---

12. « Les constructeurs communiquent de plus en plus entre eux », *Le Devoir*, 14 janvier 1985.

tration des entreprises en général ou par secteur d'activité, Statistique
Canada publie le résultat d'un recensement des entreprises dont les
ventes sont supérieures à 10 000 $ (catalogues 61-003 et 61-207). À
partir de ces données, on peut déterminer des indices de concentration
et bâtir des courbes qui illustrent la situation.

10.4.1 La courbe de concentration par industrie

FIGURE 10.3
La courbe de
concentration
par industrie

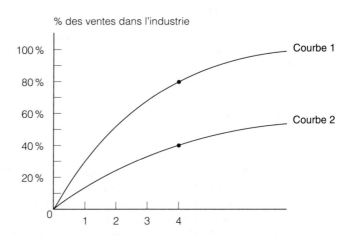

Plus la courbe a une pente forte (plus elle est verticale), plus le secteur
est concentré. Quelques grandes entreprises sont présentes sur
marché. Pour la courbe 1 (figure 10.3), les quatre plus grandes entreprises contrôlent 80 % du marché, alors que pour la courbe 2, elles
contrôlent que 40 % du marché. On dira donc que dans le deuxième
cas, le marché est moins concentré que dans le premier cas.

Le **ratio de concentration** (RC) sert à mesurer le degré de concurrence dans une industrie et il est égal au pourcentage des ventes que
réalisent les quatre plus grandes entreprises de cette industrie. Au
Canada, par exemple, et selon les données de Statistique Canada[13],
quatre premières brasseries contrôlaient 99 % du marché en 1983. À
l'opposé, dans l'industrie du vêtement pour dames, le ratio n'était que
6 %.

13.   STATISTIQUE CANADA, cat. 31-402, octobre 1983.

10.4.2 La courbe de Lorenz

FIGURE 10.4
La courbe
de Lorenz

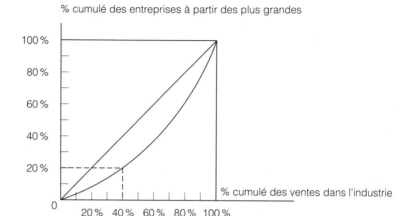

Source: GAUTHIER, G. et LEROUX, F., *Microéconomie, théorie et applications*, 2ᵉ édition, Chicoutimi, Gaëtan Morin éditeur, 1988.

Dans la figure 10.4, si une multitude d'entreprises se partageaient également le marché, on obtiendrait une diagonale. Plus la courbe s'éloigne de cette diagonale, plus il y a concentration.

10.5 LES PROBLÈMES ÉCONOMIQUES LIÉS À LA CONCENTRATION

Une économie contrôlée par un nombre de plus en plus restreint d'entreprises peut susciter des craintes chez certains agents économiques tels les gestionnaires, les petits actionnaires, les consommateurs et les travailleurs.

10.5.1 Les craintes des gestionnaires

Ces dernières années, les offres publiques d'achat se sont multipliées, créant des hausses du cours boursier et des remous parmi les administrateurs de sociétés rachetées qui perdent souvent leur poste. Une entreprise peut, sans nécessairement détenir la majorité des titres, acheter un pourcentage d'actions qui lui donne voix au chapitre dans la mesure où l'actionnariat est très diffus[14]. C'est ainsi que le pétrolier texan T. Boom Pickens réussit à se saisir de Gulf Oil[15].

Pour se prémunir contre les attaques de ces requins de la finance, les patrons des 200 plus grandes entreprises américaines se sont regroupés en une association de défense des actionnaires: la United Shareholders Association, créée en 1987.

ENCADRÉ 10.3

Les moyens utilisés pour éviter une prise de contrôle non désirée

Le répulsif à requin

Pour procéder à un changement dans la direction de l'entreprise, on exige que 75 % des actionnaires soient consentants. Ce faisant, l'administration en place n'a plus à craindre une expulsion arbitraire et inattendue.

La pilule empoisonnée

En émettant des obligations de «pacotille» à haut risque (*junk bonds*), l'entreprise augmente ses dettes, de sorte qu'elle perd son attrait aux yeux de l'adversaire qui voudrait utiliser la technique de l'achat par levier, technique qui consiste à acheter une entreprise peu endettée en utilisant la capacité d'emprunt de cette dernière.

La défense du chevalier blanc

L'ultime défense consiste, pour l'entreprise menacée d'offre publique d'achat, à se vendre à une entreprise de son choix. Dans ce cas, les administrateurs négocient également leur poste.

Les administrateurs peuvent s'organiser pour éviter le danger de brusques mutations, mais à long terme, cela risque de nuire aux peti* actionnaires et à l'entreprise.

---

14.   BERLE, A. et MEANS, G.C., dans *The Modern Corporation and Private Property* (193¹ démontrent comment la dispersion des actions entre les mains d'une multitude petits actionnaires permet le contrôle complet d'une société par des groupes po sédant seulement une minorité d'actions.

15.   ELLMEN, E. et McINTOSH, G., de la Presse canadienne, *Le Devoir*, 19 novembre 198

10.5.2 Les craintes des actionnaires minoritaires

Une prise de contrôle ne se fait pas sans susciter quelques appréhensions, car les compagnies acheteuses se lancent parfois dans des opérations très ambitieuses qui les engagent dangereusement et risquent de ruiner les petits actionnaires non avertis.

La compagnie canadienne Dome Petroleum, par exemple, s'était considérablement endettée par l'achat de la Hudson Bay and Oil. La baisse imprévue du prix du baril de pétrole, au début des années 80, aggrava la situation financière de Dome Petroleum, ce qui mit en difficulté les banques prêteuses. À elle seule, la Citybank avait prêté deux milliards de dollars à Dome Petroleum, dont la dette totale s'élevait à plus de six milliards de dollars en 1984. Après avoir restructuré sa dette, Dome Petroleum passa sous le contrôle de la compagnie américaine Amoco en 1987.

10.5.3 Les craintes des consommateurs

Les consommateurs peuvent être pénalisés par une réduction de la concurrence entre les entreprises. Théoriquement, c'est le marché libre qui leur assure le maximum d'avantages. Lorsque des entreprises se regroupent, elles peuvent exercer un pouvoir excessif sur la fixation des prix, le progrès, l'épargne et l'information, et entraîner une diminution des recettes fiscales qui nuira aux autres contribuables.

Le contrôle des prix

Lorsque la concurrence disparaît, l'entreprise n'est plus soumise aux lois du marché. Elle peut fixer le prix de sa production à un niveau supérieur au prix du marché de concurrence. Dans ce cas, ce sont les consommateurs qui payent plus cher un produit. C'est comme si l'entreprise avait le pouvoir de taxer les consommateurs à son profit.

Si le pouvoir de taxation de l'État est régi par les «élus», le monopole n'est soumis à aucun contrôle démocratique. Théoriquement, le consommateur a la possibilité d'exercer son «vote monétaire»: il peut exprimer son désaccord en n'achetant pas, en faisant défection, mais quand il s'agit d'un produit sans substitut, son pouvoir d'arbitrage est nul. L'exemple des compagnies pétrolières au Canada est remarquable à cet égard. Le rapport de Bertrand (plus de 1 700 pages), rendu public en mars 1981[16], révélait que 12 compagnies pétrolières avaient «extorqué» 12 milliards de dollars aux Canadiens entre 1958 et 1973, soit 1 522 $ à la minute pendant 15 ans, en augmentant de concert le prix de l'essence et en le fixant au-dessus du prix d'équilibre.

En 1986, le ministre québécois de l'Énergie, John Ciaccia, affirmait que les Québécois payaient plusieurs millions de dollars en trop pour leur essence en raison du manque de concurrence qui résultait de la fermeture de la raffinerie Gulf dans l'est de Montréal. En 1990, prétextant les effets de la «guerre du Golfe» (invasion du Koweït par l'Irak), les pétrolières ont augmenté le prix de l'essence sur des stocks qu'elles détenaient depuis des mois; elles touchaient encore une fois un bénéfice supplémentaire au détriment des consommateurs.

En 1987, sous la pression de l'opinion publique, le gouvernement du Québec annulait une hausse de taxe sur l'essence. Le lendemain, les compagnies pétrolières augmentaient leur prix d'autant, tirant profit du prélèvement fiscal.

L'Agence canadienne du blé constatait que même si le prix du blé avait fléchi de 1981 à 1986, aucune baisse de prix n'avait été accordée aux consommateurs. Dans l'industrie de la farine, trois entreprises se partagent le marché, soit Robin Hood (contrôlée par USI Multifood), Maple Leaf (propriété de Canadien Pacifique) et Ogilvy, succursale de J. Labatt[17].

Pour augmenter son prix de vente, l'entreprise non soumise à la concurrence peut réduire sa production pour créer une «pénurie artificielle». Dans ce cas encore, le consommateur est pénalisé. À l'abri de la concurrence, l'entreprise n'est plus contrainte à l'excellence, et la qualité des produits risque de diminuer. Les gaspillages ne sont plus sanctionnés.

Le contrôle du progrès

Les investissements en recherche et développement sont surtout le fait des grandes entreprises. On prétend qu'en l'absence de concurrence certaines découvertes ont pu être gardées secrètes. En 1930, General Electric et Westinghouse avaient acheté les brevets concernant la lampe à incandescence pour les mettre dans leurs tiroirs. C'est un exemple souvent cité parmi d'autres.

---

16. VASTEL, M., «Le don Quichotte du Monopoly», *L'actualité*, mai 1981.
17. BUECKERT, D., «La concentration des entreprises au Canada», *Le Devoir*, 15 septembre 1986.

Le contrôle de l'épargne

Si une société industrielle prenait le contrôle d'une banque, l'argent que les épargnants ont confié à cette banque risquerait d'être utilisé par la société pour financer ses propres activités industrielles. Dans ce cas, les fonds ne produiraient pas nécessairement les meilleurs rendements.

Le contrôle de l'information

Il est également inquiétant, pour la libre circulation de l'information, de voir ces groupes ajouter à leur empire le contrôle financier de la presse écrite et radio-télévisée. Power Corporation s'était portée acquéreur de Télé-Métropole en 1986, alors qu'elle contrôlait déjà un grand nombre de journaux, dont *La Presse*. Le CRTC s'y était opposé et l'affaire ne put se réaliser. Finalement, Télé-Métropole fut acquise par Vidéotron.

Les effets des restructurations sur les recettes fiscales

Lorsque des entreprises achètent d'autres entreprises à même leurs profits, cela entraîne une diminution des recettes fiscales. Ayant moins de ressources, le gouvernement impose une politique budgétaire plus sévère envers les autres contribuables qui devront payer plus d'impôts, ou envers les bénéficiaires de l'aide sociale qui subiront une baisse de leurs prestations.

10.5.4 Les craintes des travailleurs

En général, les opérations de concentration ou de restructuration, tant sur le plan national qu'international, se traduisent inévitablement par des mises à pied massives.

Les effets des restructurations sur l'emploi

Le marché mondial entraîne la multiplication des opérations de restructuration. La production augmente à moindres frais. Le nombre de travailleurs employés dans l'industrie diminue. Au milieu des années 80, aux États-Unis, le personnel d'American Telephone and Telegraph (ATT) est passé de 322 000 à 290 000 employés. Dans le secteur des aciéries, 4 000 emplois ont été perdus. En 1986, International Telephone and Telegraph (ITT) a licencié 100 000 ouvriers, soit 44 % du total de son effectif.

Depuis 1981, General Motors a mis à pied 37 000 ouvriers et annonçait la fermeture de onze de ses usines avant 1989.

L'effet d'une restructuration sur l'emploi : le cas de la compagnie Gillette

La compagnie Gillette, qui employait 24 000 personnes à travers le monde, en a congédié près de 12 % (compression de 37 % de son effectif pour sa division Atlantique-Nord). Précédemment, elle avait échappé de justesse à une prise de contrôle par Revlon. En rachetant ses propres actions au prix fort, elle réussit à décourager les acheteurs éventuels, mais les travailleurs ne furent pas plus protégés. Elle mit sur pied une politique de restructuration.

Quelques jours après la réélection du gouvernement conservateur favorable à la signature du traité de libre-échange canado-américain en 1988, la filiale montréalaise fermait ses portes. Surpris, les travailleurs perdaient brutalement leur emploi. En France, la présence d'un syndicat, l'intervention des pouvoirs publics et l'existence de lois sociales plus contraignantes en matière de licenciements ont empêché Gillette, cette même année, de fermer son usine d'Annecy comme elle l'avait fait de sa filiale montréalaise.

Les prises de contrôle se traduisent par des fermetures d'usines, des suppressions de postes, etc. Les exemples sont innombrables. Dans les années 70, la Banque Nationale prenait le contrôle de la Banque Provinciale. Dans les années 80, Provigo achetait Dominion. En 1986, Ultramar achetait une partie des actifs de Gulf, soit la raffinerie de l'est de Montréal, pour ensuite la fermer; 450 emplois ont alors été perdus. La même année, Lantic achetait la Raffinerie de sucre de Saint-Hilaire appartenant au gouvernement du Québec, puis en annonça la fermeture.

Quand un grand nombre d'entreprises syndiquées sont concernées par les fermetures d'usines, cela affaiblit le mouvement syndical dans son ensemble. Les nouveaux emplois sont surtout créés dans le secteur tertiaire, où on laisse difficilement pénétrer les syndicats.

La division internationale du travail

Les acquisitions et les fusions ont pour effet d'augmenter le contrôle étranger sur les entreprises nationales, par de grandes multinationales

En 1988 et en 1989, trois grandes sociétés canadiennes passaient sous le contrôle de firmes étrangères, soit Dome Petroleum, Bow Valley Industry et Consolidated Bathurst. Les multinationales étrangères planifient la production à l'échelle mondiale en fonction du critère de rentabilité, sans se soucier des besoins du pays d'accueil.

La division internationale du travail risque d'engendrer, à long terme, une fatale contradiction. D'un côté, il y aura des travailleurs au revenu disponible insuffisant pour acheter la production, et de l'autre côté, des pays aux prises avec un taux de chômage croissant qui auront de plus en plus de difficulté à absorber les produits importés du tiers monde. Dans les pays développés, une main-d'œuvre qualifiée et hautement scolarisée accaparera les emplois des secteurs de pointe (services aux entreprises), tandis qu'une autre partie de la population se cantonnera dans le secteur des services aux ménages (restauration, loisirs, etc.).

10.6 CONCLUSION

La concentration des entreprises menace la libre entreprise. Même dans le secteur du commerce au détail, où la petite entreprise dominait, la concurrence tend à disparaître avec l'implantation des commerces sous franchise. Le franchisage permet de vendre des produits de marque connue. Le franchiseur offre les produits et le marketing, mais il n'assume aucun risque en cas de faillite. C'est ainsi que dans un nombre croissant de grandes villes du monde, on rencontre les mêmes boutiques avec les mêmes produits, ce qui limite le choix des consommateurs et uniformise leurs goûts.

Le pouvoir des grandes entreprises, qui a toujours inquiété l'opinion publique, ne cesse de croître, ce qui rend nécessaire plus que jamais le contrôle de l'État pour éviter que ne se recrée un néo-féodalisme qui se traduirait par le retour à la domination personnelle.

MOTS CLÉS

- Bilan consolidé
- Concentration du capital
- Concentration horizontale
- Concentration verticale, en amont, en aval
- Conglomérat
- Consortium

- Diversification
- Filiale
- Franchise
- Intégration
- Internationalisation
- Multinationale
- Obligation de pacotille
- Offre publique d'achat (OPA), achat par levier
- Paradis fiscal
- Part de marché
- Ratio de concentration
- Société de portefeuille
- Société en participation
- Sous-traitance

EXERCICES

1. Lorsqu'une compagnie d'aviation achète une compagnie de restauration, de quelle opération s'agit-il?

   a) Une concentration verticale en amont.

   b) Une concentration horizontale.

   c) Une diversification.

   d) Une intégration.

2. À quelle opération s'applique la «pilule empoisonnée»?

   a) La restructuration d'une entreprise.

   b) Le consentement des administrateurs d'une entreprise qui s fait racheter.

   c) L'offre de vente d'une entreprise à une entreprise de son choi

   d) La technique de l'achat par levier.

   e) L'émission d'obligations.

3. Traduisez en français les termes économiques suivants.

   a) Leverage buy out.

b) Takeover.

c) Joint venture.

d) Holding.

e) Junk bonds.

4. Calculez le ratio de concentration de l'industrie du pain au Québec, sachant qu'en 1985, les principales entreprises se partageaient le marché de la façon suivante:

Multimarques	55 %
Weston	18 %
Pom	6 %
Autres	21 %

5. Tracez la courbe de concentration pour cette même industrie.

6. Soit un marché qui représente un volume de ventes de 100 millions de dollars. On dénombre 20 entreprises sur ce marché.

    a) Tracez la courbe de Lorenz, sachant que les 20 entreprises se partagent également le marché.

    b) Sur le même graphique, tracez une nouvelle courbe, sachant que le chiffre d'affaires des quatre plus importantes entreprises représente 60 % du marché.

7. Construisez l'organigramme du groupe Péladeau à partir des renseignements fournis par CALURA dans *Liens de parenté entre corporations 1990* (Statistique Canada, cat. 61-517).

8. Étudiez un secteur d'activité et mesurez-en le degré de concurrence (exemple: le secteur de la distribution de produits alimentaires au Québec).

9. Étudiez le processus de multinationalisation d'une entreprise d'origine québécoise (exemple: le cas de la firme Bombardier).

10. À partir des données fournies par Statistique Canada (cat. 31-401), étudiez le contrôle étranger d'un secteur de la fabrication sur une période de dix ans.

CHAPITRE 11

L'intervention de l'État dans la production

[…] L'État moderne qui n'a pas fait le capitalisme mais en a hérité, tantôt le favorise et tantôt le défavorise : tantôt il le laisse s'étendre, tantôt il en brise les ressorts. Le capitalisme ne triomphe que lorsqu'il s'identifie avec l'État, qu'il est l'État.
FERNAND BRAUDEL[1]

À vrai dire, la féodalité ne cessera jamais car il est de son essence de renaître à chaque défaillance du pouvoir étatique.
GEORGE BURDEAU[2]

OBJECTIFS

Ce chapitre devrait vous permettre :

- de juger de la pertinence de l'intervention des pouvoirs publics dans le domaine de la production ;

- d'énumérer les interdits fixés par les lois antimonopole ;

- de différencier la privatisation de la nationalisation ;

- de connaître les enjeux des politiques de déréglementation ;

- d'évaluer les politiques industrielles des gouvernements.

---

1. *La dynamique du capitalisme*, Arthaud, 1985, p. 68.
2. *L'État*, coll. Points, Seuil, 1970.

Les gouvernements des pays capitalistes démocratiques veillent à ce que le système de la libre entreprise ne disparaisse pas. Le président de l'Office fédéral des cartels allemands se demandait, en 1986, si «les banques et les groupes industriels se préoccupaient encore de l'économie de marché». Comme la concurrence supprime naturellement la concurrence, les pouvoirs publics tentent de maîtriser les vagues de fusions-absorptions pour éviter que ne se constituent des empires industriels et financiers, véritables États dans l'État, au pouvoir privé redoutable pour une démocratie. Selon les périodes et les pays, l'État se dote d'une **politique industrielle** plus ou moins structurée, ou se contente d'actions ponctuelles «coup par coup», sous la pression de l'opinion publique ou de groupes organisés.

L'intervention des gouvernements se manifeste plus particulièrement dans les trois domaines suivants:

– les lois antimonopole (antitrust);
– la réglementation ou la déréglementation;
– la nationalisation ou la privatisation.

11.1 LES LOIS ANTIMONOPOLE

La plupart des pays industrialisés, à économie de marché, se sont dotés de lois antimonopole pour protéger la concurrence. Nous étudierons plus particulièrement les lois canadiennes et américaines en indiquant les principaux interdits qu'elles imposent aux entreprises. La remise en question de ces législations héritées du XIXᵉ siècle mériterait d'être bien comprise par les différents agents économiques concernés.

11.1.1 Une législation héritée du XIXᵉ siècle

Les lois antimonopole ont été créées dans un esprit «libéral» pour maintenir la concurrence sur le marché. Théoriquement, elles interdisent toute pratique qui réduirait la concurrence. Selon les pays, ces lois sont plus ou moins contraignantes, mais aucune d'entre elles n'a jamais vraiment fait disparaître les tendances des entreprises à se concentrer. Ce sont les libéraux eux-mêmes qui remettent en question ces législations qu'ils jugent maintenant désuètes.

La Loi relative aux enquêtes sur les coalitions

Le Canada a été l'un des premiers pays à adopter une loi pour protéger la concurrence. La Loi relative aux enquêtes sur les coalitions, votée e

1889, était si compliquée (49 articles, 62 pages), qu'à l'usage elle s'est révélée inopérante. Depuis 1971, des gouvernements libéraux ont tenté en vain de la rendre plus efficace (projet de loi C 13). Les conservateurs, dans un esprit plus «libéral» et de façon plus discrète, ont réussi à faire voter, durant l'été 1986, une loi sur la concurrence (C 91) en vigueur depuis juillet 1987.

Historiquement, le gouvernement fédéral a plutôt coopéré avec les grandes entreprises, ce qui explique ses difficultés à légiférer dans ce secteur. Actuellement, les entreprises canadiennes sont fortement regroupées. Selon une étude publiée en 1986 par D. Francis du *Toronto Star*, l'économie canadienne est effectivement contrôlée par 5 conglomérats et 32 familles[3]. Quatre grandes sociétés monopolisent les deux tiers du marché.

Les lois américaines antitrust

Aux États-Unis, bien qu'une législation très sévère ait été mise en place par les républicains pour les entreprises américaines, la concentration est demeurée très forte.

ENCADRÉ 11.1

La création de la Standard Oil Company

Vers 1910, John Rockefeller avait indigné l'opinion publique, très attachée au sacro-saint principe de la libre entreprise.

Rockefeller avait astucieusement compris qu'en supprimant la concurrence dans le secteur du pétrole, il pouvait s'enrichir vite et sans efforts. En absorbant les petites compagnies existantes (120 en 30 ans) et en créant une compagnie unique, un monopole, il pouvait générer un taux de profit inégalable et verser aux actionnaires un dividende supérieur à ce que chaque entrepreneur aurait pu obtenir d'un travail acharné. En supprimant la concurrence (les concurrents), le prix de l'essence n'était plus fixé par la loi du marché, mais par la Standard Oil qui pouvait dès lors se permettre, en toute impunité, «d'extorquer» aux consommateurs captifs des sommes d'argent considérables.

---

3.   FRANCIS, D., *Controlling Interest, Who Owns Canada?*, McMillan, 1986.

En 1890, une première loi antitrust fut adoptée, le célèbre Sherman Act, qui interdisait aux entreprises toute action ayant pour effet de réduire la concurrence sur le marché. La Standard Oil Co. fut démantelée en quatre compagnies distinctes, qui formèrent par la suite l'oligopole des sept sœurs de la filière du pétrole. Cette loi ne suffisant pas, tout un arsenal de lois et de règlements antitrust fut mis en place. Entre autres, citons le Clayton Act de 1914, le Federal Commission Trade Act et le Robinson-Patman Act d'octobre 1936, de même que l'amendement Hartscott-Rodino de 1976.

L'économiste américain J.K. Galbraith[4] faisait remarquer que, malgré toutes ces lois, «le niveau de la concentration aux États-Unis (environ 1 000 des plus grandes sociétés anonymes contrôlent les deux tiers de la production industrielle) est semblable à celui des autres pays industriels».

Ce que les lois antimonopole interdisent

Les lois antimonopole obligent les entreprises à maintenir entre elles un certain degré de concurrence sur le marché. Les pratiques anticoncurrentielles notoires sont donc prohibées, tels:

- les ententes entre entreprises qui auraient pour effet de faire augmenter les prix;

- les fusions, les absorptions, les achats de concurrents qui n'engendreraient pas d'économies d'échelle permettant des baisses du prix de vente;

- le partage du marché entre concurrents;

- le dumping qui consiste, pour une entreprise, à vendre un produit au dessous de son coût de production pour accaparer une part de marché aux dépens des concurrents;

- les politiques de prix discriminatoires, c'est-à-dire la fixation d'un prix autre que celui déterminé par le marché;

- les accords de cartel, c'est-à-dire les ententes écrites par lesquelles les entreprises se répartissent le marché;

- le boycottage, c'est-à-dire le refus concret de vente ou d'achat, la mise en quarantaine, les pénuries artificielles pour faire monter les prix;

---

4. GALBRAITH, J.K., *L'économie en perspective*, Seuil, 1989, p. 206.

– les nominations d'administrateurs communs dans des entreprises concurrentes, etc.

Les arguments en faveur d'un assouplissement des lois sur la concurrence

Paradoxalement, ceux-là même (les néo-libéraux) qui, au XIXᵉ siècle, ont fait adopter une législation pour contrôler les monopoles au nom de la libre entreprise sont aujourd'hui les premiers à réclamer l'assouplissement de ces mesures.

Seuls les partisans d'une économie plus « socialisée » souhaitent le maintien, si ce n'est le renforcement, des lois protégeant la concurrence. Le Parti démocrate aux États-Unis, les libéraux et surtout le Nouveau Parti démocratique au Canada, le Parti travailliste en Grande-Bretagne, les socialistes et les communistes en Europe, tiennent à protéger le marché concurrentiel pour éviter la tyrannie des monopoles.

Les républicains américains, les partis conservateurs, au contraire, se rendent aux arguments des oligopoles. Selon leur analyse, l'environnement économique s'est nettement transformé depuis le début des années 70. La concurrence internationale s'est intensifiée, le marché mondial est devenu une réalité à laquelle il faut s'adapter. Pour survivre, les entreprises nationales doivent se regrouper. Plus une entreprise est grande, plus elle résistera facilement aux attaques des concurrents internationaux, plus elle pourra adopter une stratégie offensive en s'internationalisant elle-même.

En 1986, seulement 5 des 15 plus grands conglomérats mondiaux étaient basés aux États-Unis. Les entreprises étrangères allemandes et japonaises, qui menacent les marchés nationaux de moins en moins protégés par des mesures protectionnistes, appartiennent elles-mêmes à des conglomérats. Les « zaibatsus » japonais (conglomérats financiers et industriels), démantelés en 1945 après la Seconde Guerre mondiale, se sont reconstitués dans les années 50 avec l'aide du tout-puissant MITI (ministère japonais du Commerce et de l'Industrie). Actuellement, les Mitsui, Mitsubishi, Sumitomo, Fuyo, Sanwa, Dai-Ichi-Kangyo, véritables empires dans l'État japonais, contrôlent l'économie du pays et le vaste secteur concurrentiel de la sous-traitance (qui représente au Japon 50 % de la production). Les conglomérats réussissent à reporter sur leurs sous-traitants les contraintes de la concurrence.

Les luttes d'influence se perpétuent cependant entre conglomérats. On comprend mieux, dès lors, que les gouvernements des pays soumis aux contraintes du marché international aient une marge de manœuvre de plus en plus limitée au fur et à mesure que les empires financiers s'internationalisent. La coopération internationale entre gouvernements élus démocratiquement devient donc une impérative nécessité.

11.2 LA RÉGLEMENTATION, LA DÉRÉGLEMENTATION ET LA RE-RÉGLEMENTATION

> *Entre le faible et le fort, c'est la loi qui protège et la liberté qui opprime.*
>
> HENRI LACORDAIRE (1802-1861)

Les gouvernements, qui ont le pouvoir de réglementer, peuvent également déréglementer ou modifier une réglementation jugée vétuste ou injuste.

11.2.1 L'origine de la réglementation

De tout temps, l'activité économique a été l'objet de mesures réglementaires pour protéger les producteurs, les consommateurs et les travailleurs.

La concurrence sauvage engendre des excès, une instabilité, une insécurité que la société ne peut longuement tolérer; pour se protéger, pour vivre en harmonie, des groupes de citoyens exigent de la part des institutions publiques des mesures restrictives qui codifient le comportement de tous et de chacun.

La réglementation est apparue avec le marché. Un marché autorégulateur n'existe que dans l'esprit des libéraux. C'est une utopie, voire un dogme. L'économiste Joan Robinson racontait par dérision qu'un ultra libéral anglais, au XIXᵉ siècle, allait jusqu'à s'opposer au Code de la route qui contraignait les individus à rouler à gauche. Au nom de la liberté individuelle, il aurait fallu laisser les gens décider où il valait mieux rouler.

En réalité, le marché libre, absolument libre, n'a jamais pu exister, et une multitude de lois et de règlements ont été adoptés en réponse à des pressions de groupes influents ou de l'opinion publique. Il existe des règlements dans le domaine de l'alimentation, des transports, de l'hygiène, des conditions de travail, des ventes, des métiers (construction, coiffure, etc.). Les partisans du laissez-faire ont, bien souvent, exigé eux-mêmes ces mesures «protectrices», mais ce sont surtout les syndicats des travailleurs qui ont lutté pour obtenir «l'humanisation» de la concurrence.

Pour que subsiste ou qu'existe un marché libre, l'État doit intervenir pour fixer les règles du jeu: des interdits qui ont force de loi.

Les règlements sont le reflet des rapports de force d'une société qui se protège face à des menaces conjoncturelles. En période de prospérité, les agents économiques sont plus disposés à assumer une plus grande part de risque, à jouer plus franchement le jeu de la concurrence. Par contre, en période de récession, quand la lutte pour la survie s'intensifie (*struggle for life*), que la concurrence s'exaspère, certains groupes réclament des mesures de protection pour survivre ou conserver leurs acquis.

Ces lois et règlements ne sont pas fixés *ad vitam æternam*; ils devront être modifiés à l'occasion. Ils seront assouplis, renforcés ou supprimés, au gré des circonstances ou des changements d'orientation politique des gouvernements et du rapport de force établi par les groupes organisés.

11.2.2 L'origine de la déréglementation

C'est aux États-Unis, sous l'administration Carter, et en Grande-Bretagne que le mouvement de déréglementation s'est amorcé; les autres pays ont suivi, soucieux de «rester dans la course» sur le marché mondial.

Depuis la fin des années 70, une volonté de «libérer» certains domaines a été exprimée dans les pays capitalistes développés.

Les arguments en faveur de la déréglementation

En s'intégrant au marché mondial, les économies nationales sont soumises aux lois de la concurrence; elles sont donc obligées d'augmenter leur efficacité, leur productivité, «de faire mieux que les autres pays». Pour ce faire, les pouvoirs publics, inspirés par les oligopoles, suppriment progressivement les filets de protection et accordent plus de liberté afin de permettre aux plus performants de s'exprimer pleinement.

L'aiguillon de la concurrence est considéré comme un excellent moyen pour stimuler l'ardeur au travail et le sens de l'innovation, pour supprimer les privilèges et remettre en question les acquis.

Le Fonds monétaire international (FMI), le GATT, la Chambre de commerce internationale (CCI), qui regroupent 7 000 grandes entreprises dans le monde, ont pour objectif «de créer un marché mondial plus vaste, plus libre, afin d'accroître la prospérité universelle»[5].

---

5. Franz Van der Haven, président de la CCI (Chambre de commerce internationale) à la Conférence de New Delhi, février 1987.

Les domaines déréglementés

Selon les pays, les domaines déréglementés ne sont pas les mêmes; cela dépend de la situation économique de chacun et des rapports de force entre ceux qui favorisent le *statu quo* et ceux qui veulent le changement.

La déréglementation aux États-Unis

Aux États-Unis, cinq secteurs ont été particulièrement touchés : les télécommunications, le transport routier (Bus Deregulating Reform Act en 1982), le transport ferroviaire (Staggers Act), le transport aérien (1978) et les services financiers.

Ces secteurs jouissaient de privilèges qui les mettaient à l'abri des rigueurs de la concurrence. L'État leur reconnaissait un «domaine réservé» qui leur épargnait le stress perpétuel de la compétition. Les travailleurs syndiqués avaient un climat de travail paisible. Leur statut pouvait même être comparé à celui, si envié, de «fonctionnaire».

La déréglementation au Canada

Au Canada, la libéralisation de ces secteurs s'est effectuée plus lentement. Le secteur aérien par exemple, sous l'impulsion du ministre Lloyd Axworthy, a été progressivement déréglementé. *Aller sans entrave*, document gouvernemental publié en 1984, préconisait un retour aux lois du marché. La Commission canadienne du transport (CCT), qui réglementait autrefois les entreprises, s'est transformée en un Office national de transport sans grand pouvoir.

Avec la déréglementation, les compagnies aériennes peuvent établir leur route comme bon leur semble et appliquer des tarifs libres. C'est le marché qui, dès lors, sanctionnera leur efficacité.

Dans le secteur financier canadien[6], la déréglementation devrait permettre la création d'entreprises financières de grande envergure capables d'affronter la concurrence étrangère. En 1987, le plus gros courtier en valeurs mobilières, la Dominion Securities, ne disposait que d'un modeste capital de 280 millions de dollars quand il en aurait fallu au moins 750 millions pour accéder au marché des eurodollars (dollars US déposés dans des banques installées hors des États-Unis). On prétend même que si l'ensemble des courtiers canadiens fusionnaient, le capital total ne s'élèverait qu'à deux milliards de dollars, alors que

---

6.   Moreau, F., «La nouvelle réglementation du secteur financier», *Interventions économiques*, n° 18, 1987.

société financière japonaise Nomura Securities possède, à elle seule, un capital de plus de cinq milliards de dollars.

Avec le décloisonnement du secteur financier, on espère créer des méga-institutions plus compétitives. Les cinq grands piliers traditionnels du monde financier canadien (les caisses d'épargne et les banques, les compagnies d'assurances, les sociétés de fiducie et les maisons de courtage), qui avaient été mis en place dans les années 30 pour protéger les épargnants, sont remis en question. Déjà, au début de 1988, avec l'autorisation du gouvernement du Québec, le groupe coopératif Desjardins œuvrait dans les quatre grands secteurs financiers.

Le consommateur, grâce au décloisonnement, a la possibilité d'effectuer toutes ses transactions financières par l'intermédiaire d'un seul établissement.

Le Québec n'a pas été épargné par le vent de la déréglementation. Un rapport du ministre libéral Reed Scowen, en 1986, en témoignait. On déplorait dans ce document que «76 des 321 secteurs de l'économie québécoise soient assujettis à des règlements, que 31 % de la main-d'œuvre profite de salaires au-dessus du prix du marché». Le rapport estimait injuste la persistance de ces privilèges dans un contexte d'intensification de la concurrence. Les secteurs de la construction, du transport routier, et l'exercice de certains métiers (coiffure) ont été plus ou moins «libéralisés».

Les effets de la déréglementation

Dans un premier temps, la déréglementation a permis aux entreprises privées de s'exprimer, et à l'imagination d'arriver au pouvoir! Le nombre d'entreprises sur le marché augmentait. En 1978, aux États-Unis, on dénombrait 60 compagnies aériennes; en 1987, on en comptait 116. Les clients avaient plus de choix. Pour les usagers, cela devait se traduire par une amélioration des services et une baisse de prix. Aux États-Unis, l'économie annuelle aurait dû être de l'ordre de six milliards de dollars pour les voyageurs aériens.

Dans une seconde période, cependant, les contre-effets sont apparus très vite. L'accentuation de la concurrence, plutôt que d'être stimulante, a eu un effet corrosif à l'excès en provoquant un niveau de stress intolérable aussi bien chez les administrateurs que chez les travailleurs.

Certains secteurs sont passés aux mains des étrangers. À Londres, après le «big bang» de la déréglementation du secteur financier en 1986, 62 des 65 maisons de courtage passaient entre les mains de concurrents américains, japonais, allemands, suisses, français et même canadiens.

La guerre commerciale a engendré une réduction des coûts de production, les travailleurs ont été contraints d'accepter des conditions de travail plus exigeantes. Les opérations peu rentables ont été délaissées.

Pour les pilotes de ligne, les salaires diminuaient en même temps qu'augmentaient leurs heures de vol. Les frais d'entretien étaient réduits au minimum, ce qui pose certains problèmes de sécurité quand il s'agit de sociétés de transport aérien...

Le président de Texas Air, Frank Lorenzo, qui avait profité de la déréglementation pour contrôler 20 % du marché du transport aérien américain (Eastern Airlines, Continental Airlines), a été poursuivi, en 1988, par l'administration fédérale de l'aviation (FAA). Une vaste enquête sur les manquements à la sécurité a été effectuée (défauts de réparation, contrôles déficients, personnel non qualifié, etc.) et la gestion financière a été vérifiée (pertes, pour le groupe, de 466 millions de dollars en 1987).

Selon un rapport de l'Organisation de l'aviation civile internationale (OACI), le nombre de quasi-collisions aériennes est passé de moins d'une centaine, en 1978, à plus d'un millier en 1987[7]. En 1984, 73 % des vols aux États-Unis, accusaient des retards de plus de 15 minutes, et les vols à destination des villes secondaires étaient de plus en plus souvent annulés.

Les compagnies qui ne réussissaient pas à prouver leur excellence sur le marché ont été achetées par des concurrents avides de contrôle une plus grande part de marché, et un nouvel oligopole s'est constitué.

Si la productivité a augmenté indéniablement à court terme, le nombre de mises à pied s'est multiplié. Dans le secteur bancaire, la déréglementation s'est traduite par de multiples faillites et le licenciement de milliers d'employés aux États-Unis.

En fin de compte, la déréglementation a engendré un marché contrôlé par quelques grandes entreprises multinationales délivrées de règlements étatiques et des syndicats, c'est-à-dire de tout contrôle démocratique. Dans ces conditions, l'usager risquait tôt ou tard d'en payer le prix.

---

7. «Les effets de dix ans de déréglementation aux États-Unis», *Le monde diplomatique*, août 1990.

11.2.3 La re-réglementation

L'excès de libéralisation entraîne des abus qui obligent les pouvoirs publics à intervenir à nouveau. Des règlements sont créés pour répondre aux besoins de groupes qui se sentent menacés. Paradoxalement, ce sont parfois ceux qui ont réclamé la déréglementation qui, une fois leurs objectifs atteints, sollicitent l'aide du gouvernement pour protéger leurs acquis.

Étant donné la complexité des sociétés modernes et le danger lié à l'usage de la technologie, il est peu probable qu'à l'avenir les citoyens s'en remettent aux lois du marché ou se soumettent, impassibles, à l'autorité des grandes entreprises.

Parallèlement à la mondialisation du marché, des règlements internationaux sont adoptés par les gouvernements. À Montréal, par exemple, un premier traité sur la protection de la couche d'ozone a été signé en 1988. Au terme de ce traité, les pays signataires s'engagent à imposer des règlements pour interdire l'usage de certains produits nocifs.

1.3 LA NATIONALISATION ET LA PRIVATISATION

Dans les pays capitalistes, la propriété d'une grande entreprise est détenue soit par un groupe de personnes (entreprise privée), soit par l'ensemble de la collectivité (entreprise publique), ou par les deux à la fois (entreprise mixte).

C'est le gouvernement qui décide de devenir propriétaire d'une entreprise privée (loi de nationalisation) ou de vendre une entreprise publique à des intérêts privés (loi de privatisation ou de dénationalisation).

Les États modernes ont toujours dirigé certaines activités que le secteur privé ne pouvait assumer. Depuis les années 30 et surtout depuis la Seconde Guerre mondiale (1939-1945), le pouvoir économique des États s'est considérablement renforcé. Actuellement, l'État «méga-entrepreneur» possède un pouvoir que redoutent les oligopoles. Avec l'accentuation de la concurrence internationale, les firmes multinationales privées souhaitent la privatisation d'une partie du secteur public pour augmenter leur productivité, et surtout pour renforcer leur propre pouvoir.

Cette opération de démantèlement de l'État se justifie par l'inévitable restructuration des économies nationales dans le cadre de la mondialisation des échanges.

11.3.1   La nationalisation

La nationalisation, pour être acceptée, doit répondre à des objectifs politiques bien définis et être réalisée sans créer trop de remous dans la société.

Les arguments en faveur de la nationalisation

Les raisons invoquées pour justifier une nationalisation concernent toujours « l'intérêt public ». C'est pour sauvegarder l'emploi dans un secteur en déclin, pour mieux contrôler les investissements, pour protéger les consommateurs, ou tout simplement pour augmenter ses revenus qu'un gouvernement décide d'acquérir une entreprise privée.

Le sauvetage d'un secteur en déclin

Ce sont surtout les syndicats et les partis socialistes qui préconisent la nationalisation, mais les entrepreneurs capitalistes n'y sont pas systématiquement hostiles. Parfois, cela fait plutôt leur affaire de « refiler » à l'État les secteurs en difficulté, tels le secteur des mines de charbon après la Seconde Guerre mondiale, et le secteur de la sidérurgie plus récemment. Au XVe siècle, les riches marchands qui avaient acheté les mines d'argent de Bohême aux artisans mineurs indépendants les revendaient à l'État, un siècle plus tard, quand le prix de l'argent s'effondra et que les troubles sociaux devinrent incontrôlables. « Des mines célèbres sont abandonnées à l'État; déjà, les mauvaises affaires sont pour lui »[8] écrivait l'éminent historien Fernand Braudel.

L'État est parfois contraint de « nationaliser » les pertes des grandes entreprises pour éviter les réactions en chaîne qu'une faillite pourra entraîner. L'insolvabilité d'une firme de grande envergure peut engendrer une kyrielle de faillites et déstabiliser une partie de la société. Le gouvernement américain, sous l'administration de Ronald Reagan reconnu pourtant pour son libéralisme, n'a jamais hésité à aider les grandes entreprises acculées à la faillite. En 1984, la Continental Illinois, grande banque au bord de la faillite, fut pratiquement nationalisée; un journaliste du *New York Times* a écrit « qu'il valait mieux placer sa fortune dans une grande banque mal gérée que dans une petite banque bien admini-

---

8.   BRAUDEL, F., *Les enjeux de l'échange. Civilisation matérielle et capitalisme*, É Armand Colin, p. 282.

trée »9. Effectivement, quand une entreprise de moindre importance connaît des difficultés, c'est le marché qui règle le problème.

Le contrôle des investissements

Pour disposer d'un puissant levier de commande, pour amorcer un développement ou pour reprendre la propriété d'entreprises étrangères, l'État se dote parfois d'un secteur industriel, soit en créant de toutes pièces des entreprises publiques, soit en nationalisant des entreprises privées existantes. Chaque pays a une tradition d'intervention ou de non-intervention de l'État dans le domaine de la production qui explique des choix politiques spécifiques.

L'État-entrepreneur

La France, contrairement aux pays anglo-saxons, a une longue histoire d'État-entrepreneur. Au XVIIe siècle, sous le règne de Louis XIV, avec Colbert (opposé au clan des libéraux Le Tellier), la France a massivement soutenu l'effort de développement de la production manufacturière et du commerce international. « C'est sous la protection de l'État que s'est formée la bourgeoisie française »10. Au XVIIIe siècle, la France possédait 400 manufactures qui bénéficiaient de privilèges royaux, comme la fabrique de miroirs de Saint-Gobain. Des manufactures royales, premières entreprises nationales, sont demeurées célèbres (Gobelins et Aubusson pour les tapisseries, Sèvres pour la porcelaine, etc.). L'État ne produisait pas que des objets de luxe: il possédait également des manufactures d'armes, des arsenaux, et il contrôlait surtout le commerce international (les compagnies des Indes). Toutes ces activités permettaient à l'État d'atteindre plusieurs objectifs à la fois. Tout en augmentant les ressources du Trésor, l'État mettait au travail les désœuvrés et il renforçait le pouvoir économique du roi et de la bourgeoisie face à l'aristocratie, qui ne pouvait commercer sans entamer sa dignité, sans déroger (sans perdre son privilège de noblesse).

9.   BENNET, A.R., « Le gouvernement américain devrait-il laisser les institutions comme les banques faire faillite? », *New York Times/Le Devoir*, 18 septembre 1984.

10.   BEAUD, M., *Histoire du capitalisme, 1500-1800*, Seuil, p. 51.

Depuis la fin de la Seconde Guerre mondiale, même les pays les plus réticents à l'intervention de l'État se sont dotés d'une politique industrielle plus ou moins cohérente visant à reconstruire le pays dans le cadre d'une économie de marché. La Grande-Bretagne, sous un gouvernement travailliste, la France, l'Italie, l'Allemagne et même le Japon ont nationalisé des secteurs clés qui donnèrent à l'État un puissant levier de commande sur l'ensemble de l'économie. Transport, énergie, industries primaires, aéronautique, information, crédit, assurances, éducation, santé, et même la charité sont passés au secteur public.

L'indépendance nationale

Au Québec, la prise de contrôle de certains de ces secteurs par le gouvernement ne s'est faite que dans les années 60, avec le réveil nationaliste de « l'équipe du tonnerre » de Jean Lesage qui avait pour devise « Soyons maîtres chez nous ». La nationalisation de l'électricité (Hydro-Québec), de l'éducation et de la santé, la création d'entreprises publiques comme Sidbec en sidérurgie, Soquem dans le secteur minier, Rexfor en foresterie, la Société générale de financement dans le secteur du crédit, la Caisse de dépôt et de placement du Québec pour l'épargne, etc., ont doté le gouvernement du Québec d'un formidable outil de production collectif destiné à développer l'économie du pays au profit des Québécois et à favoriser l'émergence d'une bourgeoisie d'affaires francophone.

Par nationalisme, l'État peut décider d'acquérir des filiales d'entreprises étrangères. Ainsi, le gouvernement canadien, sous P.E. Trudeau, créa Pétro-Canada en achetant Pétrofina, compagnie pétrolière belge, dans le cadre d'un programme de « canadianisation » de l'économie nationale. Pour des raisons similaires, le gouvernement du Parti québécois, élu en 1976, prit possession, en 1982, d'une compagnie d'amiante, Asbestos Mining, filiale de la firme d'armement américaine General Dynamics.

La protection des consommateurs

Pour protéger les consommateurs captifs d'un monopole privé, l'État qui ne parviendrait pas à contrôler les prix, peut se substituer à l'entreprise privée et exercer le monopole au profit de la collectivité. Parfois, seule menace de nationalisation parvient à discipliner le monopole. B Canada, monopole réglementé, n'a pas été nationalisée parce qu'e répondait aux exigences du CRTC (Conseil de la radiodiffusion et d télécommunications canadiennes).

Les raisons morales

Enfin, pour des raisons de moralité publique, le gouvernement monopolise certaines activités qui rapportent de substantiels revenus au Trésor public: au Québec, la Société des alcools du Québec (SAQ) et Loto-Québec; en France, la SEITA (Société d'État de l'industrie du tabac et des allumettes); au Japon, la JTI (Japon Tobacco Inc.) dont les recettes annuelles sont fabuleuses (14 milliards de dollars).

La dernière grande vague de nationalisation a eu lieu à contre-courant, en France, lorsqu'un gouvernement socialiste est arrivé au pouvoir en 1982. À la même époque, des nationalisations ont aussi été réalisées en Espagne et en Grèce.

Le processus de nationalisation

Il y a deux méthodes pour nationaliser une entreprise privée: l'expropriation ou l'acquisition des titres par l'intermédiaire de la Bourse.

L'expropriation

Pour des raisons d'intérêt public, l'État a le pouvoir d'exproprier qui il veut, en offrant ou pas des indemnités compensatoires. C'est une mesure radicale qui heurte le principe de «l'inviolabilité du droit de propriété». Avant de procéder à une telle opération, le gouvernement doit en mesurer toute la portée, et veiller à ne pas trop contrarier le milieu des affaires et à obtenir, à tout le moins, un large consensus populaire.

L'expropriation sans compensation

En 1945, le général de Gaulle, alors chef du gouvernement français, avait fait exproprier sans compensation la famille Renault qui avait «travaillé pour l'ennemi» durant la Seconde Guerre mondiale. Depuis ce temps, la Régie Renault est demeurée publique. Salvador Allende, élu président du Chili en 1970, avait aussi fait exproprier sans indemnité les compagnies américaines de cuivre Annaconda et Kennecott, parce qu'il estimait que les profits expatriés (plus de quatre milliards de dollars) les avaient largement compensées. Cette politique, peu onéreuse au départ, a coûté cher au gouvernement populaire qui avait sous-estimé la puissance de réaction du marché: un boycottage du cuivre chilien sur le marché mondial priva le gouvernement de ses recettes d'exportation. Allende paya de sa vie en 1973, et une dictature militaire s'installa avec le général Augusto Pinochet.

L'expropriation avec compensation

Exproprier avec compensation est moins radical, mais l'expropriation ne touche que les actifs situés sur le territoire national et exclut les filiales ou les avoirs étrangers. Si Asbestos Mining avait été reprise de cette façon, il aurait fallu renoncer à la filiale allemande qui assurait la commercialisation des produits de l'amiante en Europe. Le gouvernement a retenu une autre manière de procéder: l'acquisition de la majorité des titres de la compagnie détenus par les Américains. Les petits actionnaires minoritaires n'eurent cependant pas la chance de recevoir le même traitement et ils se sentirent lésés de n'avoir pu vendre leurs titres au gouvernement.

L'acquisition des titres en Bourse

Dans ce cas, le gouvernement fait une offre d'achat sur toutes ou sur une partie des actions de la compagnie à un prix «alléchant» pour les actionnaires. Si le marché boursier prévoit une telle opération, le cours de l'action de la compagnie convoitée risque d'augmenter et le gouvernement devra surenchérir. Quand Pétrofina fut achetée par le gouvernement canadien, les commentateurs financiers prétendirent que le prix d'achat avait été exagérément gonflé et que cette opération de nationalisation avait finalement coûté trop cher aux contribuables canadiens. est parfois délicat de porter un tel jugement sans connaître les pertes ou les bénéfices futurs pour la collectivité.

Les effets de la nationalisation

Tout transfert de propriété du privé au public a des effets plus particulièrement sur l'emploi, les prix et la productivité.

Les effets sur l'emploi

En nationalisant une partie des activités économiques qui, traditionnellement, sont dévolues au secteur privé, l'État se dote d'un grand levier économique. Si l'État devient parfois le premier patron du pays, ce n'entraîne pas de bouleversements immédiats, comme certains pourraient le craindre ou l'espérer.

En France, avec la nationalisation, en 1982, de huit groupes industriels, l'État contrôlait 24 % de l'effectif industriel[11]. Tout un pan du tis

---

11. «Les privatisations françaises», *Bulletin de conjoncture de la banque Paribas*, ju 1987.

industriel se trouvait théoriquement soustrait aux lois du marché, mais peut-être plus encore à l'influence des oligopoles et à l'appétit des spéculateurs. Comme il s'agit de grandes entreprises, les conditions de production et de travail ne se transforment pas nécessairement. La nationalisation ne favorise pas davantage la cogestion, encore moins l'autogestion. Dans bien des cas, les travailleurs ont déchanté quant à l'effet de telles opérations sur leurs conditions de travail (l'emploi serait en principe mieux protégé, mais les mises à pied faites par l'État sont parfois moins controversées). Lorsque Pétro-Canada a été créée en 1983, plus de 1 000 employés de Pétrofina durent se recycler.

Les effets sur les prix

Les prix des produits ou des services offerts par une entreprise nationalisée s'apparentent aux prix fixés par les oligopoles. Certains consommateurs canadiens espéraient bien obtenir de Pétro-Canada de l'essence moins chère! Les tarifs d'Hydro-Québec sont déterminés à partir des coûts de production et du prix de vente des autres sources d'énergie. Si on payait l'électricité au-dessous de son coût de production, cela représenterait, en fait, une subvention déguisée qui risquerait d'engendrer du gaspillage. Par contre, un tarif supérieur aux coûts de production serait une taxe déguisée pour les consommateurs. Lorsque le gouvernement exige de l'entreprise publique le versement de «dividendes», cela équivaut à une ponction fiscale qui sert à renflouer le Trésor public.

Les effets sur la productivité

Lorsqu'une grande entreprise déclare des pertes, elle risque théoriquement de faire faillite. Le marché sanctionne l'inefficacité. En réalité, comme on le constate souvent, le gouvernement vient secourir, en dernier recours, le «canard boiteux». Quand il s'agit d'une entreprise publique, le déficit est comblé par des «dotations budgétaires» votées et régies par les élus. Dans les deux cas, c'est le contribuable qui en fait les frais.

Un déficit, pour une entreprise publique, n'est pas nécessairement signe d'inefficacité. Parfois, pour des raisons sociales, stratégiques, culturelles ou technologiques, le gouvernement maintient une entreprise en activité même si elle représente un gouffre financier. À long terme, elle peut être rentable, selon les choix de société exprimés par la collectivité. Déclarer, a priori, que le secteur privé est plus efficace que le secteur public relève du préjugé. Plus pragmatiquement, selon la conjoncture, les types de produits, le consensus social ou la qualité des gestionnaires en place, l'une ou l'autre forme d'administration correspondra le mieux aux aspirations de la société ou à l'attente de certains groupes influents.

11.3.2   La privatisation, ou dénationalisation

Parallèlement à la mondialisation des marchés et à la multinationalisation des entreprises, une réaction s'est organisée contre les méga-entreprises d'État. Le néo-libéralisme a renforcé l'idée que c'est en réintroduisant la concurrence dans le secteur public que la productivité du système capitaliste augmentera. «La privatisation en Europe correspond à un retour à l'économie de marché et à l'initiative individuelle[12]». C'est en Angleterre, depuis l'arrivée des conservateurs en 1979, que le programme de privatisation des entreprises publiques a été le plus spectaculaire; peu de pays échappent au phénomène de la dénationalisation. En Italie, en Allemagne, au Japon, en France, au Canada, en Suède (au niveau municipal) et même dans les pays «communistes», des privatisations partielles ou totales ont lieu.

Les organismes internationaux comme le Fonds monétaire international et la Banque mondiale incitent même les pays en voie de développement à suivre ce modèle.

Les arguments en faveur de la privatisation

En général, ce sont les partis «de droite», favorables à la libre entreprise qui mettent de l'avant des politiques libérales de privatisation; mais parfois, des gouvernements sociaux-démocrates se rendent aux arguments économiques des nouveaux économistes. Au Québec, c'est sous un gouvernement social-démocrate, pendant les années 80, que s'est amorcé le mouvement, avec la tentative avortée de la privatisation de la Société des alcools du Québec (SAQ).

La restauration du marché libre

Le marché mondial exige un nivellement des conditions de concurrence sur les différents marchés nationaux. Comme le modèle du marché libre devient une référence universelle pour les pays capitalistes, l'intervention de l'État doit se limiter, selon les néo-libéraux, aux secteurs traditionnels (armée, police, justice, infrastructure). Dans cette optique, le secteur industriel devrait être uniquement régi par les lois du marché.

L'augmentation des déficits budgétaires, depuis le début des années 70, a pour effet d'accroître la ponction de l'État sur l'épargne privée, ce qui réduit d'autant le pouvoir d'achat des ménages en biens et en se

---

12.   «Les privatisations françaises», *Bulletin de conjoncture de la banque Paribas*, juin 1987.

vices privés. Plutôt que de financer l'expansion des grandes entreprises privées, l'épargne des particuliers finance les dépenses collectives.

La motivation au travail

Selon les libéraux, l'intervention de l'État se justifiait pendant et après la Seconde Guerre mondiale pour restaurer une nouvelle économie de marché; mais son développement excessif, en temps de paix, en menace l'existence. Une trop grande socialisation de l'économie réduirait la motivation au travail, nuirait à l'initiative privée et affaiblirait le sens de la responsabilité individuelle.

La réduction des déficits budgétaires gouvernementaux

Le désengagement de l'État entraîne une réduction des charges publiques, et le produit des ventes d'entreprises publiques permet de rembourser plus aisément la dette accumulée, sans augmenter les impôts.

Le programme de privatisation français a permis au gouvernement Chirac (libéral) de percevoir plus de 15 milliards de dollars en 1986 et en 1987. Durant ces années, 29 des 65 entreprises figurant sur la liste des «privatisables» ont regagné le secteur privé.

Au Québec, pour ces mêmes années, la vente des sociétés d'État a rapporté 400 millions de dollars au Trésor public (la vente de la papetière Donohue a rapporté 320 millions).

Le processus de privatisation

La privatisation est le processus inverse de la nationalisation. Le gouvernement vend une de ses entreprises jugée rentable, d'un point de vue capitaliste, à un investisseur privé. Le prix est fixé en fonction de la valeur des actifs (terrains, immeubles, etc.) au prix du marché. Parfois, si les dettes (passif) de l'entreprise sont élevées, la transaction a lieu moyennant un montant symbolique. Forano, par exemple, une entreprise de fonderie québécoise qui avait été pratiquement nationalisée, a été revendue pour quelques dollars à un homme d'affaires prêt à prendre le risque de «remonter» la compagnie. Sept ans plus tard, soit en novembre 1991, la société déclarait faillite.

Si le montant de la transaction est très élevé et que le gouvernement souhaite développer l'actionnariat populaire, l'entreprise peut être vendue par l'intermédiaire de la Bourse.

Les conditions

Pour éviter les trop brusques changements, toutes ces transactions sont parfois soumises à des conditions préalables, tels:

— un certain pourcentage des actions doit être réservé aux employés de l'entreprise (en France, il est de 10 %);

— l'entreprise doit maintenir ses activités pour quelques années au moins (non-démantellement des usines);

— les participations étrangères sont plafonnées (10 % à 20 % du capital);

— un certain volume d'investissements est exigé selon un échéancier;

— les emplois, les conventions collectives, les syndicats, la langue de travail doivent être maintenus tels qu'ils étaient avant la privatisation.

Les secteurs privatisés

Pour vendre une entreprise d'État au secteur privé, il faut en démontrer la rentabilité. L'entreprise privée n'est intéressée à acheter une autre entreprise que dans la mesure où elle espère en tirer profit à court terme.

En 1987, le gouvernement japonais décidait de privatiser ses chemins de fer. Il a d'abord procédé à la réorganisation du secteur à l'effectif excessif et «trop fortement syndiqué» au goût des gestionnaires privés. Une fois rationalisée, l'entreprise était partiellement offerte aux actionnaires privés.

Lors d'une privatisation, le côté odieux des mises à pied est assumé par l'État. Le ministre chargé de la privatisation dresse une liste de «privatisables» et, en douce ou à grand renfort de publicité, il procède à la vente d'obscures ou de célèbres entreprises. En Allemagne, en mars 1988, le gouvernement a terminé de vendre Volkswagen qui avait été partiellement privatisée en 1961. En Angleterre, un grand nombre d'entreprises de prestige sont passées au secteur privé, comme les firmes Jaguar, Rolls-Royce, British Airways, etc. En France, les «nationalisées» du gouvernement socialiste (sociétés «ping-pong») sont retournées au secteur privé quelques années plus tard, sous un gouvernement libéral. En Italie, la firme Alfa Roméo, propriété de l'IRI (Institut de la reconstruction industrielle), a été vendue au secteur privé. En 1987, la Belgique adoptait elle aussi un programme de privatisation.

Au Québec et au Canada, les ventes d'entreprises publiques (tableaux 11.1 et 11.2) se sont multipliées sans que le grand public s'en soit vraiment rendu compte, malgré certaines mises en garde exprimées par les syndicats de travailleurs[13].

TABLEAU 11.1
Les entreprises privatisées en 1986-1987 par le gouvernement du Québec

Industrie	Entreprises
Pêcheries	Pêches nordiques Madelipêche Usine de Grande-Entrée Société des pêches de Newport
Amiante	Distex Lupel Tuyaux Atlas
Forêt	Cascades Panofor
Mines	Cambior Louvem
Autres	Raffinerie de sucre du Québec Soquip Alberta Québecair Donohue Provigo J.E. Landry

TABLEAU 11.2
Les entreprises privatisées en 1986-1987 par le gouvernement canadien

Canadair (Montréal) De Haviland (Toronto) Fishery Product (Terre-Neuve) Téléglobe Canada Société des transports du Nord (Edmonton) Pêcheries Canada inc. (Montréal) Arsenaux canadiens (Le Gardeur) Corporation de développement du Canada (Ottawa) Nansseveh Mines Ltd. (Toronto) CN Route Commission d'énergie du Nord canadien (Yukon)

---

13.   Rioux, C. et Beauregard, R., «La privatisation de Dofor», *Interventions économiques*, nº 18, 1987.

Dans les services publics, la privatisation prend une forme plus discrète: celle de la sous-traitance. Les administrations des municipalités, des hôpitaux et des écoles, aux prises avec des compressions budgétaires, confient de plus en plus certains travaux à des entreprises privées soumises à une féroce concurrence. Les services de ramassage des ordures ménagères, de sécurité, de cafétéria, de buanderie sont assumés le plus souvent par des petits entrepreneurs indépendants, qui gèrent une main-d'œuvre précaire et non syndiquée.

Les réserves quant à la privatisation

Remettre systématiquement au secteur privé un grand nombre d'entreprises publiques, parce que l'on estime que les administrateurs privés sont plus «efficaces» et que la concurrence est un bon stimulant, n'est pas sans réserver quelques désillusions.

Certaines privatisations ont frôlé le scandale financier. Ainsi, lors de la vente de British Telecom en Angleterre, le gouvernement aurait perdu 1,8 milliard de dollars en sous-évaluant le prix de l'action.

L'actionnariat

Certaines privatisations n'ont pas atteint le but souhaité. Si, au départ, la vente de sociétés d'État a semblé profiter aux petits actionnaires, on s'est rendu compte, dans certains pays comme l'Italie ou l'Angleterre, que dans une seconde période, les actions passaient aux mains des gros investisseurs, et plus particulièrement des investisseurs institutionnalisés (compagnies d'assurances, caisses de retraite, grandes banques, etc.) Les actionnaires de la British Aerospace sont passés, en peu de temps, de 158 000 à 26 000. On remarque que les petits porteurs, moyennant la réalisation d'une plus-value substantielle, se départissent volontiers de leurs titres. Au bout du compte, le capital collectif passe aux mains de quelques gros actionnaires.

Tous les marchés financiers ne sont pas identiques; à Toronto, 75 % des actions de l'indice boursier TSE 300 (Toronto Stock Exchange) sont contrôlées par un gros actionnaire, alors qu'aux États-Unis, la propriété des entreprises est largement diluée dans 85 % des cas[14].

Le marché financier local est parfois trop étroit pour répondre aux ventes des sociétés d'État. On estime que les sociétés privatisables au Canada, en 1985, représentaient une capitalisation d'au moins 20 m

14.   VASTEL, M., *La Presse Plus*, 9 février 1985.

liards de dollars, alors que le marché n'absorbait, bon an mal an, qu'un volume de 5 milliards de dollars.

La privatisation favorise le renforcement des intérêts étrangers si des mesures restrictives n'ont pas été adoptées. En Grande-Bretagne plus que partout ailleurs, un grand nombre d'entreprises autrefois nationales sont maintenant contrôlées par des multinationales. Au Québec, des entreprises de moindre importance sont directement vendues aux étrangers. La mine de sel des Îles-de-la-Madeleine, Seleine, qui avait coûté 115 millions de dollars aux contribuables québécois, a été vendue pour 26 millions à la compagnie américaine Morton-Thiokol, qui devait cependant en assumer la dette de 9,6 millions.

L'emploi

Pour les travailleurs, ces opérations se traduisent souvent par des suppressions de postes, si ce ne sont des fermetures pures et simples d'usines. Les exemples de fermeture après la privatisation de la sucrerie de Saint-Hilaire et de la raffinerie d'Ultramar à Montréal-Est l'ont prouvé. Au Japon, la privatisation partielle de la compagnie de chemins de fer a d'ores et déjà coûté 61 000 postes de travail. La privatisation entraîne le transfert d'une main-d'œuvre protégée vers le marché concurrentiel du travail.

Le désengagement de l'État

Certains économistes prétendent que la privatisation n'a pas nécessairement réduit le rôle de l'État dans la société, mais a plutôt permis une réorientation des domaines d'intervention. L'État conserve souvent des actions d'entreprises privatisées.

Le produit des privatisations ne sert pas forcément à réduire la dette de l'État (ce qui prouverait le désengagement réel de l'État dans l'économie), mais permet la réinjection de l'argent frais dans d'autres secteurs publics sans être obligé de faire appel aux dotations budgétaires, aux impôts et aux contrôles parlementaires.

En fin de compte, si privatiser ou nationaliser n'engendre pas de changements structurels profonds, certains se demandent si la solution ne serait pas de réintroduire une certaine concurrence dans le secteur public, ou tout autre stimulant à la productivité.

1.4 CONCLUSION

Par l'intermédiaire de certains ministères ou de certains programmes, le gouvernement intervient dans le secteur de la production en accordant aux entreprises privées des subventions pour la recherche, la création d'emplois ou l'exportation, des incitations fiscales, des services gratuits, des prêts de faveur, des aides régionales, etc. L'ensemble de ces mesures, qui influent sur le niveau et l'orientation de la production, concernent la politique industrielle[15]. Toutes ces formes d'aide, qui alourdissent le budget de l'État, sont de plus en plus critiquées par les tenants du marché libre.

Dans les pays industrialisés, l'équilibre entre le secteur public et le secteur privé est le produit d'un consensus toujours remis en question. L'économie mixte prend des formes différentes dans chaque pays, en fonction de sa culture, de son histoire, de ses contraintes particulières et du projet de société exprimé par la majorité de sa population.

MOTS CLÉS

- Accord de cartel
- Boycott
- Désengagement de l'État
- Dumping
- Loi antimonopole
- Nationalisation
- Politique industrielle
- Privatisation
- Réglementation, déréglementation

EXERCICES

1. Pour chacune des phrases suivantes, indiquez de quel type d'opération il s'agit en utilisant la lettre correspondante.
   P = privatisation
   R = réglementation
   D = déréglementation
   T = restructuration
   N = nationalisation

---

15. BOONEKAMP, C., «Les politiques industrielles des pays industrialisés», *Finances développement*, mars 1989.

a) La filiale de la compagnie Pétrofina est passée sous le contrôle du gouvernement canadien.

b) La Banque Nationale a réduit son personnel cadre.

c) Les transporteurs routiers peuvent dorénavant circuler sur tout le territoire américain.

d) Les actions d'Alfa Roméo ont été vendues à la Bourse de Milan.

e) Le gouvernement souhaiterait émettre des actions de Pétro-Canada dans le public.

f) La propriété de la compagnie allemande Volkswagen a été transférée au secteur privé.

g) Le service ambulancier ne dépend plus du secteur privé.

h) Le gouvernement américain n'autorise plus l'usage de l'amiante dans la construction.

i) Les salons de coiffure ne sont plus spécialisés dans la coiffure pour hommes ou femmes.

j) La firme multinationale Gillette a fermé son usine à Montréal.

2. Parmi les pratiques commerciales suivantes, indiquez laquelle ne serait pas condamnée par les lois antimonopole.

a) La guerre des prix entre les entreprises d'un même secteur.

b) La détermination d'un meilleur prix pour un client privilégié.

c) Une entente sur un partage de marché entre les concurrents d'une même industrie.

d) Un ralentissement volontaire de production dans le but de faire augmenter les prix.

e) La vente d'un produit au-dessous de son coût de production.

3. Étudiez un secteur après et avant sa déréglementation (exemple : le secteur du transport routier ou celui de la coiffure).

4. Décrivez le processus de privatisation d'une entreprise publique (exemple : celle de Pétro-Canada).

5. Décrivez les effets de la privatisation des services municipaux dans votre localité.

6. En vous reportant aux journaux de l'époque, retrouvez les arguments en faveur et contre la nationalisation d'une entreprise privée (exemple : Pétrofina).

PARTIE IV
La répartition

> *On n'aura jamais saisi la vraie idée de*
> *l'économie politique si l'on n'a pas suivi*
> *la distribution plus encore que la création*
> *de la richesse, jusqu'au point où elle*
> *profite réellement au bonheur de tous.*
> Sismondi (1773–1842)[1]

Pour satisfaire nos besoins, nous produisons tous les biens et les services nécessaires que nous ne trouvons pas directement dans la nature. Plus le système de production sera efficace, plus grand sera le «gâteau» à se partager. La répartition du revenu, de la «récolte», dépendra du système social, de la volonté politique qui en justifie le bien-fondé.

Dans le chapitre 13, nous tenterons de décrire les systèmes de répartition et leur justification théorique, les façons de mesurer les disparités de revenu et de patrimoine, et enfin nous tenterons de cerner ce que représente la pauvreté dans notre société.

---

1. *Quatre études sur la politique sociale et le développement économique*, Genève, Delta et Masson, 1981, p. 82.

Dans le chapitre 14, nous étudierons l'intervention de l'État dans la répartition des revenus. En effet, depuis l'adoption en 1945 des politiques keynésiennes, le gouvernement tente, par l'intermédiaire de la fiscalité, de rétablir un équilibre entre les différentes catégories de revenu pour éviter que ne se répètent les crises de surproduction du système capitaliste et pour maintenir la paix sociale.

CHAPITRE **13**

La répartition des revenus et des richesses

Enfin ce n'est pas la rapidité de l'accroissement de la richesse nationale ou du revenu que l'autorité souveraine doit surtout avoir en vue, mais sa constance ou son égalité, car le bonheur est attaché à la durée d'une proportion invariable entre la population et le revenu.
SISMONDI[1]

OBJECTIFS

Ce chapitre devrait vous permettre:

- de connaître les différentes théories concernant la répartition des revenus et des richesses;

- de mesurer la répartition des revenus et du patrimoine entre les ménages à l'aide de la courbe de Lorenz;

- de distinguer un revenu médian d'un revenu moyen;

- de connaître les différentes définitions du seuil de pauvreté au Canada;

- de vous sensibiliser au problème de la pauvreté.

---

1.   *Pour une politique sociale agraire*, Genève, Delta et Masson, 1981, p. 82.

Le revenu généré par la production est distribué entre les individus qui ont, d'une façon ou d'une autre, contribué au processus de production en offrant du travail ou du capital. Les revenus servent à payer les achats de biens et de services offerts sur le marché.

Le niveau de vie d'une personne dépend de ses revenus et de son patrimoine. Si on ne peut pas, dans une société fondée sur l'échange monétaire, se passer de revenus, on constate par ailleurs qu'une grande partie de la population n'a aucun patrimoine, aucune richesse accumulée.

13.1 LA RÉPARTITION DES REVENUS

On s'accorde pour accepter l'existence de disparités de revenus entre les citoyens pour stimuler l'ardeur au travail; cependant, on estime que ces disparités devraient avoir une limite dans la mesure où les écarts risquent de compromettre la paix sociale.

13.1.1 De la théorie à la réalité du marché

Dans le domaine de la répartition des revenus, les libéraux rêvaient d'un système qui supprimerait l'arbitraire et récompenserait chacun selon sa contribution à la société. Cependant, le système de concurrence, qui devait répondre à cette conception de la justice, engendre, par sa propre logique, des inégalités croissantes.

La répartition du revenu selon la théorie libérale

Comme le prix de chaque facteur de production est déterminé par le marché, c'est-à-dire qu'il est rémunéré selon sa productivité marginale, la répartition s'effectue d'une manière automatique et logique. Les plus demandés, les plus utiles, les plus efficaces reçoivent une rémunération qui reconnaît leur mérite et les encourage à continuer. Une diminution de rémunération d'un facteur de production signale une moindre performance ou une moins grande utilité. Dans ce cas, le facteur devra trouver un emploi plus rémunérateur. Le marché oblige à la mobilité et à l'excellence et il ne garantit jamais la sécurité et le repos, sources de privilèges.

Les revenus, une fois distribués, permettront une répartition de la production des biens et des services en fonction des moyens de chacun acquis selon leur mérite. Dans ce système, personne n'a le pouvoir de répartir autoritairement les revenus ou les produits; c'est le marché qui assure le plus d'efficacité dans cette répartition. Toute interférence des pouvoirs publics ne peut que nuire à cet optimum.

Les inégalités reflètent la valeur de chaque individu et stimulent par l'envie ceux qui veulent améliorer leur sort. Au Moyen Âge, les inégalités étaient décidées à la naissance, alors que dans une économie libre, la mobilité sociale ouvre la porte à tous les espoirs. Comme la faillite des entreprises est la juste sanction de l'inefficacité, la misère de l'individu est la sanction de son improductivité.

L'effet de la concurrence sur la répartition des revenus

En réalité, les individus ne sont pas tous égaux au départ; face à la concurrence, certains ont des avantages qui jouent en leur faveur. Sur le plan physique, il existe au départ des êtres plus forts que d'autres; certains ont une santé de fer, d'autres naissent avec des faiblesses ou des handicaps; les hommes sont différents des femmes; les instruits sont mieux nantis que les analphabètes; certains reçoivent des héritages, d'autres des charges familiales.

Les ethnologues ont constaté que les sociétés traditionnelles qui réussissent à survivre ont un système de répartition qui ne dépend pas d'une hiérarchie fondée sur la concurrence. Ces sociétés fonctionnent plutôt selon le principe de la compassion, de la coopération et de l'entraide pour protéger les faibles.

3.1.2   La mesure des inégalités

Pour avoir une idée de l'inégalité qui existe entre les ménages, on étudie la répartition du revenu national (répartition fonctionnelle) entre les salaires, les intérêts et les bénéfices, ou leur répartition entre les individus (répartition personnelle).

La répartition fonctionnelle

L'étude de la répartition par grands groupes de revenus permet de mesurer l'importance de la rémunération du travail ou du capital dans la société. Chaque facteur de production, compte tenu de sa contribution et de son prix sur le marché, reçoit une rémunération.

Dans la comptabilité nationale, pour calculer le revenu national ou le revenu intérieur brut au coût des facteurs, on additionne les différents revenus déclarés au fisc. Ces données excluent les revenus non déclarés qui proviennent de l'économie parallèle, comme les revenus du commerce de la drogue, de la contrebande, du travail au noir, lesquels représentent des sommes colossales qui échappent à tout contrôle.

Le salaire est le prix du travail, les dividendes rémunèrent le capital investi par les actionnaires, le profit revient aux entreprises, les loyers sont versés aux propriétaires d'immeubles loués, les intérêts sont versés dans les comptes d'épargne et les comptes des porteurs d'obligations, et le revenu des exploitations agricoles revient aux fermiers qui vendent leur récolte.

Dans notre économie, la part des salaires de la population active dans le revenu intérieur (RI) avoisine les 70 % (figure 13.1); c'est dire son importance dans l'économie[2].

$$\frac{\text{Salaires}}{\text{Revenu intérieur}} \times 100$$

FIGURE 13.1
La part des salaires dans le revenu intérieur, Canada, 1989

Revenu intérieur = 508 milliards de dollars
Salaires versés   = 358 milliards de dollars = 71%

Salaires = 71%

Source: STATISTIQUE CANADA.

À ceux qui ne contribuent pas au processus de production, les administrations publiques accordent des paiements de transfert qui leur permettent de se procurer un minimum de biens et de services sur le marché. Les paiements de transfert, telles les pensions de vieillesse, les prestations d'assurance-chômage et d'aide sociale, et d'autres sommes comme les bourses d'études et les crédits d'impôts, assurent le minimum

---

2. *Revue de la Banque du Canada*, septembre 1990, tableau HZ, comptes nationaux p. S-103.

vital. Selon Statistique Canada, en 1986, pour les 20 % des familles les plus pauvres, les paiements de transfert représentaient 54 % de leur revenu, alors que pour les 20 % des familles les plus riches, le pourcentage des paiements de transfert dans leurs revenus était de 2,7 %[3]. Une baisse de ces prestations nuirait grandement au pouvoir d'achat des familles à faible revenu.

La répartition personnelle

Pour comparer la situation économique des ménages, on mesure la différence de leurs revenus. Pour ce faire, il convient d'utiliser les mêmes critères d'évaluation et les mêmes méthodes de calcul.

Les différents types de revenus annuels

Pour étudier les disparités de revenu, on peut retenir différents types de revenus: le revenu avant impôts et transferts, le revenu après impôts et transferts, inclus ou non. Aussi il convient de s'assurer, quand on fait des comparaisons, d'utiliser les mêmes définitions. En général, on retient le revenu après impôts et transferts, c'est-à-dire le revenu disponible que les ménages utilisent pour leurs dépenses.

On tient également compte de la taille des familles. Selon qu'un ménage comporte une ou plusieurs personnes, le montant du revenu n'a pas la même importance.

Dans les études sur la répartition des revenus, on exclut les gains de loterie, les héritages, les remboursements d'impôts et les règlements d'assurances.

La distinction entre revenu médian et revenu moyen

Le **revenu moyen** s'obtient en divisant la somme des revenus par le nombre de personnes. Le **revenu médian** est le point qui divise la population en deux parties égales.

Dans les distributions courantes de revenus, le revenu médian est, en général, inférieur au revenu moyen. Quand les hauts revenus augmentent, le revenu moyen augmente aussi, mais pas le revenu médian. Au Canada, pour l'année 1988, le revenu médian des familles était de 41 238 $ et le revenu moyen de 46 185 $ (tableau 13.1).

---

3. STATISTIQUE CANADA, *Répartition du revenu au Canada selon la taille du revenu*, cat. 13-207, annuel, 1988.

ENCADRÉ 13.1

Le calcul du revenu moyen et du revenu médian

$$\text{Revenu moyen} = \frac{\text{Somme des revenus déclarés en \$}}{\text{Nombre de déclarants par année}}$$

Revenu médian: on classe les revenus par ordre de grandeur et on retient le revenu du milieu de la distribution.

Par exemple, nous relevons les revenus suivants:
12 000 \$, 18 000 \$, 15 000 \$, 22 000 \$, 30 000 \$.

Le **revenu moyen** est:

$$\frac{12\ 000 + 18\ 000 + 15\ 000 + 22\ 000 + 30\ 000}{5} = 19\ 400\ \$$$

Le **revenu médian** se situe au milieu de l'ensemble des revenus, soit:
12 000 \$, 15 000 \$, **18 000 \$**, 22 000 \$, 30 000 \$ = 18 000 \$

TABLEAU 13.1
La répartition
du revenu,
Canada, 1988

Revenu moyen par province		Pourcentage du revenu canadien
Ontario	52 764 \$	114,2 %
Alberta	46 283 \$	100,2 %
Colombie-Britannique	45 264 \$	98 %
Manitoba	43 121 \$	93,4 %
Québec	41 328 \$	89,5 %
Saskatchewan	40 357 \$	87,4 %
Nouvelle-Écosse	39 671 \$	85,9 %
Nouveau-Brunswick	37 308 \$	80,8 %
Terre-Neuve	36 076 \$	78,1 %
Île-du-Prince-Édouard	34 535 \$	74,8 %
Canada	46 185 \$	100 %

Source: STATISTIQUE CANADA, cat. 13-207, 1988.

La courbe de Lorenz

Pour construire une courbe de Lorenz (figure 13.2), on utilise un gra phique carré gradué de 0 à 100 %. Sur l'axe horizontal (abscisse), or divise la population en fonction de son revenu en quintiles, en déciles ou plus rarement, en centiles, c'est-à-dire en parts de 20 %, de 10 % ou d 1 % respectivement. Il y a donc 5, 10 ou 100 groupes qui figurent su l'axe horizontal. Sur l'axe vertical (ordonnée), on divise également l revenu intérieur en 5, 10 ou 100 parts. S'il existait une parfaite égalité dans la répartition des revenus, à chaque quintile, décile ou centile de revenu correspondrait un quintile, un décile ou un centile de population. Nous obtiendrions une droite bissectrice de l'angle, dite «droite d'équi-répartition». Chaque point de cette droite signifie que le revenu est partagé également. En réalité, on constate que les revenus distribués sont répartis inégalement. Plus la courbe qu'on obtient s'éloigne de la bissectrice, moins il y a d'égalité.

TABLEAU 13.2
La répartition
du revenu
par quintiles,
Canada, 1989

Pays	Q_1	Q_2	Q_3	Q_4	Q_5	Total
Canada	4,8	10,5	16,9	24,6	43,2	100

Source: STATISTIQUE CANADA, cat. 13-207, 1989.

FIGURE 13.2
La courbe
de Lorenz
de répartition
du revenu,
Canada, 1989

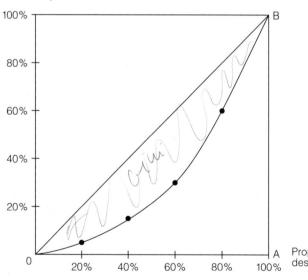

Source: STATISTIQUE CANADA, cat. 13-207.

Le coefficient de Gini

La concentration des revenus se mesure par un coefficient qui varie de 0 (parfaite égalité) à 1 (parfaite inégalité). On le calcule en mesurant la surface créée par la différence entre les deux courbes. Si la courbe se plaçait sur la bissectrice, il n'y aurait aucune surface à mesurer. Elle serait donc égale à 0. Le triangle déterminé par les points 0AB est égal à l'unité 1. Quand l'indice de Gini est proche de 0, la distribution est relativement égalitaire. Quand il est proche de 1, elle est très inégalitaire.

Ce coefficient permet de voir, dans le temps, si les inégalités s'estompent ou s'accentuent entre les ménages. Au Canada, le coefficient de Gini avant impôts, de 1971 à 1989 (tableau 13.3), calculé par Statistique Canada, révélait qu'avant les transferts et les impôts, c'est-à-dire avant l'intervention de l'État, les inégalités de revenu avaient tendance à augmenter.

TABLEAU 13.3
L'évolution du coefficient de Gini pour les unités familiales calculé selon le concept de revenu différent

Année	Revenu avant transferts	Revenu total	Revenu après impôts
1971	0,447	0,400	0,373
1975	0,451	0,392	0,364
1985	0,468	0,389	0,359
1989	0,464	0,388	0,354

Source: STATISTIQUE CANADA, cat. 13-210, 1989.

Ce coefficient permet également de classer les pays par ordre d'inégalité croissante ou décroissante. Dans les pays de l'OCDE (Organisation de coopération et de développement économiques) qui regroupe les pays industrialisés de type capitaliste, les pays les plus égalitaires quant à la distribution des revenus sont le Japon et la Suède; parmi les plus inégalitaires, on retrouve la France, les États-Unis et le Canada. Mais cette inégalité est beaucoup plus forte dans certains pays sous-développés.

L'étude par quintiles et déciles

L'étude par quintiles et déciles est utilisée pour connaître plus finement quel groupe dispose le plus ou le moins de revenus, et pour suivre l'évolution du partage des revenus entre ces différents groupes.

Aux États-Unis, en 1988, les 20 % les plus riches recevaient 44 % des revenus déclarés du pays, tandis que les 20 % les plus pauvres devaient se contenter de 4,6 %, le plus faible niveau de revenu depuis 1954[4].

Au Canada, en 1988, les 20 % les plus riches recevaient plus de 40 % des revenus déclarés (tableau 13.4). Ce classement ne permet

4. Étude publiée par le Bureau des statistiques des États-Unis, *La Presse*, 20 octob 1989.

cependant pas de saisir la réalité des inégalités réelles de revenus entre les ménages.

TABLEAU 13.4
Le partage
des revenus
déclarés pour
l'ensemble des
familles et
des personnes
seules,
Canada, 1990

Année	Premier quintile (revenus inférieurs)	Cinquième quintile (revenus supérieurs)
1951	4,4 %	42,8 %
1977	3,8 %	42,0 %
1981	4,6 %	41,8 %
1983	4,4 %	43,2 %
1984	4,5 %	43,0 %
1985	4,6 %	43,0 %
1986	4,7 %	43,1 %
1987	4,7 %	43,2 %
1988	4,6 %	43,2 %
1989	4,8 %	43,2 %
1990*		

* Complétez le tableau pour l'année 1990.
Source: STATISTIQUE CANADA, cat. 13-207, 1990.

Les inégalités de salaire

De tous les types de revenus, les salaires sont les plus importants et les plus faciles à connaître. Aux États-Unis, une loi sur l'information oblige les entreprises à publier le montant des salaires accordés à leurs dirigeants. En mai 1984, la revue américaine *Business Week* signalait que 25 présidents-directeurs généraux américains avaient gagné chacun plus de 2,3 millions de dollars en 1983.

En général, dans une entreprise, les salaires varient selon l'expérience, l'horaire de travail et l'ancienneté. Ces règles sont plus ou moins rigides, en fonction de la présence ou de l'inexistence de syndicats et de conventions collectives (contrat qui lie l'employeur aux salariés et qui fixe les conditions de travail). Il existe ainsi dans les entreprises des échelles de salaire, aux échelons bien définis.

Aux États-Unis, dans les années 70, on constatait que la disparité des salaires entre les hommes blancs variait de 1 à 5, tandis que cet écart pouvait varier de 1 à 27 dans la population en général[5]. Ces disparités prouvent qu'il existe une discrimination sur le marché du travail, c'est-à-dire que statistiquement, les chances ne sont pas les mêmes entre les différentes catégories de personnes.

---

5. THUROW, L., *The Zero Sum Society*, New York.

En 1989, au Québec, il existait toujours, entre les femmes et les hommes, un écart important de la rémunération moyenne. Le revenu des femmes équivalait à environ 65 % de celui des hommes, ce qui s'expliquerait, en partie, par le fait que les femmes occupent des emplois moins spécialisés, plus précaires et à temps partiel[6].

13.1.3 La croissance des revenus au Canada

Entre 1951 et 1971, les revenus des familles canadiennes ont augmenté, en matière de pouvoir d'achat réel, de près de 94 %. Les revenus de la famille par habitant augmentaient d'autant que la taille des familles diminuait. Dans les années 70, la croissance des revenus réels diminuait de moitié, et de 1981 à 1988, la croissance n'était que de 3,7 %.

On constate que les familles qui s'en sortent le mieux ont deux revenus. Aux États-Unis, les *dinks* (*double income no kids*), c'est-à-dire les ménages à deux revenus et sans enfant, sont d'autant plus favorisés qu'il s'agit de «yuppies» (*young urban professional*), de jeunes professionnels vivant en ville.

Lorsque la taille de la famille diminue, le revenu par habitant tend à augmenter fortement même si le revenu familial augmente moindrement (tableau 13.5). Comme les ménages canadiens comptent de moins en moins d'enfants, le revenu de la famille par habitant a fortement augmenté de 1951 à 1980.

TABLEAU 13.5
L'évolution du revenu de la famille

Années	Changement du revenu de la famille	Changement de la taille de la famille	Changement du revenu de la famille par habitant
1951-1960	+ 32,8 %	+ 4,2 %	+ 27,4 %
1961-1970	+ 46 %	− 4,6 %	+ 53 %
1971-1980	+ 26,1 %	− 11,2 %	+ 41,9 %
1981-1988	+ 3,7 %	− 4,8 %	+ 8,9 %

Source: STATISTIQUE CANADA, *La répartition de la richesse au Canada et aux États-Unis*, printemps 1990.

6. «La situation socio-économique des québécoises: quelques indicateurs», Secrétariat à la condition féminine, 2e trimestre, 1989.

13.2 LA DISPARITÉ DES RICHESSES

Les études sur la disparité des richesses des particuliers sont plus rares. Selon un chercheur américain, les personnes riches répugnent généralement à participer aux enquêtes. Malgré tout, ces études révèlent des écarts beaucoup plus importants que pour les revenus déclarés. En France[7], les écarts de revenu varient de 1 à 7, alors que les écarts de fortune se situent dans une fourchette qui s'étend de 1 à 70. Une étude de l'OCDE, réalisée en 1976 par Malcolm Sawyer, révélait que la France était, de tous les pays occidentaux, la plus inégalitaire sur le plan de la répartition des richesses. Les États-Unis et le Canada venaient aussi en tête de liste.

Une analyse, publiée au printemps 1990[8] par Statistique Canada sur la répartition du patrimoine, démontrait que les États-Unis sont un peu plus inégalitaires que le Canada. Le **patrimoine médian** des ménages américains était de 32 700 $, et celui des ménages canadiens de 31 800 $, ce qui ne représentait qu'un faible écart. Le **patrimoine moyen** des ménages américains, qui s'obtient en divisant le patrimoine total par le nombre de ménages, était de 78 700 $ contre 66 400 $ pour les Canadiens.

La différence entre le patrimoine moyen et le patrimoine médian témoigne de la grande asymétrie des fortunes dans les deux pays. S'il y avait parfaite symétrie, le rapport des deux moyennes serait égal à 1, alors qu'il est égal à 0,48 au Canada et à 0,42 aux États-Unis.

3.2.1 La notion de patrimoine

Étymologiquement, le patrimoine est ce qui nous est transmis par nos pères dans le cadre des sociétés patriarcales. Au sens économique actuel, le patrimoine comprend les actifs financiers, les portefeuilles d'actions et d'obligations, les comptes d'épargne, les immeubles d'habitation ou de location, les automobiles, moins les dettes. On ne tient pas compte de l'ameublement et des appareils ménagers, des bijoux, des œuvres d'art et autres objets de grande valeur, ni des comptes à numéros ouverts dans les paradis fiscaux, qui se transmettent par voie de donation ou d'héritage. Si on incluait tous ces «trésors cachés», les disparités de patrimoine seraient encore plus marquées.

7. Sɪᴄᴏᴛ, D., «Les logiques de l'inégalité», *Science et vie, Économie magazine*, mai 1990.
8. Cʜᴀᴡʟᴀ, R.K., «La répartition de la richesse au Canada et aux États-Unis», *Perspectives*, Statistique Canada, printemps 1990.

Le patrimoine est le résultat d'une accumulation qui s'étend souvent sur plusieurs générations. Les riches s'inscrivent dans une lignée, les « souvenirs de famille » meublent leur environnement, alors que les gens ordinaires, sans patrimoine, ont du mal à « remonter » au-delà de trois générations.

13.2.2   La mesure des inégalités

Comme pour les revenus, il est possible de mesurer la répartition des richesses de deux façons : on peut étudier la répartition de la richesse entre les différents types de patrimoine possédé (répartition fonctionnelle) ou entre les ménages (répartition personnelle).

La répartition fonctionnelle

Au Canada, en 1984, 25 % du patrimoine des ménages étaient constitués d'avoirs financiers (dont 10 % en actions, 12 % en obligations d'épargne, 17 % en régimes enregistrés d'épargne, 49 % en dépôts divers et 12 % en autres avoirs), 39 % concernaient la valeur nette du logement, 5 % la valeur nette des automobiles, 24 % les intérêts commerciaux et 7 % les biens immobiliers[9] (figure 13.3).

FIGURE 13.3
La répartition fonctionnelle du patrimoine, Canada, 1984

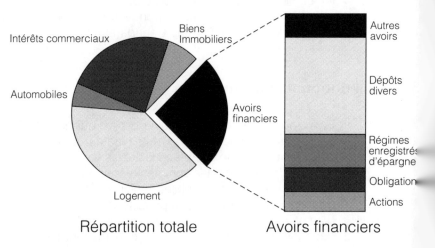

Source: Statistique Canada.

---

9.   Chawla, R.K., « La répartition de la richesse au Canada et aux États-Unis », *L'obsevateur économique canadien*, Statistique Canada, printemps 1990.

La répartition personnelle

On utilise la courbe de Lorenz et le coefficient de Gini pour mesurer la situation des inégalités de fortune. Ces courbes permettent de comparer un pays par rapport à un autre et d'étudier les variations de la répartition des fortunes entre les ménages d'une période à l'autre.

La courbe de Lorenz

On porte sur l'axe horizontal la proportion cumulative des ménages selon la valeur nette de leur patrimoine, et sur l'axe vertical la proportion cumulative du patrimoine global détenu par l'ensemble des ménages (figure 13.4). Si tous les ménages possédaient la même valeur de patrimoine, on observerait une parfaite égalité et on obtiendrait une diagonale «droite d'équirépartition». Plus la surface délimitée par cette diagonale et la courbe réelle est grande, plus la richesse est inégalement répartie entre les ménages.

FIGURE 13.4
**La courbe
de Lorenz
de répartition
du patrimoine,
Canada et
États-Unis, 1984**

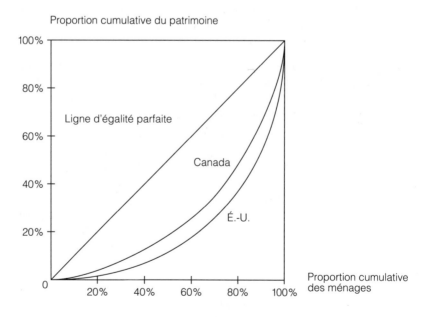

Source: Statistique Canada, *La répartition de la richesse au Canada et aux États-Unis*, printemps 1990.

Comme le démontre le tableau 13.6, la répartition du patrimoine est moins égalitaire aux États-Unis qu'au Canada.

TABLEAU 13.6
Le coefficient
de Gini,
Canada et
États-Unis, 1984

Poste	Canada	États-Unis	Rapport États-Unis–Canada
Patrimoine total	0,65	0,69	1,06

Source: STATISTIQUE CANADA, *Perspectives*, printemps 1990.

L'étude par quintiles

L'étude par quintiles permet d'évaluer la part de richesses que détient chaque groupe. Au Canada, en 1984, le premier quintile, c'est-à-dire les 20 % de ménages les moins fortunés, se partageait à peine 4 % du patrimoine, les deuxième, troisième et quatrième quintiles, soit 60 %, se partageaient près de 20 % du patrimoine, alors que le cinquième quintile, soit les 20 % les plus riches, détenait plus de 60 % de la richesse privée du pays.

Plus finement, l'étude de Statistique Canada constate que 1 % des ménages canadiens possédait un patrimoine de 500 000 $ ou plus, et détenait 19 % du patrimoine total. Aux États-Unis, les ménages qui possédaient un tel patrimoine représentaient 2 % des ménages, mais ils détenaient 26 % du patrimoine total.

Par ailleurs, un grand nombre de ménages possèdent un patrimoine nul, voire négatif, dans la mesure où les dettes dépassent les avoirs. Aux États-Unis, en 1984, 11 % des ménages avaient un patrimoine négatif contre 9 % au Canada.

13.2.3 L'évolution de la disparité des richesses

Comme pour les revenus, on constate une augmentation de la disparité des richesses. Durant les 30 années de l'après-guerre, soit de 1946 à 1975, la part de richesses a augmenté pour tous. Mais depuis le début des années 80, les riches s'enrichissent davantage, et les pauvres sont de plus en plus nombreux.

Aux États-Unis, les grandes fortunes ont doublé durant les années 80, alors que le revenu de la classe moyenne a diminué, durant la même période, de 3,7 %. Une enquête[10], effectuée auprès d'un échantillon de millionnaires qui ont accepté de répondre au questionnaire, révèle que durant les années 80, leur fortune s'est multipliée «sans trop d'efforts»

---

10. PACKARD, V., *Les ultra riches. Peut-on avoir trop d'argent?*, Acropole, 1990.

Citant Edgar Bronfman, Vance Packard rapporte que «transformer 100 $ en 110 $ exige du travail, alors que transformer 100 millions de dollars en 110 millions de dollars relève de la fatalité». Ces fortunes seraient devenues tellement considérables qu'elles risqueraient de devenir «contre-productives».

13.3 LA PAUVRETÉ

Théoriquement, le développement économique aurait dû faire disparaître la pauvreté. Or, on constate que loin d'être supprimée, elle progresse même dans les pays riches, faisant planer une menace sur le développement lui-même. Aux États-Unis[11], la pauvreté a connu son seuil le plus bas en 1978, alors qu'elle affectait près de 11,4 % de la population. En 1988, malgré six années d'expansion économique, 13,1 % de la population vivait au-dessous du seuil de pauvreté, soit 32 millions de pauvres sur 244,6 millions d'Américains. En Europe, selon un rapport publié par la Commission européenne de Bruxelles en novembre 1988, on recensait 44 millions de personnes vivant au-dessous du seuil de pauvreté avec un revenu inférieur à la moitié du revenu moyen.

Le Canada n'a pas été épargné par ce fléau. On comptait, en 1987, plus de deux millions de ménages pauvres[12], soit une augmentation de plus de 25 % depuis 1973; en 1990, on recensait un million d'enfants qui avaient besoin de secours pour s'alimenter. Environ 32 % des familles canadiennes vivant sous le seuil de pauvreté habitent au Québec, soit un total de 1,2 million de personnes dont le tiers sont des enfants[13].

13.3.1 Les théories de la pauvreté

Au Moyen Âge, dans la chrétienté, le pauvre symbolisait la présence du Christ parmi les hommes et il faisait partie de la société. Les jours de fête, les familles aisées réservaient «la place du pauvre» à leur table, et le pauvre était «nourri, habillé, entretenu dans la maison même du bourgeois compatissant, parfois jusqu'à sa mort»[14]. Des ordres religieux «mendiants» vivaient pour l'exemple, dans le plus grand dénuement.

---

11.   Étude du Bureau des Statistiques des États-Unis, *La Presse*, 28 octobre 1989.

12.   Ross, D. et Shillington, R., *Données de base sur la pauvreté au Canada*, Conseil canadien du développement social, Ottawa, 1989.

13.   Langlois, R., *S'appauvrir dans un pays riche*, Centrale de l'enseignement du Québec et Éditions coopératives Albert Saint-Martin, 1990.

14.   Mandrou, R., *Introduction à la France moderne, essai de psychologie historique, 1500-1640*, coll. L'évolution de l'humanité, Éd. Albin Michel, 1961, p. 212.

Saint François d'Assise, fils d'un riche marchand italien et fondateur de l'ordre des franciscains, vivait pauvrement par fraternité et solidarité avec les humbles.

Selon la théorie économique libérale, la pauvreté est une sanction à l'oisiveté et à l'inefficacité; c'est une punition qui contraint les individus à être plus productifs. Malthus estimait qu'il ne fallait pas céder à la pitié, car l'aide aux pauvres les déresponsabilisait et les portait à se reproduire plus vite. Par ailleurs, et conformément à la doctrine officielle de l'Église de Rome respectueuse de la liberté, les riches ne devaient pas être contraints à la charité. L'être humain qui utilise sa liberté pour venir en aide aux autres est d'autant plus méritant. «On ne force pas à la vertu et au dévouement; c'est au jugement dernier que les comptes se régleront.»[15]

13.3.2 Les définitions de la pauvreté[16]

Il existe deux types de pauvreté: la **pauvreté absolue** qui consiste en une insuffisance de biens de première nécessité qui menace la survie de l'individu, et la **pauvreté relative** qui exclut l'individu de sa communauté[17]. Dans le monde, actuellement, une personne sur trois souffre de la faim, et 15 millions en meurent chaque année. Au Canada, pays riche, on ne meurt pas de faim, mais de plus en plus de gens sont contraints de faire appel à des organismes de secours pour se nourrir. Il est difficile de savoir laquelle des pauvretés, absolue ou relative, est la plus scandaleuse et la plus humiliante pour l'être humain.

Pour évaluer l'importance de la pauvreté, les administrations publiques ont besoin de déterminer un seuil de revenu minimal qui leur permettra de distinguer ceux qui auraient besoin d'aide de ceux qui pourraient se passer de toute intervention sociale. La détermination de cette limite est fondamentale pour «gérer» la pauvreté. Une limite fixée à un niveau trop élevé risque d'entraîner des dépenses gouvernementales injustifiées et coûteuses, et à un niveau trop bas elle peut nuire à la justice sociale.

Au Canada, il n'existe pas de consensus pour déterminer le niveau de revenu minimal nécessaire pour vivre décemment. Plusieurs organismes publient des «seuils de pauvreté» différents, comme celui d

---

15. EWALD, F., *L'État-providence*, Grasset, 1987.
16. *Les seuils de pauvreté de 1989*, étude du Conseil national du bien-être social, Ottawa, avril 1989.
17. LANGLOIS, R., *S'appauvrir dans un pays riche*, Éd. Saint-Martin, 1990, p. 7.

Statistique Canada (le seuil de faible revenu), du Conseil canadien du développement social ou du Comité du Sénat.

Le seuil de pauvreté selon Statistique Canada

La part de la population qui ne possède aucun patrimoine doit cependant disposer d'un minimum de revenus pour se procurer les biens et les services nécessaires à sa survie dans une économie de marché. Le gouvernement tente de définir le niveau de revenu minimal nécessaire en étudiant les dépenses des ménages. Les seuils de pauvreté sont fixés à des niveaux où le ménage consacre en moyenne 58,5 % de son revenu brut pour s'alimenter, se loger et se vêtir. En 1978, au Canada, une famille à revenu moyen consacrait 38,5 % de son revenu pour ces dépenses (figure 13.5).

FIGURE 13.5
Le rapport entre les sommes consacrées aux biens essentiels (nourriture, vêtements, logement) et le revenu

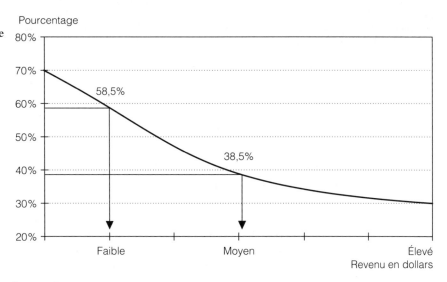

Source: CONSEIL NATIONAL DU BIEN-ÊTRE SOCIAL, *Les seuils de pauvreté*, avril 1989.

Les deux dernières enquêtes ont été réalisées en 1978 et en 1982. Des mises à jour sont faites chaque année pour tenir compte de l'augmentation des prix. À partir de ces enquêtes, des seuils de pauvreté ou de faible revenu ont été déterminés pour sept catégories de ménages, selon leur taille. La première catégorie compte une personne par ménage et la septième catégorie regroupe sept personnes ou plus par ménage (tableau 13.7).

Le coût de la vie étant différent selon les régions, les collectivités ont été divisées en cinq groupes, selon la densité de population : les régions métropolitaines comptant un demi-million ou plus d'habitants (dont Montréal et Québec), les grandes villes de 100 000 à 499 999 habitants, les villes de taille moyenne de 30 000 à 99 999 habitants, les petits centres de 15 000 à 29 999 habitants et les centres urbains de même que les régions rurales de moins de 15 000 habitants.

Statistique Canada détermine ainsi une série de 35 seuils de pauvreté qui lui permettent de cerner statistiquement le problème de la pauvreté au pays.

TABLEAU 13.7
Les seuils de faible revenu établis par Statistique Canada, selon la taille du ménage et la densité de population, Canada, 1988 (base de 1978)

Taille du ménage	Densité de population				
	500 000 et plus	100 000 499 999	30 000 99 999	15 000 29 999	14 999 et moins
1 personne	11 576 $	10 994 $	10 314 $	9 536 $	8 561 $
2 personnes	15 273	14 497	13 525	12 548	11 189
3 personnes	20 431	19 361	18 095	16 832	14 982
4 personnes	23 543	22 375	20 917	19 457	17 319
5 personnes	27 434	25 977	24 225	22 571	20 140
6 personnes	29 964	28 310	26 463	24 613	21 987
7 personnes et plus	32 981	31 229	29 187	27 143	24 225

Sources: CONSEIL NATIONAL DU BIEN-ÊTRE SOCIAL, avril 1989.
LANGLOIS, R., *S'appauvrir dans un pays riche*, p. 15.

Le seuil de pauvreté selon le Conseil canadien du développement social

Selon la méthode utilisée pour déterminer les seuils de pauvreté, les résultats sont différents. Le Conseil canadien du développement social (CCDS) fixe le seuil de faible revenu à la moitié du revenu familial moyen (3 personnes); en 1984, ses seuils étaient supérieurs à ceux de Statistique Canada (tableau 13.8).

TABLEAU 13.8
Les seuils de faible revenu établis par le Conseil canadien du développement social, Canada, 1989

Taille de la famille	Seuil de revenu
1 personne	11 828 $
2 personnes	19 712
3 personnes	23 655
4 personnes	27 597
5 personnes	31 540
6 personnes	35 483
7 personnes	39 426

Source: CCDS, données de base sur la pauvreté au Canada, 1989.

Le seuil de pauvreté selon les sondages

Une enquête nationale, effectuée en 1981 par le ministère de la Santé nationale et du Bien-être social, révélait que les personnes âgées vivant seules avaient besoin d'un revenu minimal de 10 600 $ après impôts, alors que le seuil de pauvreté établi par Statistique Canada se situait entre 6 000 $ et 8 000 $ selon les régions. Un sondage Gallup effectué en mars 1988 révélait également qu'une famille de quatre personnes estimait en moyenne avoir besoin, pour survivre, d'une somme nettement supérieure à celle fixée par Statistique Canada.

Ces enquêtes semblent prouver qu'on sous-estime le seuil de pauvreté et que les pouvoirs publics, en conséquence, ne peuvent répondre adéquatement à la réalité misérable de certaines familles.

L'étude sociologique de la pauvreté

Au-delà des estimations statistiques, la pauvreté qui affecte une partie de plus en plus grande de la population est un phénomène d'exclusion qui ne se limite pas à une insuffisance de revenus.

Si l'on s'en tenait uniquement au niveau des revenus, on pourrait assimiler les Amérindiens aux pauvres; mais comme le constate l'anthropologue Denis Brassard[18] qui a étudié les Montagnais et les Attikameks:

> *Collectivement, les Indiens ne sont pas pauvres, même s'ils peuvent le paraître individuellement. Dans les réserves indiennes, les intérêts principaux revêtent un cachet communautaire plutôt que personnel. Les préoccupations concernent davantage ce qu'il est permis d'appeler «la richesse collective des Indiens», soit leur territoire, leur autonomie et leur culture.*

La pauvreté n'est pas seulement matérielle; elle est aussi et surtout un phénomène qui isole l'individu, qui le rend étranger à sa propre collectivité (aliénation).

L'analphabétisme qui, dans une société traditionnelle, ne posait pas de problème d'intégration à l'individu est aujourd'hui un fléau dans une société fondée sur la communication écrite. L'analphabète vit en marge de la société et il se voit exclu des nouveaux moyens de communication et de la culture en général.

Au Québec, en 1989, 28 % de la population âgée de 18 ans ou plus était analphabète fonctionnelle, c'est-à-dire incapable de remplir un

---

18. *Les nouveaux visages de la pauvreté*, coll. Question de culture, Institut québécois de recherche sur la culture, 1987.

questionnaire administratif et de lire un mode d'emploi. Au Canada, un travailleur sur six serait analphabète[19]. Une étude réalisée en 1989 par le ministère de la Main-d'œuvre et de la Sécurité du revenu estimait que les coûts directs de l'analphabétisme, pour les entreprises québécoises, s'élevaient à près de un milliard de dollars par année[20].

Le système public d'éducation ne permet pas à tous les enfants de s'intégrer à la société. Il y a de plus en plus de décrocheurs. Aux États-Unis, 30 % des adolescents quittent l'école secondaire sans avoir obtenu leur diplôme; au Québec, en 1990, ce taux s'élevait à 40 %.

En ce qui concerne l'uniformisation de la consommation, on constate que les personnes à faible revenu ne consomment pas les mêmes produits que celles à revenu élevé. Qu'il s'agisse de nourriture, de vêtements, de logement, ce n'est pas tant la quantité qui les sépare qu'une différence de qualité. Les professionnels, en France, consomment des plats préparés, tandis que les ouvriers ont encore une alimentation basée sur la pomme de terre. Au Canada, le gouvernement publie un guide alimentaire pour promouvoir la bonne santé, que les personnes à faible revenu ne peuvent pas appliquer.

Quant à la santé, à l'espérance de vie et à la mort, il n'existe pas d'égalité des chances. De 1975 à 1980, un professeur de 35 ans, en France, avait une espérance de vie de neuf ans supérieure à celle d'un ouvrier du même âge. De 1956 à 1960, la différence était de huit ans. Là encore, l'écart se creuse. Dans les quartiers pauvres, on est plus souvent malade et on meurt plus jeune. «Un écart de neuf ans est observé entre l'espérance de vie des populations de quartiers favorisés et défavorisés à Montréal[21]. »

Concernant le logement, le nombre de sans-abri et d'itinérants dans les grandes villes ne cesse d'augmenter. En 1986, à Los Angeles en Californie, 40 000 personnes dormaient sur les trottoirs; 20 % d'entre elles étaient salariées, mais ne gagnaient pas assez pour se payer un logement[22].

À l'hiver 1991, à New York, on estimait à 100 000 le nombre d'itinérants. Face à cette situation, le Sénat américain a voté une loi interdisant aux policiers de la ville de fouiller, sans mandat de perquisition, les boîtes

19. CPQ, *L'analphabétisme: un phénomène qui touche 28 % de la population du Québec*, vol. 20, nº 211, septembre 1989.

20. *Les personnes analphabètes*, ministère de la Main-d'œuvre et de la Sécurité du revenu, 1989.

21. LANGLOIS, R., *S'appauvrir dans un pays riche*, p. 46 et 47.

22. HALIMI, S., «Misère à l'américaine», *Le Monde diplomatique*, septembre 1989.

de carton qui servent d'abris aux vagabonds. L'existence des sans-abri était donc reconnue *de facto*.

À la fin des années 80, on découvrait que la majorité des pauvres n'avaient pas grandi dans la pauvreté. Le chômage, les familles éclatées, les petits salaires expulsent de plus en plus les individus de leur ancienne classe sociale. La mobilité existe toujours, mais dans les deux sens: au lieu de monter l'échelle sociale, on peut la descendre.

Le pauvre est plus souvent qu'autrement une femme chef de famille, ou une femme qui se retrouve seule après avoir élevé ses enfants, ou bien un travailleur dont le revenu est trop faible. Depuis le début des années 80, le salaire minimum, en Amérique du Nord, diminue en matière de pouvoir d'achat, ce qui contredit la théorie libérale selon laquelle la pauvreté découle de la paresse et de l'improductivité.

13.4 CONCLUSION

Le Conseil canadien du développement social constatait que la pauvreté au Canada résulte de la disparité des richesses et non d'un manque de richesses.

Depuis la Seconde Guerre mondiale jusqu'à la moitié des années 70, la disparité des revenus et de la richesse s'est maintenue à un même niveau, malgré les politiques de redistribution des revenus mises sur pied par le gouvernement sous forme d'allocations familiales, de prestations d'assurance-chômage, d'aide sociale et de retraite. Mais depuis la récession de 1982, durant les sept années de croissance qui ont suivi, marquées par la désinflation (augmentation plus faible des prix) et les politiques de désengagement de l'État dans le secteur social, les écarts ont malgré tout recommencé à progresser. Aux États-Unis[23], la prospérité durant ces années a surtout profité aux personnes les plus favorisées sur le plan du revenu et du patrimoine.

Même les partis socialistes semblent avoir renoncé au rêve égalitaire, et certains reconnaissent que les inégalités ne sont pas nécessairement nocives, qu'elles favorisent l'émulation et l'efficacité économique, qu'elles stimulent l'ardeur au travail. Il ne s'agit plus de réduire coûte que coûte les inégalités, mais de les gérer et de veiller à ce que le système reste ouvert à la mobilité sociale qui permet à tous et à chacun d'améliorer sa situation individuelle, au gré de sa volonté et de sa persévérance. En ce

23. Étude publiée par le Bureau des statistiques des États-Unis en 1989. «Les É.-U. s'enrichissent mais les pauvres sont toujours aussi nombreux», *La Presse*, 28 octobre 1989.

sens, les «nouveaux socialistes» rejoignent les libéraux. Le fossé qui s'élargit sans cesse entre les riches et les pauvres crée des tensions qui risquent d'être fatales au système économique, système qui, pour certains, paraissait si efficace qu'il en faisait oublier le concept d'équité (justice sociale).

MOTS CLÉS

- Centile, décile, quintile
- Coefficient de Gini
- Courbe de Lorenz
- Équité
- Patrimoine
- Pauvreté absolue
- Pauvreté relative
- Revenu moyen et revenu médian
- Seuil de pauvreté et seuil de faible revenu

EXERCICES

1. *a)* À partir des données suivantes, tracez les courbes de Lorenz de la répartition des revenus pour une personne seule vivant a Canada.

Année	Q_1	Q_2	Q_3	Q_4	Q_5
1978	4,1	8,7	15,3	25,1	46,8
1988	5,3	10,1	15,3	24,3	44,9

Source: STATISTIQUE CANADA, *Répartition du revenu au Canada selon la taille c revenu*, cat. 13-207, 1988.

   b) Peut-on dire que les disparités de revenu ont augmenté ou dim nué de 1978 à 1988?

2. Soit deux pays, A et B, où le patrimoine est réparti par quintiles sel les données suivantes.

Pays	Q_1	Q_2	Q_3	Q_4	Q_5
A	2	8	15	25	50
B	3	10	17	30	40

a) Tracez pour chacun d'eux les courbes de Lorenz respectives.

b) Lequel des deux pays a une disparité de patrimoine plus élevée que l'autre?

3. Déterminez le salaire moyen et le salaire médian des cinq travailleurs suivants pour l'année 1990.

Travailleur	Salaire
1	12 000 $
2	14 000 $
3	18 000 $
4	15 000 $
5	25 000 $

4. Supposez que l'année suivante (1991), le salaire des quatre premiers travailleurs n'ait pas augmenté, mais que le cinquième ait eu une augmentation de 50 %.

   Calculez à nouveau le salaire moyen et le salaire médian. Que remarquez-vous?

5. Résumez les études qui ont paru ces dernières années sur la pauvreté à Montréal.

6. Peut-on comparer la pauvreté au Canada avec celle des pays sous-développés?

7. Décrivez le budget d'un ménage québécois qui vit de l'aide sociale.

CHAPITRE 14
La fiscalité

Les sujets d'un État doivent contribuer au soutien du gouvernement, chacun, le plus possible, en proportion de ses facultés, c'est-à-dire en proportion du revenu dont il jouit sous la protection de l'État.
ADAM SMITH[1]

Une contribution commune est indispensable. Elle doit être également répartie entre les citoyens en raison de leur faculté[2].

OBJECTIFS

Ce chapitre devrait vous permettre:

- de repérer l'origine des réactions antifiscales;
- de reconnaître un bon système fiscal;
- d'évaluer les conséquences des différents impôts sur le revenu disponible des ménages;
- de connaître le système fiscal canadien;
- de vous responsabiliser face à l'impôt.

---

1. *Recherches sur la nature et les causes de la richesse des nations*, 1776, livre 5, chap. 2, 2e section.
2. *Déclaration des droits de l'homme*, 1789, art. 13.

L'État a toujours prélevé certains impôts pour financer ses dépenses; même s'il ne contrôlait que l'armée, la justice et la police, un impôt minimal était nécessaire. Actuellement, les impôts financent non seulement les dépenses de fonctionnement de l'État, mais aussi les dépenses sociales. L'État-providence n'est pas encore bien compris par la majorité de la population. Une enquête faite aux États-Unis, en 1981, constatait que les Américains, plutôt favorables aux dépenses de l'État, ne les associaient pas nécessairement aux impôts[3].

Par l'intermédiaire de son budget, l'État redistribue les revenus afin de maintenir un certain équilibre entre les différentes catégories de citoyens. L'étude de la politique budgétaire et de ses effets sur la situation économique globale concerne l'aspect macroéconomique de l'analyse économique; mais il est possible d'étudier la fiscalité du point de vue des agents économiques que sont les contribuables, c'est-à-dire du point de vue microéconomique.

Tout citoyen a des droits fondamentaux, mais il doit, en contrepartie, assumer des responsabilités face à la société qui le protège. L'une de ses responsabilités est de payer les impôts. Pour se sentir plus responsable devant l'impôt et se libérer des préjugés fiscaux, il faut en connaître l'historique et les enjeux actuels.

14.1 LA TRADITION ANTIFISCALE

Toute société organisée prévoit des mécanismes d'entraide collectif pour assurer la survie du groupe. La fiscalité en est un parmi d'autres. On constate encore, dans les pays développés, la présence d'un vieux réflexe antifiscal hérité du passé, qui sape les bases de la solidarité sociale. En connaissant le sens et le but de la fiscalité, on peut remettre en question ces comportements et préjugés antifiscaux.

14.1.1 Les théories de l'impôt

La justification du mode de répartition des impôts entre les citoyens reflète parfois les intérêts de la classe dominante. Même si tous les contribuables réclament un impôt juste, l'application d'un tel concept pose des problèmes.

---

3. *The Psychology of Taxation*, St Martin Press, New York, 1982.

ENCADRÉ 14.1

L'histoire des impôts

Les impôts dans l'Antiquité

Dans l'Antiquité, en Grèce et à Rome, seuls les étrangers commerçants avaient à payer l'infamant impôt sur le revenu. C'est sous l'empereur romain Dioclétien (245-313 de notre ère) que l'on créa le *fiscus* (panier pour recevoir l'argent) dont on a conservé le mot «fisc». En temps de guerre, l'État prélevait des impôts sur la propriété foncière, mais ils disparaissaient dès la paix retrouvée. Le Trésor public était surtout renfloué par les butins de guerre, les razzias et les pillages. Par devoir civique, les riches familles qui possédaient de nombreux esclaves s'occupaient des travaux publics, de la construction de routes, de théâtres et de temples, ainsi que de l'organisation des fêtes religieuses. Rome assurait à ses citoyens pauvres une certaine sécurité sociale sous la forme de distribution de nourriture gratuite et, pour favoriser les naissances, elle versait une allocation (*alimenta publica*) à leurs enfants. En 46, Rome aidait ainsi plus de 320 000 citoyens.

Source: BOUCHÉ-LECLERCQ, A., *Manuel des institutions romaines*, Paris, Hachette, 1986, p. 226.

Les impôts sous l'Ancien Régime

Au Moyen Âge, la société, fondée sur la contrainte et la solidarité, respectait une hiérarchie du devoir et de la responsabilité. Trois sources de prélèvement existaient, qui impliquaient chacune une contrepartie.

Le prélèvement seigneurial

Les seigneurs féodaux réclamaient aux paysans une partie de la valeur des récoltes et plusieurs jours de «corvées» (travail gratuit) en échange de la jouissance des terres et de la protection contre les envahisseurs et les pilleurs qui infestaient les campagnes. En cas de disette, le seigneur faisait fondre ses vaisselles d'or qu'il transformait en numéraire (en monnaie) pour acheter d'une autre région le blé nécessaire à la survie de ses paysans.

La dîme

L'Église prélevait aussi une «dîme» qui correspondait au dixième des récoltes des paysans. En échange, elle assumait les services religieux, les mariages, les baptêmes et les enterrements, les soins hospitaliers, les écoles, et elle garantissait surtout le passage de chacun au paradis. L'Église s'occupait de l'état civil et des services sociaux.

ENCADRÉ 14.1
(suite)

L'impôt royal

Le roi, plus tardivement, préleva des impôts indirects sur les achats de certains produits pour financer sa cour et ses guerres.

De tous les prélèvements, le plus impopulaire était celui du roi dont le peuple ne comprenait pas l'utilité. Des révoltes antifiscales ont jalonné l'histoire à partir du XVᵉ siècle, et notamment au XVIIᵉ siècle[4]. De multiples privilèges fiscaux soustrayaient un grand nombre de personnes à la contribution collective, à la profonde indignation de ceux qui ne pouvaient en faire autant. Durant toute l'histoire, on constate que les contribuables, dans la mesure de leur pouvoir, ont tenté de reporter sur les autres le poids de l'impôt.

Lors des révolutions du XVIIIᵉ siècle soutenues par une bourgeoisie libérale, le peuple s'est vu confié la responsabilité des impôts. Les députés et leurs représentants ont voté un impôt plus équitable et moins lourd, dans la mesure où nul ne pouvait l'éluder.

L'impôt minimal des libéraux

Pour les partisans du libéralisme économique, un État minimal assure aux citoyens un maximum de liberté. L'État ne devrait financer que l'armée, la justice et la police, et éventuellement quelques travaux d'infrastructure jugés trop lourds pour les confier au secteur privé. Comme les besoins financiers de l'État sont limités, les impôts seront faibles.

Adam Smith signalait que les impôts inévitables devaient être justes, justifiés, proportionnels sur tous les revenus, et de prélèvement aisé.

Dans la plus pure tradition libérale, une école américaine (*public choice*) préconise de ne faire payer que les utilisateurs des services publics afin de ne pas pénaliser ceux qui, par économie, ne les utilisent pas. Cette façon de penser rejoint la conception d'Adam Smith qui estimait qu'«il n'était pas juste que toute la société contribue pour une dépense dont une partie seulement de la société recueille le fruit»[5].

Les conceptions socialistes

Comme les libéraux, Karl Marx se méfiait du pouvoir de l'État qu'il estimait être l'allié de la classe bourgeoise. Comme l'État devait disparaître, l'i

---

4. DELUMEAU, J., *La peur en Occident*, coll. Pluriel, Fayard, 1978, p. 219 à 224.
5. SMITH, A., *Recherches sur la nature et les causes de la richesse des nations*, 17 livre 5, chap. 1.

pôt devait également être aboli. De fait, dans certains pays communistes, l'impôt n'existe plus dans la mesure où les revenus sont distribués par l'État. Avec le retour de l'économie de marché, l'impôt réapparaît dans les pays socialistes.

En général, les partis socialistes, sociaux-démocrates, préfèrent les impôts progressifs sur les revenus aux impôts sur les dépenses qui pèsent plus lourdement sur les pauvres.

L'impôt de l'État-providence

Après la Seconde Guerre mondiale, les pays capitalistes avancés ont adopté des politiques inspirées par J.M. Keynes.

Selon Keynes, les crises économiques résultent de la trop grande propension des riches à épargner. Du fait de la concurrence, les revenus et les fortunes se concentrent de plus en plus entre les mains d'une minorité, pendant que s'appauvrissent la plupart des consommateurs. La consommation diminuant parallèlement à la réduction des revenus, la production réalisée par les entreprises ne trouve plus de débouchés. Les crises de surproduction qui surviennent régulièrement pouvaient être évitées, selon Keynes, dans la mesure où le gouvernement veillait à ce que la disparité des revenus et des fortunes se maintienne à des niveaux qui permettent à tous de rester sur le marché. Le gouvernement avait à prélever des impôts sur l'épargne des riches et à en transférer une partie aux plus démunis, dont la propension à dépenser était de 100 % (toute augmentation de revenu est dépensée).

Sur le modèle du *weltfahrstaat* allemand instauré sous le gouvernement de Bismarck (1815-1898) dans les années 1883 à 1889, l'Angleterre adopta, en 1945, une série de lois sous un gouvernement travailliste, le «plan Beveridge», qui mettait en place un système d'assurance sociale financé par l'État-providence qui devait protéger l'individu «du berceau à la tombe».

L'État se substituait à l'Église dans ses œuvres sociales. L'éducation et les hôpitaux passaient au secteur public. Au Québec, les services sociaux et l'état civil, assumés traditionnellement par l'Église, ont été transférés à l'État dans les années 60. À partir de ces années, la médecine et l'éducation ont été théoriquement accessibles à tous, quel que soit le niveau de revenu et de richesse. L'universalité des programmes sociaux devait assurer, face aux besoins essentiels, un minimum d'égalité.

Dans cette optique, l'impôt devenait un système de partage et de solidarité qui maintenait le système capitaliste dans le cadre d'une économie mixte. Cependant, bien des citoyens ne semblent pas reconnaître le bien-fondé du système fiscal auquel ils sont soumis; ils tentent par différents moyens de s'y soustraire pour conserver un plus grand pouvoir d'achat, une plus grande liberté individuelle.

14.1.2 La révolte fiscale

La révolte fiscale s'exprime de deux façons: individuellement, par la fraude, et collectivement, par des mouvements de rébellion face aux impôts.

La fraude fiscale

La fraude fiscale existait déjà (si elle n'a pas toujours existé) au temps d'Adam Smith qui l'estimait inévitable. « Un impôt inconsidérément établi offre un puissant appât à la fraude. »

La fraude fiscale concerne les revenus non déclarés et le travail au noir. De multiples études effectuées dans différents pays, dans les années 80 (tableau 14.1), démontrent que la fraude fiscale avoisinerait 10 % à 15 % du produit intérieur brut (PIB)[6], soit un montant qui, pour certains pays, correspondrait aux déficits gouvernementaux durant les années 80.

TABLEAU 14.1
La population active pratiquant le travail au noir

Pays	Année	Pourcentage
Belgique	1983	25 %
Québec	1985	20,5 %
États-Unis	1981	22 %

Source: PESTIEAU, P., *L'économie souterraine*, Pluriel inédit, Hachette, 1989, p. 298.

En Italie, en 1984, on constatait qu'une entreprise sur deux ne déclarait aucun bénéfice. Les évaluations ont démontré que chaque année plus de 110 milliards de dollars échappaient à l'État. Les commerçants seraient responsables du tiers de l'évasion fiscale[7].

---

6. PESTIEAU, P., *L'économie souterraine*, Pluriel inédit, Hachette, 1989.
7. LAPIERRE, J., « Où sont passés les 100 milliards? », *La Presse Plus*, 27 octobre 198

Une étude américaine[8] révélait qu'un tiers des fraudeurs surestimait ses dépenses professionnelles et que les deux tiers dissimulaient une partie de leur revenu.

Selon Pierre Pestieau, « il est difficile de dresser un portrait type du fraudeur. Ce qui semble décrire le mieux son comportement sont deux valeurs sociales qui le distinguent du reste de la population : une conception élastique de l'honnêteté et un profond scepticisme à l'égard de l'intégrité des hommes ».

Certains justifient leur réticence à payer l'impôt en alléguant que d'autres réussissent à se soustraire à la contrainte collective, ou qu'ils désapprouvent les dépenses sociales ou militaires de l'État. Au Canada, en 1983, on apprenait par la presse que 1 120 personnes ayant eu un revenu supérieur à 100 000 $ n'avaient payé aucun impôt sur le revenu.

Comme le démontrent certaines études, la probabilité de frauder croît avec le revenu et décroît avec le risque de contrôle, et la fraude est d'autant plus faible que le contribuable sait qu'il pourra en retour utiliser les services publics[9]; dès lors, le gouvernement pourrait, par des campagnes d'information, limiter l'ampleur du phénomène.

Les mouvements antifiscaux

Pour faire face à ses nouvelles responsabilités, l'État, depuis la Seconde Guerre mondiale, a dû prélever de plus en plus d'impôts, tant et si bien qu'un mouvement de révolte fiscale s'est manifesté dès la fin des années 70.

Arthur Betz Laffer, un économiste américain conseiller du Parti républicain, tenta de prouver, en 1974, qu'une trop forte pression fiscale annihilait la motivation au travail et réduisait, en fin de compte, les recettes fiscales du gouvernement. À l'aide d'une courbe, il démontra que le gouvernement avait intérêt à réduire les taux d'imposition pour obtenir un niveau optimal de recettes.

Au niveau T_4 de pression fiscale (100 %), les recettes fiscales devenaient nulles, puisque, selon Laffer, les contribuables n'avaient plus aucune motivation au travail. Au niveau T_3, les recettes fiscales (R_1) égalaient celles du niveau T_1, ce qui prouve qu'un plus faible taux d'imposition peut être tout à fait rentable pour le gouvernement.

---

8. YANKELEVICH, SKELLY & WHITE INC., *Taxpayer Attitudes Survey*, IRS, Department of Treasury, Washington, 1984.

9. PESTIEAU, P., *L'économie souterraine*, Pluriel inédit, Hachette, 1989.

Il existe un taux d'imposition optimal (T_2) qui stimule l'ardeur au travail de tous et qui, en fin de compte, assure à l'État plus de recettes fiscales (R_2). Ce niveau optimal, qui correspond au sommet de l'arc de cercle (*voir la figure 14.1*), dépend de l'accord, du consensus des contribuables sur la nécessité de se «sacrifier» pour l'État.

FIGURE 14.1
La courbe de Laffer

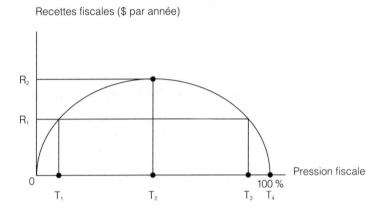

La pression fiscale, ou coefficient fiscal, se mesure en rapportant les recettes fiscales sur la valeur de la production du pays. Ce rapport mesure le poids de l'impôt par rapport à la richesse produite.

La part du revenu socialisé est donnée en ajoutant aux impôts les cotisations sociales qu'on désigne sous le vocable de «parafiscalité».

Le total de ce prélèvement obligatoire global sur le revenu mesure la totalité de la participation individuelle à l'effort collectif.

Le raisonnement de Laffer, quant à l'incidence du taux d'imposition sur la motivation au travail, n'a pu être démontré. Si certains contribuables se voient retirer un pourcentage très élevé d'impôt sur le revenu, il se peut qu'ils renoncent à effectuer des heures supplémentaires; mais la majorité n'a pas cette liberté de choix.

Les révoltes fiscales ne se produisent pas nécessairement dans le pays où la pression fiscale est la plus forte. Selon les études de l'OCDE[10] le ratio des recettes fiscales par rapport au PIB est nettement plus élev

10. «Nous sommes loin d'être les plus taxés», *La Presse*, 22 janvier 1985. Voir égaleme la *Revue économique*, ministère des Finances du Canada, décembre 1990.

en Suède (tableau 14.2), avec un taux supérieur à 55 %, qu'aux États-Unis et au Canada, où le taux avoisine les 30 % (au Québec, ce taux tourne autour de 36 %).

ENCADRÉ 14.2

Les rébellions antifiscales

Le mouvement de révolte contre les impôts prit naissance en Californie avec Howard Jarvis et la National Tax Payers Union, qui réussirent à faire voter une loi, «la proposition 13», laquelle devait réduire sensiblement les impôts fonciers.

Plus radicale encore, la Ligue française des contribuables de Bloch-Morhange, dans les années 80, ne réclamait rien de moins que la suppression pure et simple de l'impôt sur le revenu[11].

Au Québec, au début des années 80, un mouvement contre les impôts municipaux s'était également organisé, la «Taxe Action»[12], qui a eu pour effet de faire diminuer les taxes et les services offerts par certaines municipalités.

En Angleterre, de véritables émeutes populaires ont fait quelque 400 blessés quand le gouvernement conservateur de madame Thatcher, en avril 1990, tenta d'imposer sa «pool tax». Cet impôt par tête (capitation) frappait les citoyens selon le nombre de personnes par famille. Ainsi, un riche célibataire pouvait payer moins d'impôt qu'une famille nombreuse du fait qu'étant seul, il utilisait moins les services municipaux.

TABLEAU 14.2
Le ratio
des recettes
fiscales
par rapport
au PIB, 1988

Pays	Ratio
Suède	55,3 %
Danemark	52,2 %
Pays-Bas	48,2 %
France	44,4 %
Autriche	41,9 %
RFA	37,4 %
Royaume-Uni	37,3 %
Canada	34 %
Japon	31,3 %
États-Unis	29,8 %

Source: OCDE, *Statistiques des recettes publiques des pays membres de l'OCDE*, 1965-1989.

11. VERNHOLES, A., «L'imposeur imposé», *Le Monde*, 1er avril 1985.
12. «Taxe $ Action», *La Presse*, 13 et 14 avril 1982.

En 1989, l'impôt sur le revenu payé par les célibataires en pourcentage du salaire brut était deux fois moins élevé au Canada qu'au Danemark; pour les couples ayant deux enfants et un seul salaire, le taux d'imposition au Canada représentait le tiers de celui de la Suède (tableau 14.3).

TABLEAU 14.3
L'impôt sur le revenu des particuliers en pourcentage du salaire brut, 1989 (couple, un seul salaire, deux enfants)

Pays	Impôt sur le revenu
Suède	35,7 %
Danemark	35,6 %
Royaume-Uni	15,6 %
États-Unis	11,5 %
Canada	10,8 %

Source: *Revue économique*, ministère des Finances, Canada, décembre 1990.

14.2 LE SYSTÈME FISCAL

Puisqu'il semble utopique de vouloir supprimer l'impôt dans les économies libres, il faut au moins savoir ce que pourrait être un bon système fiscal. En faisant connaître aux contribuables les différents types d'impôts possibles et leurs effets sur l'économie en général, et sur les individus en particulier, le gouvernement pourrait les faire accepter en toute connaissance de cause.

14.2.1 Qu'est-ce qu'un bon impôt?

Un bon impôt doit être **juste**, **simple** et **efficace**, tant pour le gouvernement que pour l'ensemble de la société, c'est-à-dire qu'il doit pouvoir rapporter beaucoup d'argent au gouvernement sans décourager la production.

Un impôt juste

Pour qu'un impôt soit juste, il doit être réparti entre tous les citoyens, de telle sorte que le poids, l'effort de chaque contribuable, soit relativement le même pour tous.

Le système de l'**impôt proportionnel** a le mérite d'imposer chaque contribuable à un taux fixe. Imaginons que le taux d'imposition soit de 10 % pour tous les niveaux de revenu. Celui qui gagne 100 000 $ aura à payer 10 000 $, alors que celui qui gagne 10 000 $ paierait 1 000 $

Théoriquement, le poids de l'impôt serait identique pour tous; mais retirer 10 % d'impôt sur un revenu qui est entièrement dépensé pour survivre est différent d'un prélèvement de 10 % sur un revenu qui permet d'épargner.

Par souci de justice, on retient plutôt le système de l'**impôt progressif**. Dans ce cas, le taux d'imposition augmente au fur et à mesure que le revenu s'élève. À cause de sa progressivité, ce système a le mérite de réduire les inégalités de revenu; mais pour cette raison, il est mal accepté par les classes favorisées.

ENCADRÉ 14.3

L'équité fiscale

L'équité horizontale est atteinte quand deux personnes ayant une même situation financière paient un même montant d'impôt.

L'équité verticale est respectée quand deux personnes ayant une situation financière différente ont à payer un impôt différent.

Un impôt simple

Pour être moins «douloureux», un impôt doit être simple à déclarer et à percevoir. On rêvait d'un impôt unique qui frapperait de préférence le capital, mais cette option n'a jamais été retenue par les pouvoirs publics.

Au Québec, le système fiscal repose sur trois paliers de perception, soit les niveaux fédéral, provincial et municipal (pour ce qui concerne les impôts fonciers). Les déclarations de revenus sont parfois si difficiles et si longues à remplir qu'elles nécessitent l'aide de conseillers fiscaux. Les entreprises engagent des spécialistes en fiscalité dont la rémunération (elle-même déductible d'impôt) diminue d'autant l'impôt à payer. Les lois qui régissent les impôts et les taxes sont souvent si compliquées et portent tellement à l'interprétation, qu'elles favorisent la profession de conseiller fiscal au détriment de la production de biens réels.

Aux États-Unis, dans les années 80, le projet *Hall-Rabuska* préconisait un taux d'imposition uniforme de 19 % sur les revenus avec des exemptions personnelles, ce qui n'exigeait qu'une simple déclaration de la grandeur d'une carte postale. Dans ce nouveau système, l'impôt sur le revenu aurait été considérablement réduit et le gouvernement américain aurait comblé le manque à gagner en imposant les achats par une taxe sur la valeur ajoutée (TVA), dont on expliquera le principe un peu plus loin.

Un impôt efficace

Idéalement, l'impôt doit être rentable. Il ne doit pas coûter cher à percevoir, et il ne doit décourager ni la production ni la consommation. Les percepteurs d'impôts ont la tâche ingrate de réclamer aux contribuables leur dû, ce qui ne les rend pas très populaires. Au Canada, selon le principe de la «présomption d'innocence» conforme aux droits de l'homme, le contribuable pris en défaut de régler son impôt n'a d'autre sanction que de payer les intérêts sur les sommes dues. En 1983, le gouvernement canadien estimait à 3,5 milliards de dollars les impôts non payés[13].

14.2.2 Les différents types d'impôt

On distingue deux grands types d'impôt: les **impôts directs** et les **impôts indirects**, selon qu'ils sont prélevés sur les dépenses ou sur les revenus et le patrimoine.

Les impôts directs

L'impôt direct s'applique aux personnes physiques et morales (entreprises) qui, au préalable, doivent déclarer le montant de leurs revenus et de leur patrimoine. À partir de cette déclaration et en fonction des règles fiscales préétablies, un montant d'impôt est réclamé.

L'impôt sur la fortune

Le gouvernement peut imposer les revenus, le capital, les héritages, les gains de loterie, les ressources ou l'épargne.

Imposer l'épargne ou le capital risque de décourager les gens à épargner, donc à investir; aussi, les gouvernements n'imposent souvent que le revenu généré par l'épargne ou le capital.

En 1981, en France, un impôt sur les grandes fortunes (IGF) avait été voté pour financer les nouvelles mesures sociales adoptées pour aider les plus pauvres. Mais, à cause des multiples exonérations pour rendre acceptable ce nouvel impôt, le rendement fut décevant.

---

13. Descôteaux, B., «Impôt: pas de remède efficace et rapide», *Le Devoir*, 2 février 1984.

En général, les héritages sont imposés dans la mesure où ils perpétuent les inégalités entre les citoyens. Contrairement à la plupart des pays, le Canada, en 1971, et le Québec ont supprimé l'impôt sur les héritages de parents à enfants. Étant donné la concentration des fortunes dans les années 80, certains économistes se demandent si les gros héritages ne devraient pas être soumis à l'impôt, ce qui permettrait une meilleure répartition du patrimoine.

L'impôt sur le revenu des personnes physiques

Pour Jean-Baptiste Say, les revenus sont «la véritable matière imposable parce qu'ils renaissent incessamment»[14]. Au Canada, cet impôt a été adopté le 18 août 1917, pendant la Première Guerre mondiale[15], pour financer les dépenses encourues par le Dominion du Canada; cette mesure ne devait être que temporaire, mais le *Income War Tax Act* est demeuré. Dans les années 80, près de 45 % des recettes fiscales du gouvernement fédéral provenaient des impôts sur le revenu. Cet impôt est progressif: plus les revenus sont élevés, plus le taux d'imposition augmente, selon une table établie qui tient compte du nombre de personnes à charge.

Un taux d'imposition marginal s'applique au montant supplémentaire payé à la suite d'une augmentation du revenu brut déclaré.

ENCADRÉ 14.4

Le calcul du taux d'imposition marginal

$$\text{Taux d'imposition marginal} = \frac{\text{Variation de l'impôt}}{\text{Variation du revenu brut déclaré}}$$

Exemple d'un impôt progressif

Si un contribuable célibataire déclare 5 000 $:
Impôt = 0   Taux marginal = 0

Si son revenu augmente de 2 000 $:
Impôt = 300 $ Taux marginal = 15 % (300 $ / 2 000 $)

Si son revenu augmente de 2 000 $ supplémentaires:
Impôt = 500 $ Taux marginal = 25 % (500 $ / 2 000 $)

14.   SAY, J.-B., *Cours complet d'économie politique pratique*, 1844, Bruxelles.
15.   «À cause de la guerre une mesure temporaire», *Le Devoir*, 10 mars 1984.

Selon les pays, il existe un plafond pour le taux d'imposition marginal, qui peut être fixé à 45 %, 50 %, 60 %, 70 %, 80 %. À 100 %, les contribuables n'auraient aucun intérêt à obtenir un revenu supplémentaire! Au Canada, ce taux avait atteint un maximum de 60 %, mais en 1986, il a été ramené à 50 % lors du budget du ministre des Finances conservateur, M. Wilson.

ENCADRÉ 14.5

Le calcul du taux d'imposition moyen

Le taux d'imposition moyen se calcule en rapportant le montant total d'impôt payé sur le revenu brut déclaré, avant impôt.

$$\text{Taux d'imposition moyen} = \frac{\text{Montant d'impôt payé}}{\text{Revenu brut déclaré}}$$

Soit le même exemple.

Revenu	Impôt	Taux d'imposition moyen
5 000 $	0 $	0
7 000 $	300 $	4,3 % (300 $ / 7 000 $)
9 000 $	800 $	8,9 % (800 $ / 9 000 $)

L'impôt progressif doit théoriquement réduire les écarts de revenus entre les citoyens. De tous les impôts, il est le plus équitable, mais il suppose un large consensus sur la nécessité du prélèvement et un sens aigu de la responsabilité sociale.

L'impôt sur les bénéfices des sociétés

En général, un taux d'imposition unique est établi sur les bénéfices déclarés des sociétés, selon qu'ils sont distribués aux actionnaires ou réinvestis dans l'entreprise. En France, ce taux s'établit à 50 % sur les bénéfices distribués et à 37 % sur les bénéfices non distribués; au Canada, il est de 13 %, mais partout il tend à diminuer d'année en année. Les gouvernements, pour retenir les entreprises sur le territoire national et pour protéger les emplois qui en dépendent, concèdent aux sociétés des réductions d'impôt de toutes sortes.

Dans la mesure où les grandes entreprises se sont multinationalisées, il est plus difficile de prélever des impôts sur les bénéfices. En effet, une multinationale aura intérêt à déclarer des bénéfices dans les pays à faible taux d'imposition, plutôt que dans un pays où ce taux est plus élevé.

Entre les pays, une surenchère à la baisse s'est engagée, ce qui explique la diminution de ce type de recettes pour les gouvernements.

L'impôt foncier

L'impôt foncier est prélevé par les administrations municipales sur la valeur des terrains et des immeubles, et il est assumé par les propriétaires. Les impôts fonciers servent à couvrir les coûts des services municipaux, de transport, de ramassage des ordures, d'aménagement et d'entretien des parcs publics, des équipements collectifs, culturels ou sportifs, etc.

Les impôts indirects

Plutôt que d'imposer davantage les revenus et le patrimoine des ménages, les gouvernements appliquent des impôts sur les dépenses. Étant donné que les dépenses totales que l'on effectue dans une année égalent les revenus moins les épargnes, d'importants montants peuvent être récupérés par les administrations publiques. Ainsi, le consommateur paie de l'impôt au moment de l'achat, sous forme de taxes, sans avoir à justifier la provenance de ses revenus. C'est le commerçant qui assume la perception de ces impôts et toutes les relations avec le fisc.

Les impôts indirects ne tiennent pas compte de la situation financière du contribuable; aussi ont-ils un caractère «régressif», c'est-à-dire que plus la personne est pauvre, plus elle paie proportionnellement d'impôt. En effet, si une personne dépense tout son revenu, elle assume proportionnellement plus d'impôt qu'une autre personne qui ne dépense qu'une partie de son revenu. Ce système, s'il a le mérite de rapporter beaucoup d'argent au Trésor public (car il est malaisé d'éviter ces impôts), tend à accroître les disparités de revenus entre les citoyens.

ENCADRÉ 14.6

L'impôt sur la consommation: un impôt régressif

Le riche et le pauvre consomment du sel; mais le riche, qui jouit d'une fortune cent mille fois plus considérable que celle du pauvre, ne consomme pas cent mille fois plus de sel que lui. On peut affirmer que les impôts sur la consommation sont les plus inégalement répartis de tous et que dans les nations où ils dominent, les familles les plus indigentes sont sacrifiées.

Source: SAY, J.-B., *Cours complet d'économie politique pratique*, 1844, p. 498.

Pour des raisons historiques, la fiscalité française repose essentiellement sur les impôts indirects qui rapportent au gouvernement entre 65 % et 75 % des recettes fiscales. Pour certains, « l'impôt sur la consommation, massif, dissimulé, injuste, est d'abord et avant tout l'impôt des pauvres »[16].

Théoriquement, tout peut être imposé. On raconte que l'empereur romain Vespasien (9-79), pour accroître ses revenus, décida d'appliquer une taxe sur les toilettes publiques, qu'on appela pour cette raison les vespasiennes. L'argent, prétendait-il, n'a pas d'odeur. Ces taxes s'appliquent à un ou plusieurs types de produits ou à l'ensemble des produits et des services offerts sur le marché.

Les droits d'accise

Les droits d'accise reposent sur quelques produits dont la demande est très rigide par rapport au prix, tels le tabac et les alcools. On les surnomme parfois « les taxes sur le péché ».

Le montant est fixé *ad valorem*, c'est-à-dire en fonction de la valeur d'une marchandise. Par exemple, le gouvernement impose une taxe de 6 % sur le prix d'un litre d'essence.

La taxe est « forfaitaire » quand un montant fixe est réclamé pour une dépense particulière. Par exemple, la taxe d'amusement prélève un montant fixe sur chaque billet de spectacle ou de cinéma, quel que soit le prix du billet. Dans le budget fédéral de 1989, le gouvernement prélevait 4 $ sur chaque cartouche de cigarettes vendue.

La taxe de vente

Théoriquement, cette taxe frappe les produits manufacturés et les services. Au Canada, la taxe de vente fédérale (TVF) a été instaurée sur les produits en 1924. La taxe de vente peut être prélevée à des taux différents sur tous les produits, ou sur quelques-uns. Par exemple, au Canada, le taux général était de 12 % en 1988 et de 13 % en 1989. Cette taxe est payée par les fabricants qui la récupèrent par le biais des consommateurs sans qu'ils s'en rendent compte. Avec l'entrée en vigueur

---

16. VERNHOLES, A., « L'imposeur imposé », *Le Monde*, 1er avril 1985.

de la taxe sur les produits et les services (TPS), la taxe de vente fédérale a été abolie.

La taxe sur la valeur ajoutée

L'harmonisation des systèmes fiscaux en Europe

La taxe sur la valeur ajoutée (TVA), instaurée en France en 1954, a été adoptée par la Suède en 1969, et par la Communauté économique européenne au début des années 90 pour des raisons d'harmonisation et d'uniformisation des systèmes fiscaux des pays membres. Cette taxe sur la valeur ajoutée s'applique à toutes les dépenses à un taux uniforme ou variable.

Au Canada, le gouvernement conservateur a instauré une taxe sur les produits et les services[17] (TPS) en vigueur depuis janvier 1991, qui s'inspire de la TVA française.

La taxe doit être payée au moment de l'achat et les vendeurs jouent le rôle de percepteurs d'impôt. L'entreprise facture la taxe sur ses ventes, qu'elle devra verser au fisc, mais elle déduit la taxe qu'elle aura payée elle-même au moment où elle a acheté ses intrants. Si le montant des taxes que l'entreprise a payées dépasse le total des taxes qu'elle a fait payer à ses clients, elle réclamera un remboursement au Trésor public. On s'en remet donc à un système de factures (pour ce type d'impôt, la fraude consisterait à fabriquer de fausses factures).

Pour le consommateur, la taxe sur les produits et les services s'apparente à la taxe de vente au détail du Québec. Le taux de ce type de taxe peut être uniforme ou spécifique, selon les produits. En France, le taux de la TVA varie de 18 % à 33 %, selon que les produits sont de luxe ou non. Au Canada, le taux de la TPS est de 7 % sur un très vaste éventail de produits et de services. Certains articles peuvent être détaxés ou exonérés, selon qu'il s'agit de produits ou de services. Par exemple, au Canada, les produits alimentaires de base, les médicaments sur ordonnance et les appareils médicaux ne sont pas taxés (mais les vendeurs déduisent ces crédits des taxes qu'ils ont eu à payer sur leurs intrants), de même que certains services essentiels sont exonérés de tout impôt.

---

17. *La taxe sur les produits et les services*, ministère des Finances du Canada, budget 1989.

Les autres impôts indirects

Au moment de la Confédération, les droits de douane constituaient la principale ressource financière du gouvernement fédéral. Les taxes sur les importations avaient le double avantage de protéger les produits canadiens et de renflouer le Trésor public.

ENCADRÉ 14.8

La taxe sur les produits et services : fonctionnement de base

		Taxe sur les ventes 7%	Crédit sur les intrants	Taxe nette
☐ Achats				
▧ Ventes (hors taxe)				
Mines ☐	100 $	7 $		7 $
Usines ☐ sidérurgiques ▧▧▧	100 $ 300 $	21 $	7 $	14 $
Fabricant ☐☐☐ d'appareils ▧▧▧ électroménagers	300 $ 400 $	28 $	21 $	7 $
Détaillant ☐☐☐☐ de machines ▧▧▧▧▧ à laver	400 $ 600 $	42 $	28 $	14 $
			Total	42 $

Source: Budget 1989, ministère des Finances (données mises à jour).

Après la Seconde Guerre mondiale, les pays industrialisés se sont entendus pour réduire les droits de douane dans le cadre de l'accord du GATT (General Agreement on Tariffs and Trade / Accord général sur les tarifs douaniers et le commerce). Aux termes de cet accord signé en 1947, les pays capitalistes ne devaient plus compter sur cette source de revenus, selon les politiques de libre-échange adoptées. Les produits doivent circuler de plus en plus librement d'un pays à l'autre.

Enfin, les loteries d'État recueillent des sommes considérables. C'est un impôt « volontaire », particulièrement régressif, qui frappe les pauvres en mal de rêves.

ENCADRÉ 14.9

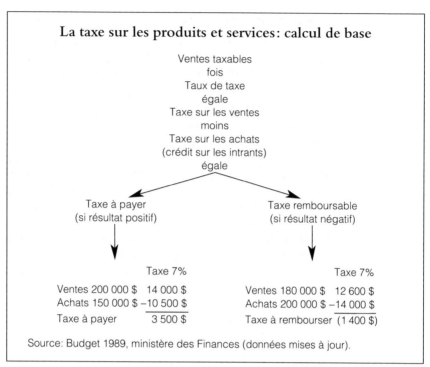

La taxe sur les produits et services: calcul de base

Ventes taxables
fois
Taux de taxe
égale
Taxe sur les ventes
moins
Taxe sur les achats
(crédit sur les intrants)
égale

Taxe à payer
(si résultat positif)

Taxe remboursable
(si résultat négatif)

Taxe 7%

Ventes 200 000 $	14 000 $
Achats 150 000 $	−10 500 $
Taxe à payer	3 500 $

Taxe 7%

Ventes 180 000 $	12 600 $
Achats 200 000 $	−14 000 $
Taxe à rembourser	(1 400 $)

Source: Budget 1989, ministère des Finances (données mises à jour).

14.3 LA FISCALITÉ AU CANADA

Au Canada, le système fiscal préconisé par la Commission royale d'enquête sur la fiscalité était considéré par les pays étrangers comme un modèle d'équité fiscale (Livre blanc de la Commission Carter en 1966).

L'impôt sur le revenu des particuliers et des sociétés devait être la base principale de la fiscalité canadienne. L'impôt sur le revenu des particuliers était nettement progressif, avec un taux marginal de 50 % pour les tranches de revenu supérieures à 100 000 $. Les bénéfices des sociétés devaient être imposés au taux de 50 %. Quant aux impôts indirects, ils devaient disparaître graduellement. La progressivité des tables d'impôt permettait d'espérer que les inégalités de revenu diminueraient. Mais à la suite de consultations dans les milieux d'affaires, le gouvernement adopta une loi, en juin 1971, qui réduisait fortement le caractère progressif du système fiscal, en introduisant le principe des échappatoires qui allait à l'encontre de l'esprit des recommandations de la Commission Carter.

14.3.1   Les échappatoires fiscales

De 1971 à 1981, les exemptions fiscales et les échappatoires se sont multipliées, permettant à certains contribuables d'éluder totalement l'impôt.

Une échappatoire est une exemption que le gouvernement accorde aux contribuables qui justifient une dépense déductible du revenu imposable. En général, pour stimuler l'épargne et les investissements, les gouvernements acceptent que l'on déduise du revenu les dépenses effectuées pour l'acquisition de biens de production. À ce titre, le prix du matériel acheté par une entreprise, ou encore le prix d'achat des actions d'entreprises nationales peut être déduit du revenu imposable. Les revenus d'intérêt, les gains de capital, les plus-values réalisées sur la vente d'un immeuble, les sommes déposées dans un régime enregistré d'épargne retraite sont aussi déductibles afin d'encourager l'épargne. Toutes ces réductions d'impôt représentent un manque à gagner pour l'État: une **dépense fiscale**. En 1984, l'exonération des gains de capital sur la vente de la résidence principale avait coûté 576 millions de dollars au gouvernement fédéral.

À partir du budget de 1981, le gouvernement promettait de réduire les exemptions fiscales et d'établir un impôt minimal à payer afin qu'aucun contribuable ne puisse échapper totalement à l'impôt.

14.3.2   La réforme fiscale

Dans les années 80, les déficits gouvernementaux ont fortement augmenté et il devint urgent de trouver de nouvelles façons d'équilibrer le budget de l'État. Au slogan «moins d'État» des économistes libéraux, les sociaux-démocrates répondaient «mieux d'État». Pour les uns, il fallait commencer par réduire les dépenses du gouvernement ainsi que les impôts; pour les autres, il convenait de faire payer les riches, et plus particulièrement les grandes entreprises[18].

Le Canada harmonisait ses impôts aux systèmes fiscaux des pays européens. À la fin des années 80, les conservateurs optaient pour une fiscalité basée sur les dépenses. À leurs yeux, la TPS présentait plusieurs avantages: elle rapportait beaucoup d'argent, ce qui réduisait le déficit du gouvernement, elle permettait d'espérer une réduction de l'impôt sur le revenu, elle décourageait la fraude fiscale que l'impôt sur le revenu

18.   LAIDLER, D., «Le bien-être économique», Commission royale sur l'union économique, 1985.

engendrait et elle favorisait les entreprises exportatrices dans la mesure où les prix des biens exportés n'étaient pas majorés par la taxe (par contre, les produits importés sont taxés comme les produits domestiques, sans que les accords du GATT n'en soient transgressés).

Par ailleurs, sur le plan social, le gouvernement s'est engagé à rembourser aux personnes à faible revenu les impôts qu'elles doivent payer. Par exemple, si une personne gagne 20 000 $ et qu'elle dépense tout son revenu, elle paie 1 400 $ de TPS que le gouvernement lui remboursera en tout ou en partie.

14.4 CONCLUSION

L'État-providence a besoin de ressources pour financer tous ses programmes sociaux; il lui faut donc un système fiscal qui soit bien compris et accepté par tous les agents économiques. Un bon impôt est un impôt simple, également réparti, qui permet une meilleure distribution des richesses. Les contribuables, après avoir payé leurs impôts, doivent veiller à ce que le gouvernement utilise d'une manière optimale les sommes reçues. Le rapport annuel du vérificateur général aux comptes est un document essentiel pour quiconque veut savoir «où va son argent» et comment le gouvernement utilise ses impôts.

MOTS CLÉS

- Assiette fiscale
- Dépense fiscale
- Droits d'accise
- Échappatoire fiscale
- Équité horizontale
- Équité verticale
- Fraude fiscale
- Impôt progressif
- Impôt proportionnel
- Impôts directs et indirects
- Parafiscalité
- Prélèvement obligatoire global

- Privilège fiscal

- Taux d'imposition moyen, taux d'imposition marginal

- Taxe *ad valorem*, taxe forfaitaire

- TVA et TPS

EXERCICES

1. Indiquez, pour chacun des prélèvements suivants, s'il s'agit, au Canada, d'un prélèvement régressif (R) ou progressif (P).

   a) L'impôt sur le revenu des personnes physiques.

   b) La taxe de vente.

   c) Les cotisations à l'assurance-chômage.

   d) L'impôt foncier.

   e) L'impôt sur les bénéfices des sociétés.

   f) La taxe sur les produits et les services (TPS).

   g) Les taxes sur les cigarettes.

   h) Un billet de loterie.

2. Supposez qu'un gouvernement impose une taxe de vente de 5 % sur toutes les dépenses de consommation. Le tableau suivant donne le montant des dépenses de consommation fictives pour 6 niveaux de revenu disponible.

Revenu disponible	Dépense de consommation	Taxes payées	Taux de taxation moyen
10 000 $	10 000 $	_____	_____
12 000 $	11 000 $	_____	_____
15 000 $	13 000 $	_____	_____
20 000 $	17 000 $	_____	_____
30 000 $	20 000 $	_____	_____
50 000 $	30 000 $	_____	_____

   a) Calculez le montant payé en taxes pour chaque niveau de revenu.

   b) Calculez le taux de taxation moyen pour chaque niveau de revenu.

c) Quelle catégorie de revenu paie proportionnellement le plus de taxes?

3. Le tableau suivant donne plusieurs niveaux de revenu imposable et un taux d'imposition marginal fictif pour chaque 10 000 $ d'augmentation de revenu.

Revenu imposable	Taux d'imposition marginal	Impôt à payer	Taux d'imposition moyen
15 000 $	–	3 000 $	20 %
25 000 $	22 %	_____	_____
35 000 $	25 %	_____	_____
45 000 $	30 %	_____	_____
55 000 $	40 %	_____	_____
65 000 $	50 %	_____	_____
75 000 $	60 %	_____	_____
85 000 $	60 %	_____	_____

a) Calculez, pour chaque niveau de revenu, l'impôt à payer et le taux d'imposition moyen.

b) Cet impôt est-il progressif ou régressif? Justifiez votre réponse.

c) Si le taux d'imposition marginal était de 80 % pour la dernière tranche de revenu, le contribuable refuserait-il de faire des heures supplémentaires?

d) Pour les deux dernières tranches de revenu, est-il exact de dire que le contribuable est imposé à 60 % de son revenu?

4. Quels sont les différents types d'impôt que l'on doit payer au Québec?

5. La TPS a été instaurée au Canada en janvier 1991. Retrouvez, dans les journaux de l'époque, les arguments pour et contre cette réforme, exprimés par les différents agents économiques.

6. Étudiez un rapport annuel récent du vérificateur général sur les comptes du Québec ou du Canada, et résumez-en les grandes lignes.

7. Étudiez la réforme de la fiscalité municipale de 1991 au Québec. Qui est touché par cette réforme?

PARTIE V
La consommation

La consommation est l'unique but,
l'unique terme de toute production, et on
ne devrait jamais s'occuper de l'intérêt
du producteur qu'autant seulement qu'il
faut pour favoriser l'intérêt du
consommateur.
ADAM SMITH[1]

La consommation est l'objectif ultime de la production. Pour un grand nombre de personnes, l'efficacité d'un système économique se mesure par l'abondance des biens et des services disponibles. Le développement d'une économie capitaliste est orienté vers l'augmentation du niveau de vie. Avoir plus de confort matériel et moins de travail pénible

---

1. *Recherches sur la nature et les causes de la richesse des nations*, 1776, tome II, livre 4, chap. 8.

à effectuer, telles semblent être les deux grandes aspirations des populations. En 1989, quand le mur de Berlin s'est ouvert entre les deux Allemagnes, les Allemands de l'Est se sont précipités dans les magasins, fascinés par les biens matériels dont ils avaient été privés.

Le consommateur, fort de son pouvoir d'achat, peut exprimer ses préférences sur le marché, compte tenu de ses moyens financiers. Les économistes étudient le comportement du consommateur face à ses décisions d'achat. Par l'analyse de son budget, on pourra constater certaines constantes qui permettront la formulation de lois. Les problèmes économiques du consommateur ne seront pas les mêmes s'il est riche ou pauvre, s'il possède des épargnes à placer ou s'il doit rembourser des dettes. Nous vous présentons les éléments essentiels à connaître pour l'une ou l'autre de ces situations.

Dans cette partie consacrée à la consommation, nous étudierons successivement le pouvoir individuel et collectif du consommateur, le placement de son épargne, la spéculation, et le problème de l'endettement que connaissent de plus en plus de ménages.

CHAPITRE 16

Le placement de l'épargne des ménages

Les capitaux augmentent par l'économie; ils diminuent par la prodigalité et la mauvaise conduite. Tout ce qu'une personne épargne sur son revenu, elle l'ajoute à son capital; alors, ou elle l'emploie elle-même à entretenir un nombre additionnel de gens productifs, ou elle met quelque autre personne en état de le faire, en lui prêtant ce capital moyennant un intérêt, c'est-à-dire une part dans les profits.
ADAM SMITH[1]

OBJECTIFS

Ce chapitre devrait vous permettre:

• de définir l'épargne privée;

• de distinguer la thésaurisation du placement;

• d'énumérer les différentes sortes de placements;

• de calculer le rendement nominal et réel d'un placement;

• d'estimer la valeur d'une action et d'une obligation sur le marché financier.

---

1.   *Recherches sur la nature et les causes de la richesse des nations*, livre 2, chap. 3.

L'épargne est ce qui reste après que les impôts et les dépenses de consommation ont été payés. C'est une somme d'argent disponible qui provient soit du travail, soit d'un héritage, d'un larcin ou d'un gain de loterie.

Selon un sondage effectué en 1986 au Québec, 57 % des ménages ayant un revenu égal ou inférieur à 20 000 $ n'avaient aucune épargne[2]. Une grande partie de l'épargne collective est recueillie par des institutions financières spécialisées dans la gestion des fonds de retraite, qui serviront à assurer des revenus aux retraités du marché du travail.

Quand un ménage a fait des économies, après avoir payé toutes ses dépenses courantes, il peut les utiliser de différentes façons, selon les valeurs et l'éducation économique reçues. Il peut les donner en tout ou en partie, les dissiper en dépenses somptuaires, les oublier dans un fond de tiroir ou les placer pour obtenir des revenus sans travailler.

Quatre types d'utilisation de cette épargne sont possibles: la charité, la thésaurisation, le placement que nous étudierons dans ce chapitre, et la spéculation dont nous traiterons dans le chapitre suivant.

16.1 LA CHARITÉ

Quand on a de l'argent, on peut le prêter ou le donner à des amis ou à des membres de la famille dans le besoin, ou faire des dons à des œuvres charitables. Les campagnes de levée de fonds pour financer telle cause sociale ou telle recherche médicale, tel parti politique, telle église, offrent un vaste choix à nos généreux élans. Chaque année, Centraide recueille des fonds qui serviront à financer des organismes communautaires. Ces dons peuvent réduire notre revenu imposable. Dans ce cas il s'agit d'un transfert de la charité publique vers la charité privée.

Les sollicitations ne manquent pas et les occasions de nous émouvoir sont nombreuses. En Amérique du Nord, les téléthons et les appels à la générosité privée, organisés par des associations charitables, qui utilisent les techniques de marketing les plus performantes, drainent d'importantes sommes d'argent. Aux États-Unis où la médecine n'est pas socialisée, des campagnes de levée de fonds privées permettent de recueillir l'argent nécessaire pour sauver un enfant qui aura su émouvoir plus que les autres l'opinion publique.

---

2. Sondage effectué au cours de la période du 3 au 13 février 1986 par la firme Jolicœur et Associés de Montréal pour le compte de l'Association des consommateurs du Québec inc. (ACQ), de la Fédération nationale des associations de consommateurs du Québec (FNACQ) et de la Fédération des ACEF du Québec.

Les causes, soumises théoriquement au principe de la concurrence, ne pourront en fait être défendues que par des associations très structurées. Sur chaque dollar recueilli, un certain pourcentage servira à financer les organismes de charité dont l'administration engendre des frais plus ou moins considérables.

«Charité bien ordonnée commence par soi-même», et dans une société libre, chaque individu est responsable de son autonomie financière (il doit être prévoyant); le surplus monétaire doit servir à l'amélioration ou au maintien du niveau de vie futur. Selon la théorie libérale, la pauvreté s'explique souvent par l'imprévoyance et l'insouciance.

Rappelez-vous la fable de La Fontaine où la prévoyante fourmi dit à la cigale insouciante : «Que faisiez-vous au temps chaud? Vous chantiez? J'en suis fort aise : eh bien! dansez maintenant».

Plutôt que donner, certaines personnes, pour des raisons psychologiques plus ou moins claires, préfèrent accumuler la richesse en la soustrayant du système des échanges; elles thésaurisent.

16.2 LA THÉSAURISATION

Ce terme vient du mot latin *thesaurus*, c'est-à-dire trésor. Thésauriser consiste à conserver son argent dans un lieu sûr. C'est la politique du «bas de laine» qui révèle un comportement traditionnel de méfiance vis-à-vis des placements et du fisc. Dans la mentalité populaire, on associe la thésaurisation à l'avarice; dans la littérature, les exemples ne manquent pas : c'est l'Harpagon de Molière ou le Séraphin québécois.

Les valeurs thésaurisées sont tangibles; elles sont à la portée de la main ou du regard, mais elles sont soustraites aux lois du marché. C'est de l'épargne stérile, c'est-à-dire que l'argent conservé ne produit pas d'intérêt, «il ne fait pas de petits».

6.2.1 Le coût de la thésaurisation

L'argent mis dans un coffre, une tirelire, un bas de laine, une armoire ou sous un matelas ne rapporte rien, si ce n'est la satisfaction de le savoir près de soi, à l'abri des convoitises. Mais cela n'est pas sans inconvénient. Outre le danger de perte par le feu, le vol ou par simple oubli, l'argent thésaurisé implique des coûts d'option et de dépréciation.

Le **coût d'option** de la thésaurisation est égal au montant des intérêts que l'épargnant aurait pu recevoir s'il avait apporté son argent sur le marché monétaire ou financier. De plus, l'argent sous forme de pièces de monnaie et de billets de banque perd de son pouvoir d'achat dans la mesure où le prix des biens et des services augmente (effet d'érosion du pouvoir d'achat par l'inflation).

ENCADRÉ 16.1

Les valeurs refuge

Pour éviter les risques d'érosion monétaire, le thésauriseur préférera acheter des biens dont la valeur suit normalement la hausse des prix. L'or, les diamants, les bijoux de prix, les œuvres d'art, les terrains seront achetés non pour ce qu'ils pourraient rapporter, mais comme «réservoirs de valeur». En France, les détenteurs de «bas de laine» détiendraient encore quelque 4 600 tonnes d'or, faisant de la France le deuxième thésauriseur mondial derrière l'Inde[3]. Les Japonais, qui souhaitent se prémunir contre la dépréciation de l'argent, achètent des tableaux de maîtres à des prix fabuleux. Ainsi, *Les Tournesols* du peintre Vincent Van Gogh, lequel a vécu dans la plus grande pauvreté, s'est vendu, en 1990, plus de 53 millions de dollars; un autre tableau, le portrait du docteur Gachet, également peint par Van Gogh, s'est vendu 82,5 millions de dollars américains en 1991. L'acheteur japonais créa tout un émoi dans l'opinion publique quand il déclara vouloir se faire inhumer avec le chef-d'œuvre.

ENCADRÉ 16.2

La thésaurisation au Moyen Âge

Au Moyen Âge, l'Église, qui condamnait les taux d'intérêt, récupérait le surplus accumulé par la collectivité pour faire construire des églises et réaliser des œuvres d'art qu'elle commandait aux artistes et aux artisans. L'épargne collective était volontairement stérilisée dans des emplois improductifs. Les églises et les cathédrales ne produisaient pas de biens matériels; elles étaient uniquement destinées à élever des âmes. Aujourd'hui, dans les paysages urbains, les clochers sont écrasés par les gratte-ciel ou les multiples antennes de communication qui témoignent des valeurs dominantes de notre société.

---

3. GEORGE, J.-C., *L'or*, Éditions Lattés.

16.2.2 La thésaurisation et la croissance économique

Sur le plan collectif, la thésaurisation ne permet pas la croissance économique, et les sociétés qui préconisent l'accroissement des biens et des services pour augmenter le niveau de vie des populations la condamnent. Pour le capitaliste, prêter son argent permet d'obtenir des gains supplémentaires tout en augmentant le niveau de l'emploi.

16.3 LE PLACEMENT

Pour l'épargnant, investir, placer son argent, c'est renoncer à consommer dans une première période pour avoir la possibilité de consommer davantage dans une seconde période. C'est renoncer à dépenser son argent pour le faire fructifier, « le faire travailler », de telle sorte qu'il puisse rapporter un revenu monétaire qui permettra d'obtenir des biens et des services. En termes plus clairs, faire travailler son argent, comme le suggère Adam Smith, c'est faire travailler les autres.

Pour investir, il faut avoir confiance dans l'avenir, d'où l'importance de prévisions économiques optimistes. Les Cassandre[4] et autres prophètes de malheur sont particulièrement néfastes dans ce domaine.

Pour la collectivité, le placement favorise la production de biens et de services supplémentaires. Il engendre donc plus de richesses. Il assure la croissance économique.

Le placement idéal doit répondre aux trois critères suivants: il doit comporter peu de risques, être flexible et rentable. Plus un placement est risqué, plus il doit être compensé par la rentabilité; un placement sûr « de bon père ou de bonne mère de famille » sera moins rentable, et ainsi de suite.

Avec la déréglementation dans le secteur financier, les choix de placements sont multiples et complexes. Le conseil en placement devient

---

4.   Cassandre, princesse troyenne (Asie Mineure) dont les prophéties n'étaient jamais prises au sérieux. Elle prédit sans succès la prise de la ville de Troie par les Grecs, en 1240 av. J.-C.

une activité lucrative recherchée. Partout, on offre maintenant des cours spécialisés en placement. Aussi, nous ne retiendrons que les principaux types de placement, par ordre de liquidité décroissante (c'est-à-dire que le placement est de moins en moins rapidement récupérable en argent), soit:

— les placements mobiliers;

— les placements immobiliers;

— les placements incorporels.

16.3.1   Les placements mobiliers

Ces placements concernent les placements bancaires, les polices d'assurance et les achats d'obligations et d'actions. En cas de besoin, il est possible de liquider ces titres, c'est-à-dire de récupérer son argent rapidement, contrairement aux deux autres types de placement.

Les placements bancaires

Il existe plusieurs façons de confier son argent aux banques à charte et aux caisses populaires. On peut y ouvrir divers types de comptes bancaires ou acheter différents certificats de dépôt.

L'argent déposé dans un **compte chèques** a l'avantage d'être rapidement mobilisable. Pour retirer son argent, il suffit de signer un chèque. Ce chèque est une sorte de billet à ordre qui demande à la banque de débiter le compte chèques au profit d'un tiers (d'une autre personne). Le solde moyen de ce compte devrait correspondre au montant des dépenses courantes mensuelles. Ce type de placement est sécuritaire, très liquide, mais ne rapporte pratiquement rien.

L'argent déposé dans un **compte d'épargne véritable** rapporte des intérêts. Théoriquement, cet argent ne peut être retiré qu'au guichet de la banque, moyennant parfois un préavis de quelques jours. Ce type de compte est très utilisé; selon les résultats d'une enquête commandée par la Bourse de Toronto, 85 % des Canadiens de 18 ans ou plus en auraient un.

Dans les banques, les caisses populaires et les fiducies, il est également possible de placer son argent dans des emplois plus rémunérateurs mais plus stables. Les **certificats de dépôt** à court terme (de un mois à un an) ou à moyen et à long termes (plus d'un an à cinq ans) offrent des conditions variables. Les certificats garantis ne peuvent être encaissés sans pénalité avant la date d'échéance, c'est-à-dire sans une réduction du taux d'intérêt.

Le rendement d'un placement bancaire

Pour savoir ce que rapportent vraiment les placements bancaires, il faut distinguer trois types de rendement: le rendement nominal, le rendement réel et le rendement net d'impôt.

Le **rendement nominal** d'un placement est égal au taux d'intérêt en vigueur fixé par la banque, en fonction du prix de l'argent sur le marché monétaire et du taux d'escompte, lui-même déterminé tous les jeudis au Canada par la Banque centrale.

Pour connaître le **rendement réel** de l'argent déposé, il suffit de déduire du taux d'intérêt bancaire nominal le taux d'inflation déterminé par l'indice des prix à la consommation de l'année en cours (IPC de Statistique Canada).

Supposons que le taux d'intérêt sur les comptes d'épargne soit de 8 % l'an et que les prix augmentent en moyenne de 4 % annuellement:

Rendement réel = Taux d'intérêt − IPC, soit 8 % − 4 % = 4 % l'an.

Théoriquement, plus l'épargne est stable, plus le rendement est élevé.

Tous ces placements bancaires sont garantis par la Société d'assurance-dépôts du Canada (SADC) jusqu'à concurrence de 60 000 $ par personne et par institution membre. Dans le cas où une banque ferait faillite, l'État rembourserait les épargnants. C'est donc l'ensemble des contribuables qui se porte garant des dépôts bancaires.

Le rendement dépend également du montant des impôts que l'État prélève sur les revenus. Le **rendement net d'impôt** sera d'autant plus élevé qu'il existe des abris fiscaux.

Un abri fiscal (*tax shelter*) est une possibilité qu'offre le gouvernement aux investisseurs de réduire leurs impôts, afin d'encourager l'épargne productive privée. Le gouvernement stimule l'épargne stable en accordant des avantages fiscaux.

Par exemple, au Canada, jusqu'en 1987, les premiers 1 000 $ de revenu d'intérêt n'étaient pas imposables dans le but d'augmenter le rendement des placements. Les plans d'épargne enregistrés en sont d'autres exemples. Les REÉR (régimes enregistrés d'épargne retraite) permettent aux épargnants d'obtenir des réductions d'impôt substantielles (échappatoires fiscales) qui les rendent très attrayants, surtout pour les épargnants à hauts revenus.

À la suite de la récession de 1982, la Fédération des travailleurs du Québec (FTQ) créait, en 1983, un fonds mutuel d'investissement, le Fonds de solidarité des travailleurs québécois, pour venir en aide aux petites et aux moyennes entreprises du Québec et maintenir ainsi les emplois existants. Toute somme versée dans ce fonds donne droit à un crédit d'impôt[5].

Les polices d'assurance

L'achat d'une police d'assurance-vie est aussi une forme d'investissement. Plus de 47 % des Canadiens de plus de 17 ans en possèdent une. Les primes d'assurance, qui sont payées à fonds perdu ou qui sont récupérables en fin de contrat, ne sont pas des dépenses de consommation. En cas de décès de l'assuré, les ayants droit (héritiers) percevront un « capital ».

Les valeurs mobilières

Une grande variété de titres existent sur les marchés financiers, tels les actions privilégiées, les bons de souscription à des actions (*warrants*), les contrats à terme, etc. Nous ne retiendrons que les deux types de placement les plus connus, à savoir les obligations et les actions.

Les obligations

Les obligations sont des titres de créance qui procurent aux obligataires un revenu fixe. L'argent disponible peut être prêté à un tiers. En reconnaissance de ce prêt, le créancier obligataire (celui qui prête) reçoit de son obligé (celui qui emprunte) une obligation. Ce titre de créance nominal (le nom de l'obligataire est indiqué sur le titre) ou au porteur (n'importe qui peut l'encaisser) indique:

– le montant prêté;
– le capital, ou principal;
– la durée du prêt, la date d'échéance;
– le taux d'intérêt annuel.

Quand une entreprise privée ou un gouvernement procède à une émission obligataire, il faut être attentif aux conditions inscrites dans le prospectus d'émission. Une grande variété de contrats peut être proposée quant à la durée de l'emprunt, aux garanties offertes, au mode de remboursement, aux avantages fiscaux, etc.

5.   FOURNIER, L., «Le Fonds de solidarité FTQ: une petite révolution syndicale», *Interventions économiques*, n° 17, 1986.
MORISSET, P., «Les capitalistes en col bleu», *L'actualité*, septembre 1987.

Les titres publics (fédéraux, provinciaux, municipaux) ou les titres privés émis par une entreprise (débentures) sont achetés par l'intermédiaire d'un courtier, d'une banque ou d'une caisse populaire. En 1986, 76 % des obligations achetées avaient été émises par les gouvernements.

Le **rendement d'une obligation** est un revenu fixe déterminé par le taux d'intérêt.

Le **rendement nominal** d'une obligation est égal aux intérêts sur la valeur nominale, c'est-à-dire sur le capital investi. Par exemple, une obligation d'Hydro-Québec a une valeur nominale de 100 $ au taux d'intérêt de 6 % l'an (cela signifie qu'au bout d'un an, les 100 $ prêtés vont rapporter 6 $).

$$\text{Rendement nominal} = \frac{\text{Intérêt}}{\text{Valeur nominale}} \quad \text{soit} \quad \frac{6\ \$}{100\ \$} = 6\ \% \text{ l'an.}$$

Le **rendement réel** d'une obligation tient compte de la valeur au marché d'une obligation déjà émise. Supposons que l'obligation d'Hydro-Québec se vende 92 $ sur le marché financier. Le rendement réel serait donc égal à :

$$\frac{6\ \$}{92\ \$} \times 100 = 6,5\ \% \text{ l'an.}$$

Si le taux d'intérêt sur le marché augmentait à 10 %, quel serait le prix de l'obligation d'Hydro-Québec? Une autre personne n'achèterait cette obligation que dans la mesure où un rendement de 10 % est assuré; donc, elle acquerrait l'obligation non pas à la valeur nominale de 100 $, mais à la valeur de :

$$6\ \$ \div x = 10\ \%$$
$$\text{d'où } x = 60\ \$$$

En achetant cette obligation au prix de 60 $, les intérêts versés à la fin de l'année, soit 6 $, représenteraient bien un rendement de 10 %.

Ainsi, lorsque le taux d'intérêt sur le marché augmente, la valeur réelle des obligations (au marché) diminue, et quand le taux d'intérêt sur le marché diminue, le prix des obligations augmente.

Le **marché obligataire** est plus important que le marché des actions. Selon l'Association des courtiers en valeurs mobilières, il se serait négocié pour plus de 390 milliards de dollars d'obligations contre 38 milliards de dollars d'actions en 1980, au Canada. En 1986, le montant des obligations s'élevait à 285 milliards contre 85 milliards pour les actions.

L'achat d'obligations publiques est un placement sécuritaire qui ne requiert aucune attention particulière. Ces obligations sont remboursables au pair (à leur valeur nominale) et il suffit de surveiller la date d'échéance. Au Canada, en 1987, 36 % des personnes en âge de voter possédaient des obligations. En cas de déflation, les obligataires sont gagnants; en cas d'inflation, ils sont perdants.

Les actions

Les actions sont des titres de propriété de sociétés qui procurent aux actionnaires un revenu variable.

En 1987, 11 % des Québécois de plus de 17 ans possédaient des actions ordinaires ou privilégiées (soit une personne sur neuf) contre 4,4 % en 1977. Pour 40 % d'entre eux cependant, le portefeuille était inférieur à 5 000 $[6]. Cela peut surprendre quand on voit la place qu'occupe la Bourse dans les médias.

De 1984 à 1987, le nombre d'actionnaires a augmenté sensiblement dans les pays industrialisés à la suite d'une vague spéculative et d'une volonté politique de développer «l'actionnariat populaire». Aux États-Unis, un Américain sur quatre détenait des actions durant cette même période.

Acheter une action, c'est devenir propriétaire d'une partie du capital (des biens de production) d'une entreprise. À ce titre, l'actionnaire a droit au partage des bénéfices de l'entreprise. Deux types d'actions peuvent être proposés: l'**action ordinaire** qui donne un droit de vote lors des assemblées générales des actionnaires, et l'**action privilégiée**, à mi-chemin entre l'obligation et l'action, qui ne donne pas de droit de vote.

L'entreprise émet des actions quand elle veut augmenter son capital pour renforcer ses fonds propres. Pour financer des projets d'investissement (construction de nouveaux bâtiments, acquisition de nouvelles machines, achat d'une nouvelle entreprise, etc.), l'entreprise a le choix entre deux modes de financement: elle peut souscrire un emprunt bancaire ou obligataire, ou émettre de nouvelles actions.

Pour des raisons fiscales, l'entreprise a davantage intérêt à se financer à partir d'emprunts, car les intérêts sont déductibles de l'impôt; mais parfois, son niveau d'endettement ne lui permet plus d'emprunter, auquel cas il lui faut émettre des actions.

Si l'entreprise satisfait aux exigences de la Commission des valeurs mobilières (CVM), elle pourra être cotée (listée) à la Bourse, ce qui lui donne accès au vaste marché de l'épargne publique. Mais un très petit

---

6.   Sondage effectué en juin 1987 par la Commission des valeurs mobilières du Québec auprès de 1 225 Québécois, et portant sur l'actionnariat au Québec en 1986.

nombre d'entreprises ont la chance d'être retenues. En 1986, au Québec, il n'y avait que 110 entreprises québécoises inscrites à la Bourse, ce qui représente un pourcentage infime des entreprises existantes. En 1982, seulement 2 % des entreprises françaises étaient cotées en Bourse. Quand on achète des actions à la Bourse, on investit dans la grande entreprise privée où les risques sont plus faibles.

Le revenu d'une action, le **dividende**, est la rémunération du facteur de production «capital» utilisé par l'entreprise. Les dividendes sont versés quatre fois par année (trimestriels).

Le **rendement d'une action** dépend de trois éléments :

– du dividende reçu;

– de la valeur du titre au marché (cours de l'action ou prix de l'action);

– des avantages fiscaux.

Le montant des dividendes dépend lui-même de deux facteurs :

– du niveau des bénéfices de l'entreprise;

– de la politique de distribution des dividendes.

L'actionnaire doit suivre l'évolution de la situation financière de l'entreprise dont il est partiellement propriétaire. Le montant des dividendes varie en fonction des résultats de cette entreprise.

ENCADRÉ 16.3

La situation financière d'une entreprise

Chiffre d'affaires (ventes) − Coûts de production = Bénéfice brut

Bénéfice brut − Amortissements (usure du capital) = Bénéfice net d'amortissement

Bénéfice net d'amortissement − Impôts des compagnies = Bénéfice net d'impôt ou revenu net

Selon la politique adoptée par le conseil d'administration, une partie de ces bénéfices sera distribuée sous forme de dividendes aux actionnaires, et une autre partie sera éventuellement réinvestie dans l'entreprise pour renforcer sa marge d'autofinancement (Amortissements + Bénéfices non distribués).

Pour déterminer la **valeur relative d'une action**, les analystes boursiers utilisent deux ratios (rapports) particuliers.

ENCADRÉ 16.4

Le rendement d'une action

Exemple: L'achat d'une action de Bell Canada.
Prix au 31 décembre 1989 = 40 $
Prix au 31 décembre 1990 = 50 $
Dividende reçu = 4 $

Le rendement de cette action est égal au montant du dividende perçu, plus la plus-value ou la moins-value (différence entre le prix d'achat et le prix de vente) sur le capital investi.

$$\text{Rendement} = \frac{\text{Revenu}}{\text{Capital investi}} \times 100$$

soit $\dfrac{4\ \$\ (\text{dividende}) + 10\ \$\ (\text{plus-value})}{40\ \$} \times 100 = 35\ \%$

Il faudrait éventuellement ajouter l'effet des avantages fiscaux permis par les lois sur l'impôt[7].

1. Le **ratio cours-bénéfice** (*price-earnings ratio* ou coefficient de capitalisation des résultats) s'obtient en divisant le prix de l'action par le bénéfice net de l'entreprise que l'on compare au ratio cours-bénéfice des autres entreprises du même secteur d'activité. Cela permet de savoir si le prix de l'action est sous-évalué ou surestimé par rapport aux autres titres du secteur.

2. Le **ratio actif par action** s'obtient en divisant l'actif total de l'entreprise moins le passif, par le nombre d'actions en circulation.

Recevoir un rendement sur son capital, c'est faire travailler son argent. C'est moins fatigant que du 9 à 5. Mais devenir actionnaire n'est pas de tout repos! Selon un conseiller financier américain, un petit investisseur devrait consacrer 1 % de son temps libre pour chaque 1 000 $ de revenu imposable; celui qui déclare 35 000 $ au fisc devrait consacrer une grande partie de ses loisirs à sa planification boursière. Qui aimerait et pourrait passer le tiers de son temps libre à lire les bilans, les comptes d'entreprises, les cotes boursières et les lois fiscales? Pour cette raison la gestion des portefeuilles d'actions est souvent confiée à des spécialistes qui ont «pignon sur rue» (maisons de courtage, fiducies).

---

7. Par exemple, le Régime d'épargne-actions du Québec, introduit en 1979 par le ministre des Finances Jacques Parizeau, permettait de réduire le revenu imposable du montant des actions achetées de sociétés dont le capital appartient majoritairement aux résidents québécois.

Être propriétaire d'une entreprise implique de la cohérence et une certaine **responsabilité sociale**. On voit mal comment un pacifiste engagé pourrait acheter des actions d'une entreprise d'armement, ou comment un écologiste pourrait investir dans une industrie polluante. La Banque du Vatican, pour des raisons similaires, dut se départir subrepticement de ses titres dans des entreprises sud-africaines où se pratique l'apartheid (c'est-à-dire une politique de ségrégation raciale) et dans une entreprise canadienne spécialisée dans la production de contraceptifs! Au Canada, il existe une société financière qui, dans sa publicité, prétend tenir compte de l'aspect social et moral de ses placements.

Contrairement aux obligataires, les actionnaires sont plus menacés par la déflation que par l'inflation. En effet, quand les prix augmentent, la valeur des actifs d'une compagnie augmente également, tandis qu'en période de déflation, quand les entreprises font faillite, le prix des actions s'effondre.

16.3.2 Les placements immobiliers

Pour placer son argent, on peut acheter un immeuble soit pour l'habiter, soit pour en percevoir des loyers.

L'achat d'une maison par un jeune ménage est sans doute l'une des meilleures façons d'épargner, même si cet achat est financé par un emprunt hypothécaire à long terme (emprunt garanti par une sûreté réelle: l'immeuble). Le remboursement de l'hypothèque n'est pas une dépense de consommation, mais une dépense d'investissement dans la mesure où tous les versements seront récupérés au moment de la revente de l'immeuble.

L'accès à la propriété est parfois souhaité par les pouvoirs publics qui accorderont éventuellement des avantages fiscaux incitatifs (plan d'épargne-logement, intérêts hypothécaires déductibles du revenu imposable comme aux États-Unis, etc.).

Statistique Canada révélait qu'environ 60 % des ménages canadiens étaient propriétaires en 1986, contre 62 % en 1982. Il y a donc de plus en plus de locataires. À Montréal, on compte près de 80 % de locataires.

Trois types de propriété sont offerts sur le marché: la maison individuelle, la copropriété indivise et divise, ou *condominium*, et la coopérative d'habitation.

La maison individuelle

La maison individuelle, qui correspond le plus au «rêve américain», est devenue depuis quelques années inaccessible pour la plupart des jeunes ménages. À cause du prix des terrains à bâtir dans les centres-villes, les nouveaux développements se créent en périphérie. L'étalement des banlieues engendre de multiples problèmes économiques reliés au transport (plus grande utilisation des voitures) et au coût des infrastructures (construction de lignes électriques et téléphoniques, d'aqueducs et d'égouts, création de routes et de ponts), et elle entraîne la dépopulation des centres-villes.

La copropriété

L'achat d'une maison en copropriété indivise présente plusieurs avantages. Outre le fait que le montant des versements hypothécaires se compare à ceux d'un loyer qu'il faut de toute manière payer, le ménage n'est plus à la merci des décisions d'un propriétaire. Mais la copropriété indivise pose quelques problèmes. Les copropriétaires possèdent l'ensemble de l'immeuble et, à ce titre, ils sont tous responsables conjointement et solidairement des emprunts hypothécaires. Toute transformation d'une partie de l'immeuble doit être approuvée par l'ensemble des copropriétaires, ce qui nécessite une bonne entente et le sens du compromis.

La copropriété divise, ou *condominium*, est une réelle copropriété, mais chaque personne n'est propriétaire que d'une partie de l'immeuble, contrairement à la copropriété indivise où chacun est pleinement propriétaire. Le prix actuel des logements de ce type est exorbitant et hors de portée pour la grande majorité des jeunes ménages.

La coopérative d'habitation

Une autre façon de se loger sans être ni tout à fait locataire, ni véritablement propriétaire est de demeurer dans une coopérative d'habitation. L'achat d'une part donne droit à un logement, mais en quittant on ne retire aucune économie, si ce n'est d'avoir payé un loyer modique. Cette formule est plus accessible aux ménages à faibles revenus.

Bien que la propriété favorise l'enracinement des ménages dans leur quartier, on lui préfère souvent la location qui permet une plus grande mobilité.

16.3.3   Les placements incorporels

Le placement qui, à toutes fins pratiques, rapporte le plus d'argent et de satisfaction personnelle à moyen ou à long terme est sans nul doute celu que l'on fait en étudiant. Tant sur les plans individuel que collectif, toute année supplémentaire d'études est une garantie contre la grande pauvreté. Un diplôme ne donne pas automatiquement accès à un emploi bien rémunéré, mais on sait que le chômage touche surtout les non-diplômés[8] (tableau 16.1).

TABLEAU 16.1
Le taux de chômage selon le niveau de scolarité, Canada, 1987

Niveau de scolarité	Taux de chômage
0 à 8 années	12,2 %
Études secondaires	10,5 %
Études postsecondaires partielles	8,2 %
Diplôme d'études postsecondaires	6,1 %
Diplôme d'études universitaires	4,3 %

Source: STATISTIQUE CANADA, *L'éducation au Canada, revue statistique pour 1987-1988*, cat. n° 81-229.

En 1988, le gouvernement investissait 3 255 $ par année pour une personne inscrite dans un cégep; cependant, il récupérait plusieurs fois cet argent quand cette personne entrait sur le marché du travail.

La transmission du patrimoine culturel, l'accès à des connaissances nouvelles, la maîtrise de méthodes de travail, l'épanouissement de la personne sont les plus sûres acquisitions, qu'aucune inflation ou déflation ne peut menacer.

16.4 CONCLUSION

Placer son argent répond à un comportement capitaliste. On a appris et accepté qu'en épargnant son argent, on pouvait lui «faire faire des petits». Sur le plan collectif, cet argent servira à financer des investissements dans l'économie réelle qui permettront une plus grande production de biens et de services. Dans les sociétés précapitalistes, les surplus étaient consommés collectivement, lors de grandes cérémonies. Chez les Amérindiens, le rituel du potlatch, qui consistait à donner le surplus, voire parfois le nécessaire, à la nation rivale pour démontrer sa force, ne permettait pas d'accumuler les richesses. «Ignorant cette obsession de la rareté qui caractérise les économies de marché, les économies de la

---

8.   Voir également l'étude de GAUTHIER, M., *L'insertion de la jeunesse québécoise en emploi*, Institut québécois de recherche sur la culture, 1990.

chasse et de la cueillette peuvent miser systématiquement sur l'abondance[9]. »

Dans certaines cultures, la personne admirée n'était pas celle qui possédait plus que les autres, mais bien celle qui pouvait se passer plus que les autres des biens matériels; celle qui savait renoncer à la tyrannie de ses besoins était vraiment libre.

MOTS CLÉS

- Abri fiscal
- Action, obligation
- Action privilégiée, action ordinaire
- Bon de souscription (*warrant*)
- Dividende, intérêt
- Érosion monétaire
- Investissement incorporel
- Marge d'autofinancement
- Plus-value, moins-value
- Ratio cours-bénéfice
- Rendement nominal, rendement réel
- Thésaurisation
- Valeur mobilière, valeur immobilière
- Valeur refuge

EXERCICES

1. Le 1er janvier 1990, vous avez acheté des actions d'une mine d'or. Vous vous demandez si cela a été un placement judicieux. Compte tenu des éléments ci-dessous, répondez aux questions suivantes.
    - Prix d'achat de l'action au 1er janvier 1990: 50 $
    - Nombre d'actions achetées: 100

---

9. MARSHALL, S., *Âge de pierre, âge d'abondance*, Paris, Gallimard, 1972, p. 38. Cité pa[r] LALLEMENT, M., «Pensée économique et normes sociales», *Sciences Humaines*, n° 6[...] mai 1991.

- Dividende reçu par action pour l'année 1990 : 4 $
- Cours de l'action au 1er avril 1991 : 60 $

N.B. : Pour calculer le taux d'intérêt du 1er janvier au 1er avril, divisez le taux annuel par 3 puisqu'il s'agit d'une période de 4 mois, soit un tiers de l'année.

a) Si le taux d'intérêt versé dans les comptes d'épargne en 1990 avait été de 13 % l'an et de 14 % pour les trois premiers mois de l'année 1991, combien auriez-vous pu obtenir de votre capital de 5 000 $?

b) Si vous ne teniez compte que des dividendes reçus, auriez-vous eu raison d'acheter des actions ?

c) Si vous ne teniez compte que du rendement théorique de vos actions, combien auriez-vous obtenu sur votre capital, compte tenu de la plus-value ?

2. Dites si les propositions suivantes sont vraies ou fausses et expliquez votre réponse.

a) Plus les impôts augmentent, plus le pouvoir d'achat collectif diminue.

b) Le revenu disponible moins les dépenses de consommation est égal à l'épargne.

c) Le pourcentage de Québécois adultes qui possèdent des actions est aussi élevé que celui des Américains.

d) La plupart des entreprises sont cotées à la Bourse.

e) Lorsque les taux d'intérêt augmentent, le prix des obligations diminue.

f) Une hypothèque est une garantie.

g) En cas d'inflation, les obligations sont de bons placements.

h) La thésaurisation n'implique ni bénéfice ni coût.

i) Lorsque le taux d'intérêt augmente, tout le monde est pénalisé.

j) L'achat d'une maison est une dépense de consommation.

k) L'obligataire est celui qui a acheté des actions.

l) Le revenu d'une action s'appelle dividende.

m) Le rendement réel est égal au revenu d'un placement moins les impôts.

n) Le chiffre d'affaires d'une entreprise moins ses coûts de production est toujours égal au montant de ses profits distribués.

3. Quels sont, au Québec, les grands organismes de charité privée? Comment fonctionnent-ils?

4. Quelles sont les mesures gouvernementales qui favorisent l'épargne privée des Québécois?

5. Estimez la valeur de quelques actions du marché boursier québécois en utilisant le ratio cours-bénéfice et le ratio actif par action sur deux périodes.

6. Étudiez, sur les plans financier, économique et social, la création d'une coopérative d'habitation dans votre quartier.

CHAPITRE 17
La spéculation

Savoir faire contre mauvaise fortune
bon cœur.
Proverbe populaire

OBJECTIFS

Ce chapitre devrait vous permettre:

- de distinguer la spéculation de l'investissement;
- d'expliquer le rôle de la Bourse dans l'économie;
- de lire les cotes boursières publiées dans les journaux;
- de vous sensibiliser à la morale des affaires;
- de comprendre l'attrait et les risques des jeux d'argent.

Un surplus monétaire peut être thésaurisé, placé ou servir à des fins spéculatives. Dans le langage populaire, le terme « spéculation » est utilisé dans des sens très différents qui, selon le cas, suscitent l'admiration ou la réprobation. Successivement, nous étudierons la spéculation foncière, immobilière et boursière. Nous terminerons le chapitre par l'étude et la fonction des jeux d'argent dans l'économie.

17.1 LE PHÉNOMÈNE DE LA SPÉCULATION

Il est difficile de différencier nettement l'investissement de la spéculation. Dans le chapitre précédent, nous avons montré comment le placement de l'épargne dans des emplois productifs permettait d'obtenir individuellement des gains monétaires supplémentaires sous forme de dividendes, d'intérêts ou de plus-values, et d'assurer en même temps la croissance économique pour tous.

La spéculation ne tient pas compte des intérêts à long terme de la collectivité et elle s'exerce dans une optique d'économie monétaire. La spéculation couvre un large spectre qui va de l'ingéniosité à l'escroquerie et il n'existe plus de ligne de démarcation très nette entre l'une et l'autre. Comme la concurrence, la spéculation permet l'expression de la liberté d'entreprise et quand elle s'exacerbe, elle génère des désordres inacceptables qui exigent une réglementation de la part des pouvoirs publics.

Spéculer consiste à acheter un bien uniquement pour le revendre plus cher et réaliser une plus-value. La spéculation ne crée aucune richesse supplémentaire; elle modifie seulement la répartition des richesses existantes. Ce qui est gagné par l'un est nécessairement perdu pour quelqu'un d'autre. C'est un jeu à somme nulle.

Selon les cultures, le spéculateur est admiré, envié ou méprisé. Incarnation de l'esprit individualiste, le spéculateur est une personne ou une entreprise qui a le goût du risque, du jeu (*gambling*). Astucieux, rusé, bien informé, vif d'esprit, maintenant rivé à son ordinateur, le spéculateur jongle avec les chiffres. Manipulateur adroit, équilibriste de la finance, achète et vend le bon objet au bon moment et au bon endroit. Ses décisions sont le fruit d'une analyse rationnelle des conditions du marché ou simplement, elles sont prises au gré du hasard. En général, l'appât du gain affaiblit les scrupules moraux. Ne dit-on pas qu'« en affaires, on ne fait pas de sentiment » ?

17.1.1 L'utilité de la spéculation

Le commerçant justifie son revenu en produisant le service de la distribution, de la commercialisation des biens à la collectivité; le spéculate

ENCADRÉ 17.1

La spéculation: un jeu dangereux

Voici le témoignage d'un étudiant de 18 ans du Cégep André-Laurendeau, recueilli en mai 1991.

Pour moi, la spéculation ne vaut plus rien. Voici pourquoi. Il y a deux ans, un magasin de comic books *a ouvert ses portes près de chez moi. Lorsque j'ai visité le magasin, le propriétaire m'a montré des livres que je possédais depuis que j'étais jeune (ils valaient alors 0,25 $) et ils étaient vendus de 25 $ à 30 $ chacun. Alors, j'ai pris tout mon argent en banque, soit 8 000 $ (qui me venaient d'un héritage), pour acheter ces livres. Lorsqu'un nouveau livre arrivait, qui était très populaire, j'en achetais des centaines, et lorsque le magasin n'en avait plus, les clients venaient me voir et je revendais le livre deux à cinq fois le prix d'achat. Ça, c'est quand le marché du* comic book *allait bien.*

Quand la demande commença à ralentir, j'achetai moins de livres, mais la clientèle disparut complètement et je fus pris avec les centaines d'exemplaires que je n'avais pas encore vendus... Ces livres sont maintenant dans des boîtes, sous ma bibliothèque. Le plus fâchant, c'est que leur valeur a diminué. Il n'y a plus de clients, et même le magasin qui me les avait vendus ne veut plus me les racheter. En fait, je pensais faire un bon coup d'argent et devenir riche sans trop me casser la tête, mais ce ne fut pas le cas. Maintenant, c'est au tour du marché des cartes de joueurs de hockey; mais attendez deux ans et le marché disparaîtra, comme celui de la bande dessinée.

assume le risque des fluctuations de prix, il joue le rôle d'un assureur. Ainsi, il légitime un enrichissement qui pourrait paraître sans cause. Le spéculateur joue avec le temps quand il tente de s'approprier la différence de prix d'un bien quelconque entre deux périodes (marché à terme). Quand il joue sur le «différentiel» géographique des prix entre les marchés, il favorise l'égalisation des prix entre ces marchés et dans ce cas, on parle «d'arbitrage».

7.1.2 Les objets de la spéculation

Les valeurs refuges s'apprécient d'autant plus que la monnaie se déprécie. Tout ce qui peut être acheté et revendu avec profit est l'objet de spéculation. Il peut s'agir de biens tangibles comme des terrains, des bijoux de prix, des œuvres d'art, des antiquités, des timbres, ou de valeurs intangibles comme des titres mobiliers (actions) ou des promesses d'achat (options), de l'argent, des devises, etc. Enfin, toutes les sortes de jeux d'argent sont une façon d'obtenir un gain monétaire à partir d'une mise de fonds. Individuellement, la spéculation donne l'illusion que l'argent «fait des petits».

17.2 LA SPÉCULATION FONCIÈRE

La spéculation foncière porte sur l'acquisition et la vente de biens fonciers. Il peut s'agir de terres agricoles, de forêts ou de terrains à bâtir.

Certains terrains, qui ne sont pas nécessairement plus fertiles que d'autres, prennent de la valeur parce qu'ils sont bien situés. Ce profit, ou «rente de situation», peut être réalisé lors d'une vente ou d'une location. Par exemple, le prix d'un terrain situé près d'une ville en expansion peut subitement augmenter à l'annonce officieuse ou officielle d'un projet de construction résidentielle. Le spéculateur, qui aura eu vent de l'affaire, saisira cette aubaine; il ira voir le propriétaire du terrain et lui proposera un prix intéressant. Une fois le terrain acquis, il lui suffira d'attendre que la demande de terrains à bâtir s'exprime pour le revendre et réaliser sa plus-value. Avant d'être bâti, un terrain peut passer entre les mains de plusieurs acheteurs qui, à chaque transaction, auront réalisé chacun leur profit.

17.2.1 Les effets de la spéculation foncière

La spéculation foncière engendre une augmentation des prix. La somme de toutes les plus-values réalisées sur le prix de départ d'un terrain sera finalement payée par le ménage ou l'entreprise qui décidera de s'y installer.

Dans les années 20, en Floride, des terrains furent l'objet d'une intense spéculation[1]. La fièvre spéculative était si forte que les Américains achetaient même à crédit des options d'achat (promesses d'achat sur les terrains. Chacun pensait s'enrichir vite et sans effort. Il suffisait d'acheter un terrain à un certain prix et d'attendre quelques jours pour le revendre plus cher. C'était si exaltant que les spéculateurs oubliaient la réalité des terrains en question. Un ouragan les a «désenchantés» en venant frapper la côte de la Floride, et un vent de panique désamorça le siphon spéculatif: le prix des terrains s'effondra et les derniers acheteurs se ruinèrent.

---

1. GALBRAITH, J.K., *La crise économique de 1929*, Payot, 1961, p. 28.

17.2.2 La Loi sur la protection du territoire agricole

Quand la spéculation foncière entraîne des conséquences jugées dévastatrices, le gouvernement la contrôle ou l'interdit. Au Québec, dans les années 70, les terres agricoles furent l'objet d'une intense spéculation qui attira même des capitaux étrangers, ce qui fit monter les prix des terres au-dessus de leur valeur de production agricole. Pour préserver le patrimoine foncier, la Loi sur la protection du territoire agricole, ou loi n° 90, fut votée en 1978. Les spéculateurs se firent « couper l'herbe sous les pieds », mais les cultivateurs qui souhaitaient travailler la terre eurent la possibilité de l'acheter à un prix abordable.

17.3 LA SPÉCULATION IMMOBILIÈRE

La spéculation immobilière concerne l'achat d'immeubles pour la revente. Il peut s'agir d'immeubles commerciaux ou industriels, d'immeubles à logements ou de maisons.

Comme pour les terrains, la valeur d'un immeuble varie en fonction d'événements fortuits ou prévisibles. La construction d'un centre commercial, d'une université, d'une nouvelle ligne de métro donnent de la valeur aux immeubles environnants, car ils sont plus convoités. Par contre, la construction d'une autoroute, d'un poste d'essence, d'une usine polluante dévalorisent les propriétés avoisinantes. Sans que l'immeuble ait subi de modifications, sa valeur monétaire fluctue en fonction du marché immobilier qui enregistre les variations de la demande ou de l'offre pour ce type de bien.

17.3.1 Les effets de la spéculation immobilière

À Bromont, dans les Cantons de l'Est, l'annonce de l'implantation de l'usine d'assemblage Hyundai a fait monter le prix des maisons de villégiature dans ce secteur. Les spéculateurs présumaient que l'expansion industrielle de Bromont allait créer une forte demande de maisons dans la région. L'augmentation du prix des propriétés a donc donné le signal aux entrepreneurs de construire de nouvelles maisons pour éviter une pénurie.

L'augmentation de la valeur des immeubles dans un quartier ou dans l'ensemble d'une ville engendre des transformations sociales et architecturales parfois déconcertantes. Des locataires à faible revenu, dont le loyer augmente trop, sont, par les « forces du marché », obligés de quitter les lieux. Des incendies sont allumés pour décourager ceux qui ne veulent pas partir. Des propriétaires âgés sont contraints de renoncer à finir leurs jours dans leur maison, faute de ne pouvoir faire face à l'augmentation des taxes municipales. Les personnes âgées perdent leur point de repère. Une nouvelle classe sociale s'installe et le charme, «l'âme» de l'ancien quartier disparaît. Des boutiques de luxe remplacent les dépanneurs et les «bineries» du coin. Des arbres sont plantés et les rues sont remises à neuf.

17.3.2   Les mesures contre la spéculation immobilière

Parfois, des lois sociales pour la protection des locataires, des petits propriétaires et des personnes âgées s'opposent aux lois du marché, au grand mécontentement des spéculateurs promoteurs immobiliers. Pour ceux qui ne parviennent pas, faute de revenus, à louer un logement décent, le gouvernement propose des HLM (habitations à loyer modique). En augmentant l'offre de logements sur le marché des immeubles locatifs, le gouvernement atteint deux objectifs: il permet aux ménages les plus démunis de se loger et il exerce une pression à la baisse sur les loyers du secteur privé. En 1990, à Montréal, on dénombrait 25 000 demandes de HLM non satisfaites et 15 000 sans-abri!

17.4   LA SPÉCULATION BOURSIÈRE

La spéculation boursière[2] est l'objet d'une grande fascination. Avec un apport d'argent parfois minime, toute personne, en devenant actionnaire, accède au statut de «capitaliste» sans distinction de race, de sexe ou de religion. Bien que la Bourse soit accessible à tous, un faible pourcentage de la population possède des actions, et l'univers boursier demeure encore largement méconnu. Dans les pages qui suivront, nous étudierons successivement les origines de la Bourse, les titres boursiers, les différents types de Bourse, les indices qui permettent d'estimer la valeur des titres boursiers, le rôle du marché primaire et du marché secondaire dans l'économie, les investisseurs boursiers et, enfin, la réglementation boursière.

---

2.   KRADOLFER, A., *La Bourse c'est facile, Le guide de l'investisseur québécois*, Bibliothèque Finance, février 1984.

17.4.1 La Bourse

La Bourse, temple du capitalisme, est perçue par certains comme le haut lieu où l'argent se reproduit de lui-même. L'argent «ferait ses petits» dans ces grandes et mystérieuses maternités financières où, paradoxalement, les femmes n'ont été admises que très récemment (dans les années 70).

La Bourse est un lieu où se rencontrent des acheteurs et des vendeurs de titres mobiliers. Les courtiers en sont les intermédiaires.

Dans les pays communistes, il n'existe pas de Bourse, puisque l'ensemble des biens de production (le capital) appartient à la collectivité, c'est-à-dire à l'État. Dans la mesure où ces pays acceptent l'économie de marché et qu'ils privatisent des entreprises d'État, les Bourses réapparaissent. En juillet 1990, le gouvernement de la Hongrie, pays «socialiste», a réintroduit l'économie de marché et il a également autorisé l'ouverture officielle d'une Bourse, 42 ans après sa fermeture par le pouvoir communiste. Cette nouvelle institution permet aux Hongrois de placer leurs épargnes dans des sociétés privatisées du pays plutôt que de les dépenser en biens de consommation ou de «jouer au casino et au loto autrichien».

Les origines de la Bourse

L'invention de la Bourse remonte à la fin du Moyen Âge, quand les riches négociants, les jours de foire, eurent l'idée de se rencontrer pour s'échanger des titres de participation à des expéditions maritimes.

Les Bourses ont connu un grand essor avec la création des titres publics (financement de la dette de l'État moderne dès le XVIIᵉ siècle) et avec la création des sociétés anonymes, au XIXᵉ siècle, pour financer d'importants projets d'infrastructure (chemins de fer, canaux, etc.) que les grandes familles ne pouvaient financer à elles seules.

Après la débâcle des années 30, les petits épargnants échaudés sont restés méfiants, et ce n'est qu'au début des années 80, avec la multiplication des offres publiques d'achat (OPA) et des privatisations, que la Bourse a connu un regain de popularité et d'activité.

Les titres boursiers

Maintenant, on négocie toutes sortes de produits à la Bourse: des contrats d'achat de matières premières (métaux ou denrées), des actions, des obligations, des options sur l'or ou sur les devises, etc. Les produits sont de plus en plus diversifiés et sophistiqués, et les Bourses ont dû se spécialiser.

Les grandes Bourses sont maintenant largement informatisées et elles cotent des titres «colistés» (titres inscrits sur plusieurs places boursières).

Les types de Bourse

Il existe deux grands types de Bourse : la Bourse des valeurs, accessible à tout épargnant, et la Bourse de commerce qui concerne les spécialistes du marché des matières premières.

La Bourse des valeurs

La Bourse des valeurs (*stock exchange*) au comptant concerne les transactions de titres mobiliers, comme les actions et les obligations. Les achats se font soit au comptant, soit sur marge (le courtier accorde un crédit). Sur ce marché, on peut également acheter des options d'achat de titres divers, des options d'achat d'actions, etc.

La Bourse de commerce

Cette Bourse concerne les achats à terme (achat à trois ou à six mois à un prix fixé d'avance) de marchandises comme les denrées (café, thé, soja, blé, etc.), les métaux (étain, aluminium, métaux précieux, etc.) ou les fibres végétales (coton, laine, sisal, etc.).

Le cours de ces marchandises est fixé sur des marchés spécialisés : le prix du blé est fixé à Chicago (Chicago Board of Trade), le prix du dollar est fixé sur le marché monétaire de New York (IMM, COMEX), le prix international de l'or est déterminé à Zurich, le prix du café, du sucre et du chocolat est établi à New York (Coffee, Sugar and Cocoa Stock Exchange), etc.

De nombreux produits agricoles sont déjà vendus avant que la récolte n'ait lieu. C'est un marché hautement spéculatif où ne s'aventurent que des courtiers bien avisés qui achètent à partir d'échantillons ou de simples pronostics.

Les principales Bourses

L'économie de marché étant internationale, les Bourses se font concurrence entre elles, et les plus puissantes exercent une influence sur le autres. Grâce aux systèmes de télécommunications, l'information circule entre les différentes Bourses à la vitesse de la lumière; les perturbations du marché peuvent se répercuter d'une Bourse à l'autre et entraîner leur effondrement simultanément, comme un jeu de dominos. Il est donc important de bien connaître l'ensemble du réseau boursier à travers le monde.

Les Bourses dans le monde

On classe les Bourses par ordre de capitalisation boursière qui représente la valeur totale des titres cotés, ou par le volume de transactions effectuées au cours d'une année (en millions d'actions).

Depuis les années 30, la Bourse de New York (Big Board de Wall Street) était la plus importante Bourse du monde, avec une capitalisation de près de 2 000 milliards de dollars; en 1989, elle a été supplantée par la Bourse de Tokyo (Kabuto-cho) qui détient 44 % du total de la capitalisation boursière mondiale, avec un marché de plus de 3 800 milliards de dollars et plus de 1 769 sociétés cotées.

En troisième position vient la Bourse de Londres. Active depuis le XVIIIe siècle, elle était la plus importante place financière avant d'être détrônée par New York. En 1982, la Bourse de Londres cotait plus de 9 000 titres. Ensuite viennent les Bourses de Francfort en Allemagne, de Paris créée en 1724 (Palais Brogniart), de Zurich en Suisse, de Hong-kong, de Sydney en Australie, de Milan en Italie, de Chicago, pour ne citer que les plus connues.

Les Bourses au Canada

Au Canada, la Bourse de Toronto est la plus importante; elle effectue 75 % des opérations boursières au pays. La Bourse de Montréal, malgré une percée dans les années 80 sur le marché des options, des devises et de l'or, demeure une place financière plus modeste.

7.4.2 L'indice boursier

Un indice est un point de repère qui permet de mesurer les variations de prix des titres boursiers. C'est en quelque sorte un baromètre qui mesure le niveau moyen des prix des valeurs négociées sur le marché.

Chaque grande Bourse a son propre indice, tels l'indice CAC ou SBF de la Bourse de Paris, le Financial Times de la Bourse de Londres, qu'on surnomme le «footsie 30» ou le «footsie 100» dans la mesure où il comprend 30 ou 100 valeurs du marché de Londres, l'indice Nikkei de la Bourse de Tokyo, le FAZ de Francfort ou le DAX de Düsseldorf; les analystes et les courtiers connaissent bien ces indices qui permettent de suivre la tendance générale du marché.

Pour suivre l'évolution générale des cours boursiers, on utilise des indices, lesquels sont obtenus en additionnant la valeur à un moment donné d'un certain nombre de titres, que l'on divise par le nombre de titres (moyenne simple ou pondérée) ou par un certain coefficient.

En partant d'une année de référence, on peut suivre l'évolution relative de la moyenne des titres sur une place boursière.

Les principaux indices

Chaque soir, à la télévision ou dans les quotidiens, on donne la valeur, à la clôture de la Bourse, des principaux indices boursiers suivants. Vous pourrez compléter les informations en inscrivant les indices boursiers du jour.

Indice **Dow Jones** de la Bourse de New York

C'est le plus célèbre de tous les indices boursiers. Créé en 1884 par Dow Jones and Co., il concernait 11 titres à l'origine. Depuis 1928, il comprend 30 titres (les *blue chips*). Il s'agit des 30 compagnies américaines les mieux établies sur le marché. L'indice est égal à la valeur journalière de ces 30 titres, divisé par le coefficient 1 465 (moyenne arithmétique).

— Valeur à la fermeture au 3 janvier 1992: 3 201,47.

— Valeur à la fermeture au _____ : _____.

Indice **Nyse Index** de la Bourse de New York

Comme il tient compte de tous les titres cotés à la Bourse de New York, il est beaucoup plus fiable que l'indice Dow Jones. On le calcule par une moyenne géométrique, soit en multipliant le prix des titres par le nombre de titres (*n*) et en extrayant la racine nième de ce produit.

— Valeur à la fermeture au 3 janvier 1992: 230,35.

— Valeur à la fermeture au _____ : _____.

Indice **Standard & Poor's 500** de la Bourse de New York

C'est l'indice le plus représentatif, qui regroupe 500 titres négociés à la Bourse de New York.

— Valeur à la fermeture au 3 janvier 1992: 419,79.

– Valeur à la fermeture au _____ : _____.

Indice **TSE 300** (Toronto Stock Exchange) de la Bourse de Toronto

Il inclut 300 valeurs inscrites à la Bourse de Toronto. L'année de référence est 1975; l'indice est 1 000.

– Valeur à la fermeture au 3 janvier 1992: 3 517,47.

– Valeur à la fermeture au _____ : _____.

Indice **XXM** de la Bourse de Montréal

Depuis 1983, l'indice de base a été ramené à 1 000. Il comprend 25 valeurs.

– Valeur à la fermeture au 3 janvier 1992: 1 866,44.

– Valeur à la fermeture au _____ : _____.

Les analystes financiers se fient de moins en moins à ces indices boursiers; ils leur préfèrent l'étude du coefficient de capitalisation des résultats ou, en anglais, le *price-earnings ratio* (PER) (*voir le chapitre 16 sur le placement*).

ENCADRÉ 17.2

La lecture des cotes boursières dans les journaux

Voici un exemple de lecture des cotes de la Bourse de Montréal dans le journal *La Presse*.

(1) Valeurs	(2) Ventes	(3) Haut	(4) Bas	(5) Ferm.	(6) Ch. net
Seagram	21 860	37¼	36½	36¾	– ¼

(1) = Nom de la compagnie ou son code boursier.
(2) = Nombre de titres ayant changé de main pendant la journée.
(3) = Cours le plus haut atteint dans la journée, en dollars.
(4) = Cours le plus bas atteint dans la journée, en dollars.
(5) = Cours du titre au moment de la fermeture de la séance boursière de la journée, en dollars.
(6) = Changement (+ ou –, soit hausse ou baisse) du cours à la fermeture par rapport au cours à la fermeture de la dernière journée de transaction, en dollars.

17.4.3   Le rôle de la Bourse dans la société

La Bourse a deux fonctions: elle met en relation les épargnants et les investisseurs et elle permet l'échange des titres entre les épargnants. Ces deux rôles se jouent sur des marchés différents: le marché primaire et le marché secondaire (figure 17.1).

**FIGURE 17.1
Les fonctions
de la Bourse**

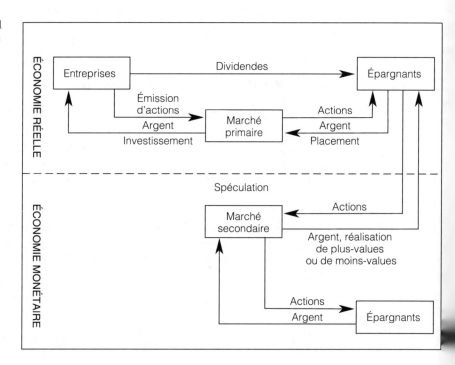

Le marché primaire

Sur le marché primaire, la Bourse met en relation des épargnants en quête d'un bon placement et des entreprises à la recherche de capitaux. Les entreprises qui souhaitent trouver de l'argent frais pour financer des projets d'agrandissement ou des acquisitions de matériel, ou pour acquérir des titres de participation dans d'autres entreprises ont le choix d'emprunter les sommes désirées auprès d'une banque ou d'émettre des actions sur le marché boursier. Ce choix dépendra de la taille de l'entreprise (seules les grandes entreprises ont accès au marché boursier), de son niveau d'endettement, du loyer de l'argent (taux d'intérêt) et de la conjoncture en général.

Sur le marché primaire, la Bourse draine les fonds privés disponibles. Quand l'État sollicite l'épargne des ménages sous forme d'obligations, les sources de financement des grandes entreprises privées tarissent et les taux d'intérêt augmentent, ce qui «déprime» la Bourse (effet d'éviction).

Le marché secondaire

La Bourse permet aux détenteurs de titres de les revendre à tout moment. L'action, par exemple, aura pris de la valeur (plus-value) ou, au contraire, en aura perdu (moins-value) en fonction de l'offre et de la demande pour ce titre. Dans ce cas, les entreprises ne sont plus concernées.

C'est sur le marché secondaire que les spéculateurs aiment jouer. Selon que le marché est à la hausse (*bull market*) ou à la baisse (*bear market*), les stratégies de vente et d'achat seront différentes. La valeur d'une action n'est plus nécessairement reliée à la valeur des actifs de l'entreprise; il peut même y avoir une distorsion entre les deux. L'**économie monétaire** (valeur marchande des actions) peut «décrocher» de l'**économie réelle** (valeur de l'entreprise). Si la valeur des actions est exagérément plus élevée qu'elle devrait l'être, on assistera, à un moment qu'il est difficile de prévoir, à une «correction boursière» (baisse du prix) plus ou moins sévère qui peut aller jusqu'à entraîner un krach comme celui de 1929 ou, plus récemment, celui du lundi, 19 octobre 1987, où l'indice Dow Jones avait perdu 500 points, soit près de 30 % de sa valeur.

Par contre, si le marché sous-évalue les titres des entreprises nationales, certaines sociétés étrangères pourraient en prendre le contrôle à bon compte.

Sur le marché secondaire, la somme des gains boursiers est égale à la somme des pertes: c'est un jeu à somme nulle. Les perdants seront naturellement les derniers arrivés.

17.4.4 La transformation du marché boursier

La Bourse, qui était le lieu privilégié de la libre entreprise, se transforme depuis les années 30. D'une part, les actionnaires sont de moins en moins des individus isolés, et d'autre part, les pouvoirs publics ont réglementé les pratiques boursières.

Les investisseurs institutionnels

Malgré les politiques de démocratisation de la Bourse, ce sont les grandes institutions d'épargne (caisses de retraite) qui interviennent de plus en plus depuis la fin de la Seconde Guerre mondiale. Aux États-Unis, les deux tiers du marché boursier appartiendraient aux caisses de retraite. En France, dans le milieu boursier, on surnomme ces investisseurs institutionnels les «zinzins» (caisses de retraite, compagnies d'assurances, sociétés de portefeuille).

Au Québec, la Caisse de dépôt et de placement du Québec (CDPQ), qui recueille les cotisations pour la retraite des fonctionnaires depuis les années 60 et les fonds du Régime des rentes du Québec, est devenue le plus gros investisseur collectif. Le Fonds de solidarité des travailleurs du Québec, créé par une centrale syndicale (FTQ) après la récession de 1982, est en train de devenir, lui aussi, une importante institution financière aux mains des travailleurs.

Une appropriation collective du capital privé par quelques groupes transforme le marché boursier. «La Bourse est dominée par les institutions, les arbitragistes et les investisseurs chevronnés qui utilisent les programmes informatiques sophistiqués[3].» Même au Japon, où les particuliers ont pourtant le plus haut niveau d'épargne au monde, les placements boursiers sont surtout le fait des institutions (l'épargne des ménages japonais sert principalement à financer les études de leurs enfants).

Lorsque le gouvernement procède à des privatisations dans le but, entre autres, de faire participer le grand public, on constate souvent que le particulier qui achète des actions les recède rapidement à de gros investisseurs, moyennant la perception d'une plus-value. Dans ce cas, les privatisations ne seraient qu'un transfert de gestion de l'État aux multinationales et aux grandes institutions financières.

La réglementation boursière

Depuis les années 30, la Bourse, qui symbolisait l'économie d'un marché pur et parfait, ne fonctionne plus en toute liberté. C'est actuellement un marché réglementé et contrôlé par la Commission des valeurs mobilières qui surveille les intérêts des petits actionnaires. Le but des réglementations est d'interdire les pratiques déloyales sur le marché, les délits d'initiés, les manipulations douteuses sur la valeur des titres, et de garantir la solvabilité des maisons de courtage et des entreprises qui émettent des actions.

---

3. *New York Times*, 12 janvier 1986.

Les délits d'initiés

La Bourse est le lieu de la concurrence par excellence, où l'appât du gain peut s'exprimer en toute liberté. La règle implicite du jeu veut que chacun s'autodiscipline et respecte les lois de la concurrence pure. Mais, comme dans le sport où l'usage des stéroïdes permet de battre des records, l'utilisation d'informations privilégiées à la Bourse permet de devenir millionnaire en l'espace de quelques heures et sur un simple coup de téléphone. Les fulgurants enrichissements se font au détriment des autres actionnaires ou des entreprises; ils suscitent donc l'inquiétude et la réprobation dans le milieu des affaires, qui réclame alors l'intervention des pouvoirs judiciaires et des réglementations publiques.

En 1938, le président de la Bourse de New York, Richard Whitney, était lui-même poursuivi et emprisonné pour fraude[4]. Entre 1979 et 1980, les frères Hunt, millionnaires texans, se sont rendus coupables d'avoir conspiré pour manipuler le prix de l'argent sur le marché à terme. À l'aide d'un homme d'affaires du Moyen-Orient et d'un beau-frère du roi d'Arabie Saoudite, les frères Hunt avaient réussi à faire augmenter le prix de l'argent, de telle sorte que leur contrat à terme prenne artificiellement de la valeur. La société minière péruvienne Minpeco réclama plus de 150 millions de dollars en dédommagement et la Cour fédérale de New York obligea les frères Hunt à verser 130 millions de dollars à l'entreprise lésée. Aux États-Unis, l'affaire Boesky[5] fit également scandale, en 1986, quand on apprit qu'un arbitragiste, ayant obtenu des informations privilégiées sur la fusion prochaine d'une compagnie, acheta les titres de ladite compagnie pour les revendre, une fois la fusion réalisée, avec un bénéfice de plusieurs millions de dollars.

D'autres scandales ont également éclaté. En Angleterre, par exemple, l'affaire Guinness[6] mettait en cause Ernest Saunders, ex-président de la compagnie Guinness, accusé d'avoir versé de l'argent à une tierce personne chargée d'acheter les actions de la compagnie pour en faire monter le cours. En France et au Japon (affaire Recruit), les scandales mettaient en scène des personnalités politiques proches du pouvoir qui ont dû démissionner de leur fonction. Au Canada, en 1988,

---

4. GALBRAITH, J.K., *La crise économique de 1929*, Payot, 1961.

5. GALBRAITH, J.K., «A classic case of euphoric insanity on the Boesky scandal», *New York Times*, 23 novembre 1986.

6. «L'ex-président de Guinness reconnu coupable de fraudes», «Le procès Guinness fut aussi celui de la morale du monde des affaires» et «Les magouilleurs de la City écopent de peines exemplaires», *Le Devoir*, 28 août 1990.

l'affaire Memotec[7] mettait en cause un ex-président du Parti conservateur qui avait acquis 300 actions de Memotec-Data quelque temps avant que cette entreprise n'acquière Téléglobe. Faute de preuve cependant, la Cour du Québec a fermé le dossier.

La judiciarisation du milieu boursier

Au sens de la loi québécoise, il faut, pour être coupable d'avoir utilisé des informations privilégiées, que l'information soit inconnue du public, qu'elle porte sur un fait important et qu'elle soit susceptible d'influer sur la valeur des actions de la firme qui les émet. Cette définition est loin de recouvrir tous les aspects du problème.

Les scandales boursiers ont entraîné des poursuites judiciaires retentissantes contre les coupables, auxquels on a infligé de lourdes amendes et des peines d'emprisonnement. Depuis, les opérations boursières de grande envergure ne se font plus sans l'avis d'avocats spécialisés dans le droit des affaires.

Selon certains observateurs, les scandales ont le mérite d'assainir le milieu boursier, de redonner confiance aux investisseurs et de raffermir la morale des affaires. Par ailleurs, ils ont incité les pouvoirs publics à renforcer leur réglementation; ainsi, aux États-Unis, un projet de loi a été adopté en septembre 1988 pour alourdir les peines contre les fraudeurs.

Cependant, ces interventions ne font pas l'unanimité et des théoriciens ultra-libéraux se demandent si les transactions d'initiés sont réellement immorales et antiéconomiques. Sous l'influence de Friedrich von Hayek (1899-1992), des économistes américains dont Harry Markowitz, prix Nobel de sciences économiques en 1990, prétendent qu'il est préférable de se fier aux seules lois du marché. Les initiés ne feraient qu'exprimer «la liberté fondamentale de l'individu d'utiliser ses connaissances à ses propres fins»[8]. Les transactions d'initiés permettraient même la diffusion de l'information et la convergence des cours vers les valeurs réelles, ce que met fortement en doute l'économiste J.K. Galbraith.

17.5 LES PARIS ET LES LOTERIES

Pour spéculer sur les marchés immobiliers et boursiers, il faut disposer d'un bon montant d'argent, de temps et d'un minimum de connaissances,

7. BOISVERT, Y., «Comme Blaikie, Szaskiewicz lavé des accusations d'avoir profité d'informations privilégiées», *La Presse*, 19 novembre 1988.

8. BUCKLEY, F. et LEMIEUX, P., «Les transactions d'initiés sont-elles vraiment immorales et anti-économiques?», *La Presse*, 28 septembre 1988.

ce qui exclut un grand nombre de personnes. Cependant, le goût du risque, du jeu de hasard, correspond à une passion humaine largement répandue qui, selon les époques et les valeurs sociales, est réprimée ou tolérée[9].

Déjà, Adam Smith constatait le caractère irrationnel des parieurs :

Le succès général des loteries nous montre assez que l'on s'exagère naturellement les chances de gain. On n'a jamais vu et on ne verra jamais une loterie au monde qui soit parfaitement équitable, ou dans laquelle la somme du gain compense celle de la perte, parce que l'entrepreneur n'y trouverait pas son compte. [...] C'est pourtant une des propositions les mieux démontrées en mathématiques, que plus on prend de billets, plus on a de la chance de perdre contre soi.

17.5.1 Les loteries et l'État

Face aux jeux d'argent, les pouvoirs publics ont adopté, jusqu'à présent, trois attitudes : l'interdiction plus ou moins sévère, la tolérance et la monopolisation.

L'interdiction des loteries

Sous l'Empire romain, les jeux d'argent étaient interdits. Comme la passion du jeu excite la cupidité et le lucre, l'Église chrétienne jugeait dangereux, pour le bien-être des familles, de se livrer aux jeux d'argent, mais tant que l'économie de marché fondée sur le commerce et l'argent était peu développée, que les sommes mises en cause restaient modestes, une certaine tolérance régnait. Quand l'usage de l'argent est devenu plus courant, les pouvoirs publics se sont rapidement rendu compte que les loteries pouvaient être une intarissable source de financement : un impôt volontaire.

Les loteries d'État

En Angleterre, en 1694, une première loterie d'État fut créée par un acte du Parlement de Londres (Million Adventure lottery) pour financer la guerre contre la France.

---

9. LABROSSE, M., *Les loteries*, Stanké, 1985.

Aux États-Unis, entre 1740 et 1755, de nombreux États, suivant l'exemple anglais, organisèrent des loteries pour financer les écoles et les hôpitaux. Cependant, seuls les Wasp (*White Anglo-Saxon Protestant*) avaient le droit d'y participer. Les grandes universités américaines comme Columbia et Harvard ont été financées, à l'origine, grâce au produit des loteries. Mais après plusieurs scandales, les loteries furent à nouveau interdites aux États-Unis jusqu'en 1964.

En France, en 1776, Louis XIV, pour combler son déficit du Trésor, créa la «loterie royale», mais le gouvernement français n'accorda pas l'autorisation d'en organiser au Canada sous prétexte qu'il n'y avait pas assez de numéraire (d'argent) en circulation.

La libéralisation des loteries

Après la Révolution française, les citoyens voulurent retirer à l'État le monopole des loteries; comme pour tous les secteurs économiques, le marché libre fut instauré. Très vite on commit des abus, et quelques années plus tard, à la suite de nombreux scandales, l'État reprit le monopole des loteries, quand il ne les supprimait pas.

L'interdiction des loteries se révèle tout aussi pernicieuse que leur complète libéralisation. Comme pour l'alcool dans les années 20 à Chicago, la prohibition laisse le champ libre aux activités du crime organisé. L'interdiction des jeux d'argent détourne des fonds considérables au profit du monde interlope (commerce illégal).

Les loteries et les recettes fiscales

En 1987, les bénéfices de Loto-Québec s'élevaient à 380 millions de dollars, et en 1988, à 430 millions de dollars. Aux États-Unis, en 1988, l'ensemble des loteries d'État rapportaient plus de 15 milliards de dollars.

On sait que les dépenses en billets de loterie représentent un impôt volontaire, mais on oublie que cet impôt est l'un des plus régressifs, c'est-à-dire que proportionnellement, ce sont les moins fortunés qui paient le plus.

Les sommes d'argent recueillies par le gouvernement devraient servir à financer le système d'éducation et les hôpitaux pour lesquels, à l'origine, on justifiait moralement l'existence des loteries.

ENCADRÉ 17.3

Les loteries au Québec

Au Québec, l'interdiction d'organiser des loteries fut pratiquement maintenue jusqu'en 1969, date à laquelle fut créé Loto-Québec, à la suite d'une longue bataille politique et juridique qui remontait aux années 30. Seuls étaient autrefois tolérés les bazars, les rafles (loteries sur un objet) ou les bingos dans les sous-sols d'église organisés par les paroisses.

Historiquement, les Canadiens français ont toujours réclamé le pouvoir d'organiser des loteries pour financer les hôpitaux et les écoles que l'Église avait du mal à payer. Mais les Anglais s'y opposaient, estimant qu'il était plus moral de financer ces œuvres par des dons privés.

Quant à ceux qui rêvaient de devenir un jour millionnaires, ils achetaient des billets du sweepstake irlandais ou des loteries des États-Unis et du Mexique, ce qui provoquait une fuite d'argent hors du Québec. En 1965, plus de 120 millions de dollars quittaient le pays pour cette raison. En 1969, sous la pression de l'opinion publique, le gouvernement du Québec instaura une commission d'enquête; le rapport Provost démontra que le gouvernement avait tout intérêt à créer des loteries à son profit. On reconnaissait qu'«il n'était pas sage de refuser, à une société qui les réclame, des services que le monde criminel était en mesure de dispenser avec d'énormes profits» et on recommandait non seulement «de légaliser le jeu», mais «carrément de le socialiser».

Ce rapport fut à l'origine d'une législation provinciale qui créait, le 23 décembre 1969, deux nouvelles sociétés d'État: la Régie des loteries et courses du Québec et la Société d'exploitation des loteries et courses du Québec (Loto-Québec).

17.5.2 Les effets pervers des loteries

Au Canada, dans les années 80, ce sont les Québécois qui achetaient le plus de billets de loterie[10]: ils dépensaient 1,24 % de leur revenu aux jeux de hasard, alors que les Canadiens de l'Ouest n'y consacraient que 0,5 %[11]. Selon une étude du laboratoire de psychologie de l'Université Laval, 94 % des Québécois ont acheté au moins un billet de loterie.

---

10.   «Les mordus de la loterie», *L'actualité*, décembre 1987.

11.   *La Presse*, 6 juillet 1988.

Aux États-Unis, depuis la première loterie d'État du New Hampshire en 1964, 32 États ont créé leur propre loterie et les lots atteignent des sommes astronomiques. En Pennsylvanie, le gros lot s'élevait à 117 millions de dollars en 1989... Parallèlement, un centre de désintoxication national américain, destiné aux joueurs invétérés, enregistrait de plus en plus de demandes d'aide. Comme pour les alcooliques, il existe des associations d'entraide comme Gamblers anonymes.

17.6 CONCLUSION

Dans l'Antiquité, Fortuna était une déesse romaine qui, les yeux bandés, déversait au hasard la corne d'abondance sur le monde. De multiples temples lui furent dédiés. Elle demeure encore le symbole des loteries et des gains providentiels. L'être humain a toujours rêvé d'obtenir «des cadeaux du ciel», la manne[12] de la Bible, qui le dédommageraient de ses vains efforts et qui le laisseraient libre de toute reconnaissance. En réalité, tout ce que nous pouvons obtenir en plus-values, en bénéfices et en gains de loterie provient d'un travail. La spéculation répartit la richesse en fonction de la bonne fortune plutôt qu'au mérite.

MOTS CLÉS

- Commerce interlope
- Commission des valeurs mobilières
- Correction boursière
- Délit d'initié
- Effet d'éviction
- Indice boursier
- Investisseur institutionnel
- Krach boursier
- Loi sur la protection du territoire agricole
- Marché à la hausse, marché à la baisse
- Marché primaire, marché secondaire
- Plus-value, moins-value

---

12.   Nourriture tombée du ciel que Dieu offrit aux Hébreux dans le désert.

- Prohibition

- Spéculation boursière

- Spéculation foncière

- Spéculation immobilière

EXERCICES

Après avoir lu cet extrait d'un ouvrage de J.K. Galbraith[13], répondez aux questions qui suivront.

La spéculation foncière en Floride dans les années 20

Une chose aurait dû paraître évidente dans les années 20, même à Coolidge[14]: elle concernait le caractère du peuple américain dont il avait si bien parlé. À côté de solides qualités dont il avait fait l'éloge, les Américains manifestaient aussi un désir excessif de s'enrichir rapidement avec le minimum d'effort. La première manifestation frappante de ce trait de leur personnalité intervint en Floride. Là, vers le milieu des années 20, Miami, Miami Beach, Coral Gables, la côte Est jusqu'à Palm Beach au nord et les villes en bordure du golfe du Mexique avaient été touchées par le grand boom sur les terrains en Floride. Le boom de la Floride contenait tous les éléments de la classique affaire véreuse en matière de spéculation. Il y avait l'indispensable élément de fond. La Floride avait un meilleur climat d'hiver que New York, Chicago ou Minneapolis. Des revenus élevés et de meilleures communications la rendaient de plus en plus accessible au nord souffrant du froid. L'époque arrivait, en effet, où le vol annuel vers le Sud serait aussi régulier et impressionnant que les migrations de l'oie du Canada.

Sur cet indispensable élément, hommes et femmes s'étaient mis en devoir de construire un monde de faux-semblant spéculatif. C'est un monde habité non pas de ceux qu'on doit persuader de croire, mais par ceux qui veulent un prétexte pour croire. Dans le cas de la Floride, ils voulaient croire que toute la péninsule serait bientôt peuplée de vacanciers et d'adorateurs du soleil, d'une ère nouvelle et remarquablement indolente. Tel serait l'engouement que les plages, les marécages, les marais et les terres incultes auraient tous de la valeur. Le climat de la Floride, évidemment, ne garantissait pas que cela se produirait, mais il per-

---

13. GALBRAITH, J.K., *La crise économique de 1929*, Payot, 1961.
14. John Calvin Coolidge (1872-1933) a été président des États-Unis (républicain) de 1923 à 1929.

mettait effectivement aux gens qui voulaient croire, de croire que cela se passerait ainsi.

Toutefois, la spéculation ne dépend pas entièrement de la capacité de s'adonner aux illusions. En Floride, la terre fut partagée en lotissements à construire et vendue pour un règlement comptant de 10 %. Manifestement, une grande partie du terrain ingrat, qui changeait ainsi de main, était aussi peu agréable à voir aux gens qui l'achetaient qu'à celui qui passait devant. Les acquéreurs ne comptaient pas y vivre; mais ces considérations étaient théoriques. La réalité était que ces biens douteux gagnaient en valeur tous les jours et pouvaient être vendus avec un solide bénéfice, quinze jours après. C'est là un autre aspect du climat spéculatif: au fur et à mesure que le temps passe, la tendance diminue à voir au-delà du simple fait de la valeur croissante et jusqu'aux raisons qui l'expliquent. Et il n'y a pas de raison pour qu'on le fasse, tant que le flot des gens qui achètent avec l'espoir de vendre avec profit continue à augmenter à un rythme suffisamment rapide pour maintenir la montée des prix.

Tout au long de 1925, la chasse aux richesses sans effort amena en Floride des gens dont le nombre s'accroissait à souhait. Chaque semaine, davantage de terres étaient partagées. Ce que l'on appelait d'une façon approximative «le rivage» s'étendit à dix, quinze ou vingt-cinq kilomètres du bord de la mer le plus proche. Les faubourgs se trouvaient à une distance étonnante de la ville. Comme la spéculation s'étendait vers le Nord, un Bostonien entreprenant, M. Charles Ponzi, fit naître un quartier résidentiel «près de Jacksonville». Il se trouvait à peu près à cent kilomètres de la ville. Par ailleurs, Ponzi croyait en de bons quartiers bien compacts: il vendit vingt-trois lots sur une surface d'un demi-hectare. Lorsque les quartiers se trouvaient près de la ville – par exemple, les «Manhattan States», qui se situaient à «pas plus de six kilomètres de la ville prospère et en pleine expansion de Nettie» – la ville (c'était le cas pour Nettie) n'existait pas! La congestion de la circulation pénétrant dans l'État de la Floride devint telle qu'à l'automne de 1925, les chemins de fer furent obligés d'interdire le transport des marchandises les moins nécessaires (y compris les matériaux de construction pour le développement des quartiers nouveaux). Les valeurs montaient miraculeusement. Dans un rayon de soixante kilomètres autour de Miami, les lotissements de l'intérieur se vendaient de 8 000 à 20 000 dollars, les lotissements en bord de mer atteignaient de 15 000 à 25 000 dollars, et les sites côtiers de 20 000 à 75 000 dollars[15].

---

15. WILSON, T., *Fluctuations in Income and Employment*, 3e édition, New York, Pitman, 1948, p. 141.

Cependant, au printemps de 1926, la source de nouveaux acquéreurs, si essentielle pour que les prix continuent de monter, commença à tarir. Comme 1928 et 1929 devaient le montrer, l'élan donné par une bonne hausse ne se dissipe pas en un instant. Durant une partie de 1926, l'éloquence des vendeurs s'amenuisa. [...] Mais on ne laisse pas la hausse s'effondrer sous l'effet de sa force propre. À l'automne de 1926, deux ouragans montrèrent, selon les termes de Frederick Lewis Allen, «ce qu'un doux vent des Tropiques pouvait faire quand il prenait un bon élan à partir des Antilles». Le pire de ces vents tua, le 18 septembre 1926, quatre cents personnes, arracha les toits de milliers de maisons et amassa des tonnes d'eau et un certain nombre de yachts élégants dans les rues de Miami. Tout le monde s'accorda à penser que la tempête avait provoqué une pause salutaire pour que la hausse se calme, bien que sa reprise fut prédite tous les jours. Dans le Wall Street Journal *du 8 octobre 1926, un certain Peter O. Knight, un des responsables de la compagnie aérienne Seabord, convaincu de l'avenir de la Floride, reconnut que quelque dix-sept ou dix-huit mille personnes avaient besoin d'aide. Mais il ajouta: «La même Floride est toujours là avec ses ressources magnifiques, son climat merveilleux et sa situation géographique. C'est la Riviera de l'Amérique.» Il exprima des inquiétudes sur le fait que demander à la Croix-Rouge de l'aide à cause de l'ouragan «causerait à la Floride un tort que les fonds reçus ne parviendraient pas à compenser».*

Cette réticence à concéder que la fin est arrivée correspond également au schéma classique. La fin était bien là pour la Floride. En 1925, les virements bancaires à Miami s'élevaient à 1 066 528 000 dollars; vers 1928, ils étaient descendus à 143 364 000 dollars et les cultivateurs qui avaient vendu leurs terres à un joli prix et qui se faisaient des reproches en les voyant se vendre ensuite pour le double, le triple, le quadruple du prix d'origine les retrouvèrent parfois, grâce à toute une succession de défauts de paiement. Quelquefois, ces terres étaient découpées en rues aux noms éloquents, avec des trottoirs, équipées de réverbères, et chargées d'impôts et d'une cote foncière représentant plusieurs fois leur valeur courante.

Le boom de la Floride fut la première indication de l'atmosphère des années vingt et de cette conviction que Dieu voulait que la classe moyenne américaine s'enrichît. Mais que cette atmosphère ait survécu à l'effondrement de l'affaire de la Floride est encore plus remarquable. Il était admis par tous que les choses étaient en déconfiture en Floride. Alors que le nombre de spéculateurs était certainement faible par rapport à la participation au marché financier quelques années plus tard, il y avait dans presque tous les milieux quelqu'un de connu pour avoir «laissé des plumes» en Floride. Pendant un siècle, après l'effondrement de l'affaire des Mers du Sud, les Anglais considéraient avec suspicion les sociétés par actions les plus estimables. Mais, tandis que le boom de la Floride s'effondrait, la foi des Américains en un enrichissement rapide et sans effort dans le domaine financier devenait tous les jours plus évidente.

1. *a)* Quels sont les éléments qui ont amorcé le phénomène de la spéculation sur les terrains en Floride? Distinguez les éléments réels des éléments fictifs.

   b) Pour quelles raisons les Américains achetaient-ils des terrains en Floride?

   c) À partir du texte, décrivez le schéma d'une spéculation.

   d) Qui s'est enrichi et qui a perdu dans cette affaire?

   e) Selon Galbraith, en quoi les Américains sont-ils différents des Anglais?

   f) Sur ce modèle, donnez un autre exemple de spéculation en décrivant son schéma.

2. Étudiez le rôle de la Caisse de dépôt et de placement dans le développement économique du Québec.

3. Décrivez l'histoire de la Bourse de Montréal.

4. Comparez le krach boursier de 1929 à celui de 1987.

5. Au Québec, quels effets a eu la Loi sur la protection du territoire agricole?

6. Quel est le rôle de la Commission des valeurs mobilières?

CHAPITRE **18**

Les dettes
des particuliers

Qui paie ses dettes s'enrichit.
Proverbe populaire

OBJECTIFS

Ce chapitre devrait vous permettre:

• de faire le point sur l'endettement privé;

• de décrire les principaux types de crédit;

• de connaître le rôle du crédit dans la société;

• de comprendre les dangers de l'endettement;

• de savoir comment se libérer des dettes.

Lorsque le budget d'un ménage est déficitaire, c'est-à-dire que les dépenses excèdent les revenus, il faut recourir aux emprunts. Dans ce cas, les «problèmes d'argent» sont tout autres que ceux des ménages qui ont de l'argent à placer. Une planification financière est alors nécessaire pour éviter au ménage endetté de vivre une situation de plus en plus contraignante.

Les ménages endettés sont de plus en plus nombreux et la gravité de l'endettement ne cesse d'augmenter depuis que le crédit à la consommation a été «démocratisé».

La liberté économique est liée au pouvoir d'achat. Plus on a d'épargnes, plus notre marge de manœuvre est grande, plus grands aussi sont nos choix, notre pouvoir d'arbitrage, notre liberté. Au contraire, quand on a des dettes, la liberté individuelle et collective s'en trouvent réduites. Il faudra rembourser un jour ou l'autre, au gré des créanciers. Les périodes de contraction des dettes sont plus difficiles à vivre que les périodes d'expansion du crédit.

18.1 L'ENDETTEMENT DANS LE SECTEUR PRIVÉ

Dans notre société, les dettes ne sont pas nécessairement le signe d'une mauvaise gestion du budget. Avant de porter un jugement, il importe de savoir si le poids de la dette excède ou non la capacité de remboursement de l'emprunteur et si l'emprunt génèrera un enrichissement ou un appauvrissement futur, selon qu'il servira à financer des dépenses d'investissement ou des dépenses d'entretien.

18.1.1 Le volume de la dette privée

Comme le démontre le tableau 18.1, l'endettement dans le secteur privé (entreprises et ménages) est deux fois plus élevé que la dette du gouvernement canadien.

Lorsqu'on nous donne des chiffres concernant les dettes, il ne faut pas s'en effrayer a priori, car certaines dettes sont plutôt un signe de richesse que de pauvreté. Pour saisir l'importance du montant dû, il faut tenir compte du revenu disponible, du patrimoine, du délai de remboursement et connaître l'origine de cet endettement.

Avoir des dettes quand on est riche ou pauvre n'est pas comparable. Une dette remboursable à court terme (un an) ou à long terme (plus de trois ans) n'a pas le même poids. De même, s'endetter pour des investissements n'a pas le même sens que s'endetter pour se nourrir. Selon la situation financière de l'emprunteur, le proverbe «qui paie ses dettes s'enrichit» n'est pas nécessairement vrai.

TABLEAU 18.1
L'endettement
des ménages,
des entreprises
et de l'État
au Canada★

Année	1 Crédit aux entreprises	2 Crédit aux ménages	3 (1 + 2) Dette privée	4 Dette de l'État
1985	271	138	409	198
1986	285	158	443	219
1987	311	186	497	245
1988	338	218	556	273
1989	376	254	630	294
1990	396	277	673	316
1991**				

★ En milliards de dollars. Les dettes de l'État comprennent les bons du Trésor et les obligations détenues par les banques et les particuliers.
** Complétez le tableau pour l'année 1991 en consultant la *Revue de la Banque du Canada*.
Sources: *Revue de la Banque du Canada*, octobre 1991.
        Budget Wilson, avril 1989.

18.1.2 La nature des emprunts

Selon que le crédit sert aux dépenses d'investissement, aux dépenses d'entretien («d'épicerie») ou au plaisir immédiat, les effets seront très différents. Dans la mesure où l'emprunt est utilisé pour financer des dépenses d'investissement, il peut même enrichir celui qui s'endette.

Lorsqu'une entreprise, l'État ou les ménages empruntent de l'argent pour financer des biens de capital, ces biens généreront une plus grande richesse dans les années à venir.

Quand le gouvernement s'endette pour financer des barrages hydro-électriques, les remboursements se font aisément par les ventes supplémentaires d'électricité. De même, si une entreprise s'endette pour acheter de nouvelles machines qui lui permettront de produire plus, les remboursements d'emprunt ne poseront pas de problème.

De la même façon, si les ménages empruntent pour augmenter leur niveau de scolarité ou pour acheter une maison, ils s'enrichiront, dans la mesure où ils se trouveront un travail plus rémunérateur ou qu'ils n'auront plus à payer un loyer. Ainsi, les prêts hypothécaires, les avances pour l'achat d'actions et les prêts étudiants sont des placements.

Par contre, si l'endettement sert à payer des dépenses d'entretien, les remboursements risquent d'hypothéquer l'avenir.

Si les emprunts de l'État servent à payer la solde des soldats, si les entreprises s'endettent pour racheter leurs actions afin d'éviter une offre publique d'achat, si les ménages utilisent le crédit pour des biens de consommation, les remboursements risquent d'être très lourds si, pour une raison ou une autre, les revenus futurs diminuent ou si les taux d'intérêt augmentent.

Pour les ménages, le crédit à la consommation représente un réel danger dans la mesure où il n'est pas maîtrisé; aussi, une bonne information est-elle indispensable avant de «plonger dans le crédit».

18.2 LE CRÉDIT À LA CONSOMMATION

Rares sont maintenant les personnes qui n'ont pas recours, à un moment ou à un autre de leur vie, au crédit à la consommation; aussi est-il important d'en connaître l'origine, les différentes formes, les avantages et les contraintes pour éviter d'en être victime.

ENCADRÉ 18.1

> ### La société de crédit
>
> En Amérique du Nord, le crédit à la consommation s'est développé dans les années 50 et il est devenu un mode de vie. Autrefois, on ne prêtait qu'aux riches. Les pauvres obtenaient des prêts sur gage auprès de particuliers ou d'organismes publics comme les monts-de-piété, où on allait «mettre au clou» quelque objet de valeur, bijou, article de ménage, vêtement sur lequel on pouvait obtenir quelques sous. Si on ne remboursait pas, on perdait l'objet mis en gage.

Le crédit à la consommation permet aux ménages de recevoir une avance d'argent pour acheter des biens ou des services de consommation. Tout peut maintenant s'acheter à crédit, biens et services: les voitures, les voyages, les séjours à l'hôtel, les repas au restaurant, les spectacles, les frais dentaires et même les cadeaux de Noël.

La somme d'argent empruntée, qu'on appelle capital ou principal, est remboursée selon un échéancier, en mensualités ou en annuités, à un taux d'intérêt convenu dans un contrat écrit.

18.2.1 Les types de crédit à la consommation

Il existe deux types de crédit à la consommation: le crédit lié et le crédit libre.

Le crédit lié

L'objet que le consommateur achète, comme une voiture ou un meuble, appartient au vendeur jusqu'à ce qu'il soit payé. La garantie est le bien vendu. Ce type de crédit est de plus en plus contesté et le droit de reprise du commerçant est souvent réduit par la loi. Au Québec, si la moitié du montant a été payée, le vendeur devra obtenir une autorisation du tribunal pour reprendre son bien.

En 1985, les ventes à tempérament (crédit lié) représentaient encore 55,43 % du crédit à la consommation[1].

Le crédit libre

Pour l'achat d'un bien, le ménage emprunte une somme d'argent qui est uniquement garantie par sa solvabilité, c'est-à-dire sa capacité à rembourser. Les banques ont sur leurs clients des dossiers de crédit qui enregistrent tous les incidents de paiement. À l'appui de ce dossier, l'organisme financier accorde ou non un prêt personnel, une marge de crédit, un découvert bancaire, etc.

Au Canada, les banques conseillent aux particuliers de posséder le plus tôt possible un dossier de crédit qui témoignera de leur capacité à rembourser ponctuellement leurs dettes. Pour accorder un prêt, le banquier exigera des garanties, tels un travail régulier, des actifs financiers (compte d'épargne, obligations) ou immobiliers, ou la signature d'un répondant, d'une caution, qui sera responsable en cas de défaillance du débiteur principal.

Les cartes de crédit sont largement utilisées par la population solvable depuis les années 60. Cependant, pour distinguer les différentes catégories de payeurs, les banques ont créé deux types de carte. La carte «prestige» accordée aux plus riches a segmenté le marché, ce qui prouve encore une fois que le marché n'est pas homogène.

18.2.2 Les avantages du crédit à la consommation

Le crédit à la consommation s'est beaucoup développé depuis la dernière guerre parce qu'il présentait des aspects très attirants pour les vendeurs et les acheteurs.

---

1. *Revue économique de la BNC*, 3ᵉ trimestre, 1986.

Du point de vue des vendeurs

Pour maintenir le volume des ventes, les entreprises doivent vendre à crédit, ce qui permet d'écouler les stocks plus rapidement. Le marchand ne réalise son profit qu'au moment de la vente, c'est-à-dire quand la marchandise se transforme en argent. En vendant à crédit, le marchand-prêteur peut obtenir un revenu d'intérêt qui s'ajoutera à ses profits.

L'endettement du consommateur l'incite à travailler davantage, à la grande satisfaction de l'employeur. On remarque que plus les travailleurs sont endettés, moins il leur est possible d'assumer financièrement des journées de grève. Un niveau d'endettement élevé peut avoir un effet bénéfique sur la productivité. Le travailleur est même prêt à faire des heures supplémentaires plutôt que de revendiquer des hausses de salaire.

ENCADRÉ 18.2

Les dettes et la combativité syndicale

Voici ce que disait un syndicaliste de la firme Jaguar, en Grande-Bretagne, qui constatait n'avoir obtenu qu'une augmentation de salaire de 4,5 % en 1989 (alors que l'inflation s'élevait à 8 %) et qui expliquait l'échec des négociations salariales par un manque de combativité de la part des travailleurs, dû à leur situation d'endettement.

Le problème est simple. Les jeunes sont très endettés : hypothèque, chaîne stéréo, voiture. Chaque mois, ils ont les échéances qui tombent. Résultat : ils n'ont plus les moyens de supporter le coût d'une grève[2].

Du point de vue des acheteurs

Le crédit à la consommation permet d'obtenir des biens et des services avant d'avoir fait l'effort d'épargner. Au moment où les jeunes se « mettent en ménage », qu'ils quittent leurs parents, leurs besoins sont considérables, alors que leurs revenus sont très peu élevés. Le crédit permet de résoudre cette contradiction, ce contretemps.

2.   « La "New Frontier" passe à Coventry », *Libération*, 7 mai 1989.

Les achats à crédit permettent de devancer l'inflation. Parfois, plus on attend, plus on paie cher certains produits, comme les voitures dont le prix ne cesse d'augmenter.

Enfin, acheter à crédit permet au ménage de se réserver une marge de manœuvre et de conserver des liquidités en cas d'imprévu (épargne de précaution).

Les jeunes ménages utilisent le crédit d'autant plus facilement qu'au cours de leurs études, ils se sont habitués à vivre avec des dettes; pleins d'espoir, ils ne verront pas forcément le danger d'hypothéquer leur liberté.

18.2.3 L'encours de crédit aux ménages

TABLEAU 18.2
L'encours
de crédit
aux ménages*
(données désai-
sonnalisées,
situation
en décembre)

Année	Crédit à la consommation	Crédit hypothécaire
1985	57	115
1986	63	133
1987	72	158
1988	82	183
1989	92	211
1990	98	232
1991**	99 (en oct.)	241 (en oct.)
1992**		

* En milliards de dollars.
** Complétez le tableau pour les années 1991 et 1992 en consultant la *Revue de la Banque du Canada.*
Source: *Revue de la Banque du Canada*, octobre 1991.

Au Canada, l'achat à crédit correspond à 25 % des revenus des Canadiens; cependant, en 1988, le montant des dettes accumulées s'élevait à 75 % du revenu disponible, ce qui représentait un niveau «historique».

18.2.4 Les prêteurs

Sur le marché, il existe plusieurs types de prêteurs:

— les banques à charte, comme la Banque Royale;

— les caisses populaires, comme celles du Mouvement Desjardins;

— les compagnies d'assurances qui prêtent sur les polices d'assurance-vie;

— les grands magasins, comme La Baie;

— les sociétés de crédit, comme HFC (Household Finance Corporation), lesquelles jouent un rôle de moins en moins important dans la distribution du crédit à la consommation.

Par contre, les entreprises de cartes de crédit (MasterCard, Visa, American Express), les vendeurs de voitures et les grands magasins (Eaton, La Baie) offrent des possibilités de crédit de plus en plus attrayantes.

18.2.5 Le taux d'intérêt

Le taux d'intérêt est le prix, ou «loyer», de l'argent prêté. Pendant des millénaires, il a été plus ou moins tabou. L'argent ne devait pas «faire de petits», mais une fois accepté par la société, il a permis, depuis deux cents ans, un formidable développement économique.

ENCADRÉ 18.3

La prohibition des taux d'intérêt

Au Moyen Âge, les prêts à intérêt étaient interdits par l'Église chrétienne. Les prêts consistaient surtout en aide alimentaire; aussi n'était-il pas chrétien de profiter de la misère de son prochain pour s'enrichir. L'intérêt, prix du temps, appartenait à Dieu et l'homme ne pouvait en disposer. Cet interdit biblique, qui a empêché le capitalisme de se développer[3], a protégé la population contre le fléau de l'endettement[4]. Il a fallu attendre la Renaissance pour distinguer les prêts à la consommation des prêts qui financent l'investissement. En 1545, l'intérêt fut réhabilité par la fameuse *Lettre sur l'usure* de Calvin qui justifiait les profits et les taux d'intérêt dans la mesure où ils étaient raisonnables. À la fin du XVIIIᵉ siècle, l'État reconnut formellement le droit de prélever des intérêts[5]. À partir de ce moment, l'ordre marchand n'eut plus d'entrave morale pour freiner son expansion.

3.   Thèse de l'historien français Jacques Le Goff, *La Bourse ou la vie*, Hachette, 1986.

4.   Thèse de l'historien belge Pirenne (1862-1935).

5.   MANDROU, R., *Introduction à la France moderne, essai de psychologie historique 1500-1640*, Albin Michel, 1961. Dans ce livre, on apprend que dans la législation française, la première loi qui autorise le prélèvement d'un taux d'intérêt date de la Révolution française, le 12 octobre 1789.

Normalement, le taux d'intérêt sur un marché libre est le prix de l'argent. Son niveau dépend de la demande et de l'offre de monnaie disponible sur le marché. En réalité, le taux d'intérêt est contrôlé par l'État. La Banque centrale intervient sur le marché monétaire pour fixer un taux d'intérêt qui soit conforme aux objectifs de la politique économique du gouvernement. Par exemple, pour lutter contre l'inflation, les taux d'intérêt seront élevés.

ENCADRÉ 18.4

Le taux usuraire

L'État fixe par une loi le niveau maximal du taux d'intérêt. En 1978, le gouvernement fédéral est intervenu pour réduire les taux usuraires de 66⅔ % à 60 % l'an. Légalement, tout taux d'intérêt annuel supérieur à 60 % l'an est usuraire et illégal. Dans un contrat, le taux d'intérêt **annuel** doit être indiqué afin que le consommateur soit bien conscient du prix qu'il paye.

Pour les petites créances, le gouvernement provincial a fixé un taux d'intérêt plafond pour aider les plus démunis. Lorsque les taux d'intérêt augmentent, le poids des dettes augmente parallèlement; aussi les pouvoirs publics doivent-ils en évaluer toutes les conséquences sur les plans économique et social.

18.3 LES DANGERS DE L'ENDETTEMENT

Avoir des dettes n'est pas forcément négatif; tout dépend du niveau des revenus et de leur stabilité.

La majorité des consommateurs réussit à rembourser ses dettes tant bien que mal; mais pour certains, de plus en plus nombreux, les problèmes commencent quand un imprévu survient. À la suite d'un divorce, d'une perte d'emploi, d'un accident ou d'une maladie, tout ménage, tout prévoyant qu'il soit, peut un jour ou l'autre connaître une situation qui ne lui permet plus de faire face à ses obligations financières.

Depuis la récession de 1982, le crédit à la consommation a fortement progressé et les situations critiques se sont multipliées.

Autrefois, avoir des dettes pouvait mener à la ruine, à la prison et même hypothéquer la liberté de plusieurs générations. Dans l'Antiquité, bien des peuples ont connu l'esclavage pour dettes. Dans l'Ancien Testament, par solidarité, les Juifs avaient l'obligation d'annuler les dettes[6] tous les sept ans (année sabbatique).

Au début de l'ère industrielle, l'artisan endetté qui donnait sa machine en garantie devenait un simple salarié après avoir tout perdu. La division du travail et du capital s'est renforcée et une nouvelle forme de servitude est apparue. Aussi, dans la mentalité populaire, était-il redoutable de contracter des dettes.

Dans les pays démocratiques, des lois ont été votées pour protéger les personnes qui risquaient de perdre toute liberté à cause d'un niveau d'endettement trop élevé.

18.3.1 Les solutions à l'endettement

Quand on est très endetté, il existe plusieurs moyens[7] de s'en sortir qui vont du contrôle budgétaire avec l'aide de conseillers au dépôt volontaire et à la faillite personnelle.

L'aide des ACEF

Les ACEF (associations coopératives d'économie familiale), créées en 1965 au Québec, sont des groupes populaires qui viennent en aide aux familles qui ont de la difficulté à faire un budget et à comprendre les exigences des administrations publiques et privées.

Lorsque des problèmes de remboursement surviennent, plusieurs solutions peuvent être envisagées: la consolidation des dettes, le dépôt volontaire, la faillite personnelle et, si la situation des particuliers se détériore gravement, le moratoire.

La consolidation des dettes

Lorsqu'un ménage ne parvient plus à rembourser une multitude d'emprunts, il peut demander à un organisme financier de reprendre toutes ses dettes et de lui accorder un **prêt de consolidation**. Avec une consolidation de dettes, les remboursements sont allégés, mais la durée en est prolongée. C'est un rééchelonnement de dettes[8].

---

6. VILLEY, D., *Petite histoire des grandes doctrines économiques*, Paris, Génin, 1964.

7. DARMANA, A., «Les solutions aux dettes et leur limite», *L'endettement, nouvelle form* d'exploitation, dossier 137, Vie ouvrière, 1978.

8. PICHER, C., «Avez-vous pensé à la consolidation de dettes?», *La Presse*, 15 avril 198̄

Le dépôt volontaire

Au Québec, il existe une loi du dépôt volontaire votée en 1902 sous l'impulsion d'un député de la circonscription ouvrière de Sainte-Marie, la Loi Lacombe, qui permet aux travailleurs de rembourser petit à petit, sans risque de saisie de meubles et à un faible taux d'intérêt. La partie saisissable du salaire est fixée à un montant qui permet à la personne endettée de continuer à vivre librement. Cependant, cette loi ne peut s'appliquer qu'à un nombre restreint de personnes (2 % des familles endettées y ont eu recours en 1988).

La faillite personnelle

Les lois sur les faillites, qui protègent la liberté des individus, sont une précieuse conquête sociale obtenue grâce à l'intervention et aux pressions des syndicats et des associations populaires. Dans une société fondée sur le principe du crédit, ces lois sont des garde-fous indispensables pour éviter que certaines classes sociales ne tombent sous la dépendance d'une autre classe, que les débiteurs (les emprunteurs) ne soient livrés à la merci des créanciers (prêteurs).

Alors que les faillites d'entreprises étaient réglementées depuis longtemps, il fallut attendre la fin des années 50 pour que le gouvernement fédéral, sous la pression des syndicats, vienne en aide aux personnes incapables de rembourser leurs dettes personnelles. En 1966, le gouvernement fédéral modifiait la loi de 1949 sur les faillites des entreprises pour l'étendre aux particuliers.

Pour faire faillite, il faut avoir un minimum de dettes et être insolvable, c'est-à-dire avoir plus de dettes (passif) que d'avoirs (actifs). Un administrateur de faillite décide du montant que le failli est en mesure de payer à ses créanciers, compte tenu de sa situation financière. Au bout d'un an, la libération est demandée et les dettes sont effacées. Cette loi n'empêche pas les saisies, mais elle permet à 40 % des endettés de recommencer à neuf. Depuis 1980, environ 22 000 familles canadiennes font faillite chaque année, alors que dans les années 70, il n'y en avait que 2 700.

Aux États-Unis, où plus de 570 000 Américains[9] ont fait faillite en 1987, la loi sur les faillites personnelles permet aux particuliers de garder tous leurs biens usagés dont le prix de revente ne dépasse pas 4 000 $. Dans plusieurs États, les faillis peuvent même garder leur domicile prin-

---

9. «570 000 Américains préfèrent la faillite», *Libération*, 5 mars 1987.

cipal. Les créanciers compensent leur manque à gagner par des marges de profit et des taux d'intérêt plus élevés et par des déductions fiscales qu'ils peuvent obtenir sur les pertes. En fait, le remboursement se fait sur le dos de l'ensemble des consommateurs, des contribuables et du Trésor public.

Cette « solidarité collective » permet finalement au système de continuer à fonctionner. Théoriquement, les faillis sont enregistrés pendant dix ans, mais en réalité, personne n'en tient compte et ils peuvent recommencer à obtenir du crédit très rapidement. « Étant libéré de ses dettes, le consommateur-débiteur réintègre le marché de la consommation de biens et de services. Lorsque ce phénomène se reproduit à des dizaines de milliers d'exemplaires par année, cette réinsertion prend une importance économique non négligeable pour l'économie d'un pays[10]. »

La faillite est également une soupape sociale. « L'endettement entraîne des coûts sociaux qui se répercutent dans les budgets des hôpitaux, des centres de réhabilitation, des corps policiers, des centres de détention[11]. »

De 1970 à 1984, six projets de loi sur les faillites personnelles ont été soumis au vote des parlementaires fédéraux, mais ils n'ont pas abouti. Enfin, une nouvelle loi a été votée en 1986 qui établit de nouvelles règles pour procéder à la saisie lors d'une faillite.

Le moratoire

Lorsque le niveau d'endettement des particuliers est insoutenable, les pouvoirs publics peuvent décréter un moratoire, c'est-à-dire un report des remboursements en intérêt et en capital. Dans les années 30, au pire moment de la crise, les agriculteurs ont obtenu un moratoire de leur dette afin de leur éviter l'expulsion.

En dernier ressort, il serait également possible d'imaginer une répudiation (annulation) des dettes par simple décret ou par hyperinflation, comme dans les années 20 en Allemagne; dans ce cas, il se produirait un transfert brutal de pouvoir d'achat des créanciers aux débiteurs.

---

10.   Propos de Yves Nantel de l'ACEF, recueillis par Paul Roy, « Les ACEF réclament une refonte complète de la loi sur les faillites », *La Presse*, 19 juin 1986.

11.   Propos de Yves Nantel de l'ACEF, recueillis par Paul Roy, « Les ACEF réclament une refonte complète de la loi sur les faillites », *La Presse*, 19 juin 1986.

18.4 CONCLUSION

Les dettes privées et surtout le crédit à la consommation ont fortement augmenté depuis la fin des années 80, ce qui a permis un moindre ralentissement économique, mais aussi une plus grande dépendance des ménages. Avec des politiques de taux d'intérêt élevé, la situation des débiteurs s'est détériorée. Dans les pays capitalistes, la nécessité de rembourser ses dettes est devenue, pour un grand nombre de travailleurs, une des principales incitations au travail.

Être endetté n'est plus aussi redouté qu'autrefois, parce que la mise en place de lois sociales protège les débiteurs contre les risques d'une trop grande dépendance vis-à-vis des créanciers.

MOTS CLÉS

- Amortissement d'une dette
- Consolidation
- Créancier, débiteur
- Crédit lié, crédit libre
- Dépôt volontaire
- Encours de crédit
- Faillite personnelle
- Insolvabilité
- Moratoire
- Prêt sur gage
- Principal, intérêt
- Rééchelonnement d'une dette
- Taux usuraire

EXERCICES

1. Dites si les propositions suivantes sont vraies ou fausses et justifiez votre réponse.

   a) Depuis le début des années 80, la situation financière des ménages ne cesse de se détériorer.

b) Les périodes d'expansion du crédit sont plus difficiles à vivre que les périodes de contraction des dettes.

c) Quand on parle de l'endettement dans le secteur privé, on pense au niveau d'endettement des particuliers.

d) Depuis 1985, au Canada, la croissance des dettes de l'État a été plus forte que la croissance des dettes des particuliers.

e) Si le gouvernement emprunte de l'argent pour financer un barrage ou l'éducation, la génération future aura de plus lourds impôts à payer et, en conséquence, elle sera plus pauvre.

f) On ne prête qu'aux riches.

g) Le crédit à la consommation permet aux vendeurs d'écouler plus vite leur stock de marchandises.

h) Plus on a de dettes, plus il faut travailler.

i) Plus les ménages sont endettés, plus les risques de grève sont grands.

j) Les prêts hypothécaires sont des prêts à la consommation.

k) Lorsque les taux d'intérêt augmentent, le service de la dette augmente.

l) Les sociétés de prêt jouent un rôle de plus en plus important dans la distribution du crédit.

m) On ne peut acheter de services à crédit.

n) Au Moyen Âge, les prêts à intérêt étaient interdits.

o) Au Canada, un taux d'intérêt de 40 % l'an est considéré comme usuraire.

p) Au Canada, les dettes peuvent mener en prison.

q) En 1988, au Canada, les faillites personnelles ont plus que doublé par rapport aux années 70.

r) Les ménages qui ont de la difficulté à rembourser leurs dettes sont toujours imprévoyants.

s) La faillite personnelle permet à l'individu de conserver sa liberté et de réintégrer le marché.

2. À partir des données du tableau 18.1 de ce chapitre:

a) Calculez le taux de croissance de l'endettement privé et le taux de croissance des dettes de l'État depuis 1985. Commentez.

b) Illustrez graphiquement vos résultats.

c) Illustrez la part de l'endettement privé et celle de l'endettement public par rapport à l'endettement total.

3. Étudiez l'évolution du nombre de faillites personnelles au Québec depuis dix ans.

4. Décrivez le rôle des ACEF à Montréal.

5. Quels sont les avantages et les inconvénients des cartes de crédit dans notre société?

6. Étudiez l'évolution du taux d'escompte fixé par la Banque du Canada depuis dix ans. Qui est pénalisé et qui en profite?

Bibliographie

Manuels d'économie

BAUMOL, W.J., BLINDER, A.S. et SCARTH, W.M., *L'économique, micro-économie*, Études vivantes, 1990.

BEAUSÉJOUR, M., *Introduction à l'économie du Québec*, Études vivantes, 1989.

CHEVALIER, J.M., *Introduction à l'analyse économique, manuel de première année de sciences économiques*, Éditions La Découverte, 1984.

GAUTHIER, G. et LEROUX, F., *Microéconomie, théorie et applications*, Gaëtan Morin Éditeur, 1981.

HEILBRONNER, R., *Comprendre la micro-économie*, Économica, 1978.

HUNT, E.K. et SHERMAN, J., *Economics, an Introduction to Traditional and Radical Views*, 5e éd., New York, Harper & Row, 1986.

LEFTWICH, R.H., *Le système des prix et la répartition des ressources*, Montréal, HRW, 1978.

LIPSEY, R.G., PURVIS, D.D. et STEINER, P.O., *Microéconomie*, Gaëtan Morin Éditeur, 1988.

McCONNELL, C.R., POPE, W.H. et TREMBLAY, G., *L'économique, micro-économie*, 3e éd., McGraw-Hill, 1989, tome 2.

TREMBLAY, D.G. et VAN SCHENDEL, V., *Économie du Québec et de ses régions*, Éditions Saint-Martin, 1991.

Dictionnaires économiques

ALBERTINI, J.-M. et SILEM, A. (édit.), *Lexique d'économique*, Dalloz, 1987.

BRÉMOND, J. et GÉLÉDAN, A., *Dictionnaire économique et social*, Hatier, 1981.

GREENWALD, D. (édit.), *Encyclopédie économique*, Économica, 1984.

LANGLOIS, J.-P., *Dictionnaire économique québécois*, Montréal, Publications Transcontinentales, 1988.

Ouvrages généraux

ALBERTINI, J.-M., *Des sous et des hommes: ce que vous n'avez jamais osé demander à un économiste*, coll. Point-virgule, Seuil, 1985.

ATTALI, J., *Les trois mondes*, Livre de poche n° 4012, 1981.

ATTALI, J., *Au propre et au figuré, une histoire de la propriété*, Fayard, 1988.

BAUDELOT, C., ESTABLET, R. et TOISIER, J., *Qui travaille pour qui?*, Maspéro, 1979.

BAUDRILLARD, J., *La société de consommation*, coll. Idées, Gallimard, 1983.

BEAUD, M., *Histoire du capitalisme, de 1500 à nos jours*, coll. Points, Seuil, 1981.

BRAUDEL, F., *Civilisation matérielle, économie et capitalisme*, Armand Colin, 1979, 3 volumes.

BRAUDEL, F., *La dynamique du capitalisme*, Arthaud, 1985, 120 p.

BRÉMOND, J., *Keynes et les keynésiens aujourd'hui, des solutions pour sortir de la crise*, Hatier, 1987.

BRÉMOND, J., *Les économistes néo-classiques, de Walras à M. Allais, de F. von Hayek à M. Friedman*, Hatier, 1989.

BRÉMOND, J. et SALORT, M.M., *Initiation à l'économie, les concepts de base, les techniques, les grands économistes*, Hatier, 1986.

BROWN, L., *L'état de la planète*, World Watch Institute, Washington, Économica, 1990.

BRUNDTLAND, G.H., *Rapport aux Nations Unies sur l'environnement et le développement*, Québec, Éditions du Fleuve, 1987.

CARFANTAN, J.-Y. et CONDAMINES, C., *Qui a peur du tiers monde?*, Seuil, 1980.

CSN-CEQ, *Histoire du mouvement ouvrier au Québec*, 1979, nouvelle édition.

DEYON, P., *Le mercantilisme, question d'histoire*, Flammarion, 1969, 124 p.

DOCKES, P., *L'espace dans la pensée économique du XVIe au XVIIIe siècle*, Flammarion, 1969.

DOCKES, P., *La libération médiévale*, Flammarion, 1978.

DUBY, G., *L'histoire continue*, Éd. Odile Jacob, 1991.

DUMONT, R., *Un monde intolérable: le libéralisme en question*, Histoire immédiate, Seuil, 1988.

ENGELS, F., *La situation de la classe laborieuse en Angleterre* (1845), Éditions sociales.

EWALD, F., *L'État-providence*, Paris, Grasset, 1986.

FRIEDMAN, M., *Contre Galbraith*, Association pour l'économie des institutions, Économica, 1977.

GALBRAITH, J.K., *La crise économique de 1929*, Payot, 1961.

GALBRAITH, J.K., *Le nouvel État industriel*, Gallimard, 1974, nouvelle édition.

GALBRAITH, J.K., *La voix des pauvres, ou ce qu'ils ont à nous dire sur l'économie*, coll. Idées, Gallimard, 1984.

GALBRAITH, J.K., *L'économie en perspective, une histoire critique*, Seuil, 1989.

GEREMEK, B., *La potence ou la pitié, l'Europe et les pauvres du Moyen Âge à nos jours*, Gallimard, 1987.

GORZ, A., *Critique de la division du travail*, Seuil, 1973.

GRONIER, A.M., *La productivité, progrès social ou source de chômage?*, série Initiation, Hatier, 1987.

GUÉRIN, A. et HENN, I., *Luttes sociales et pollution industrielle*, Inédits, Points, 1980.

GUÉRIN, D. et MANDEL, E., *La concentration économique aux États-Unis*, Anthropos, 1971.

HILFERDING, R., *Le capital financier, étude sur le développement récent du capitalisme* (1910), Paris, Éditions de Minuit.

HIRSCHMAN, A., *Les passions et les intérêts*, PUF, 1980.

HIRSCHMAN, A., *L'économie comme science morale et politique*, Gallimard/Seuil, 1984.

JURDANT, M., *Le défi écologiste*, Boréal Express, 1984.

LE GOFF, J., *La Bourse et la vie, textes du XXe siècle*, Hachette, 1986.

LÉNINE, V.I., *L'impérialisme, stade suprême du capitalisme* (1916), Éditions sociales.

LEPAGE, H., *Pourquoi la propriété?*, Hachette, 1985.

LESOURNE, J. et LECOMTE, B., *L'après-communisme, de l'Atlantique à l'Oural*, Paris, Robert Laffont, 1990.

MAGLIULIO, B., *À quoi servent les impôts*, Profil, dossier n° 521, Hatier, 1979.

MALTHUS, T.R., *Essai sur le principe de population* (1798), Paris, Gonthier, 1978.

MANENT, P., *Les libéraux*, Pluriel Inédit, Hachette, 1986.

MANENT, P., *Histoire intellectuelle du libéralisme, dix leçons*, Calmann-Lévy, 1987.

MARX, K. et ENGELS, F., *Manifeste du parti communiste* (1848), Livre de poche.

MICHALET, C.A. et DELAPIERRE, M., *Nationalisation et internationalisation*, La Découverte, 1981.

MONTMOLLIN (DE) M. et PASTRÉ, O., *Le taylorisme*, coll. Économie critique, La Découverte, 1984.

MOSSE, E., *Les riches et les pauvres*, Points, 1985.

NIOSI, J., *Les multinationales canadiennes*, Boréal Express, 1982.

NOVE, A., *Le socialisme sans Marx, l'économie du socialisme réalisable,* Paris, Économica, 1984.

PASTRÉ, O., *L'informatisation et l'emploi*, coll. Repères, La Découverte, 1984.

PERRIER, J., *Le consommateurisme*, Gaëtan Morin Éditeur, 1979.

PESTIAU, P., *L'économie souterraine*, Pluriel Inédit, Hachette, 1989.

PEYRELEVADE, J., *L'économie de la spéculation*, Seuil, 1978.

POLANYI, K., *La grande transformation*, NRF, 1983.

RIOUX, J.-P., *La révolution industrielle en Grande-Bretagne*, Paris, Hatier, 1980.

ROSANVALLON, P., *Le libéralisme économique, histoire de l'idée de marché*, Points, Seuil, 1989.

ROSS, D.P. et SHILLINGTON, R., *Données de base sur la pauvreté au Canada en 1989*, Conseil canadien de développement social, 1990.

SALORT, M.M. et KATAN, Y., *Les économistes classiques*, Hatier, 1988.

SAUVY, A., *Le travail au noir et l'économie de demain*, Paris, Calmann-Lévy, 1984.

SCHUMACHER, E.F., *Small is Beautiful, une société à la mesure de l'homme*, coll. Points, Seuil, 1978.

SCHUMPETER, J.A., *Capitalisme, socialisme et démocratie*, Paris, Payot, 1963.

SMITH, A., *La richesse des nations* (1776), GF-Flammarion, 1991, 2 tomes.

SMITH, D. et EVANS, P., *Le capital de Marx, pour débutants*, Boréal Express, 1982.

SWEEZY, P.M., *Le capitalisme moderne*, Seuil, 1976.

VILLERMÉ, *Tableau de l'état physique et moral des salariés en France*, réédition, coll. 10-18, 1971.

WALLERSTEIN, I., *Le capitalisme historique*, coll. Repères, La Découverte, 1985.

WEBER, M., *L'éthique protestante et l'esprit du capitalisme* (1920), traduction française, Plon, 1967.

Index

seuil
de fermeture, 146
de pauvreté, 259-261
de rentabilité, 146
Sherman Act, 194
Smith, Adam, 24, 44, 46, 47, 98, 270, 289, 311, 349
socialisme
voir analyse socialiste, Engels, Marx
société(s)
de consommation, 6, 306-307
en participation, 179
sous-traitants, 176, 195, 212
spéculation, 334-335
boursière, 338
voir aussi Bourse
foncière, 336
immobilière, 337-338
Speenhamland, système de, 221
surproduction, 69
syndicalisation, taux de, 230-231
syndicats, 50, 52, 229, 236

T
taux
d'intérêt, 364
de syndicalisation, 230-231
usuraire, 365

taxe
de vente, 282
sur la valeur ajoutée, 283
sur les produits et services (TPS), 283, 284
Taylor, F.W., 14
taylorisme, 162
thésaurisation, 317-318
TPS, 283, 284
travail, 13
demande de __,224-225
division du __, 24, 25, 160, 186
marché du __, 220
intervention de l'État, 227-237
segmentation du __, 237-238
théorie libérale du __, 221-227, 238
motivation au __, 209, 219, 238, 273
offre de __, 222-224

V
valeurs
mobilières, 322
refuge, 318, 335

W
Walras, Léon, 295

L.-Brault   DATE DUE   L.-Brault

0 8 NOV. 1994	2 5 FE...
2 3 NOV. 1994	
	1 8 ... 2008
0 7 DEC. 1994	
2 1 SEP. 1995	
	1 8 NOV. 2003
0 6 OCT. 1995	
	3 0 NOV. 2004
2 1 OCT. 1995	
0 ... NOV. 1995	
2 0 NOV. 1995	
0 1 DEC. 1995	
1 4 DEC. 1995	
2 5 JAN. 1996	
2 ... JAN. 1997	